재결정치료

— 행동 지향적 단기치료 —

캐롤린 레녹스 편저
김영아 옮김

REDECISION THERAPY:
A BRIEF, ACTION-ORIENTED APPROACH

도서출판 길

Redecision Therapy:
A brief, action-oriented approach
Edited by Carolyn E. Lennox

Korean Translation Copyright © 2021 by The Trail
Korean translation rights arranged with Bloomsbury Publishing Plc
through EYA

Copyright © 1997 by Jason Aronson Inc., part of Bloomsbury Publishing Plc.
All rights reserved.

이 책의 한국어판 저작권은 EYA를 통한 The Rowman & Littlefield Publishing Group과의 독점계약으로 도서출판 길이 소유합니다. 저작권법에 의해 한국 내에서 보호를 받는 저작물이므로 무단전제와 무단복제를 금합니다.

역자 서문

박사과정 중 교류분석을 공부하기 위해 미국 유학길에 올랐던 때가 엊그제 같다. 지금도 눈을 감으면 꿈처럼 펼쳐지는 채플힐의 풍경과 스승이신 벤 조인스의 인자한 미소, 동료들의 토닥임이 떠오른다. 풍성했던 배움의 과정들은 여전히 나를 지탱해 주는 힘이다. 교류분석은 자아 상태라는 기본 개념을 바탕으로 성격구조, 이면적 교류인 게임과 인생 각본을 누구나 이해하기 쉬운 용어로 설명하고 있다.

교류분석을 접하기 전에 이 책을 먼저 선택하신 분들께는 제2장 변화를 위한 계약에 나와 있는 이론과 핵심 용어를 먼저 읽으시길 권유드린다. 교류분석에는 자아 상태, 스크로크 등의 생소한 용어가 있으니 도움이 되시리라 생각한다. 글을 옮길 때, 직접 "환자"를 인용한 경우나 정신장애 맥락에서 사용된 경우를 제외하고는 대부분 내담자로 옮겼으니 참고하시기 바란다.

우리나라에도 교류분석에 대한 열의가 여선히 높은데, 재결정치료에 대해서는 자료가 부족해 늘 안타깝게 여기다 이 책을 번역하기로 했다. 여러 우여곡절 끝에 번역을 마무리했지만 부족함이 많아 송구한 마음이다.

든든한 지원군이자 동료로 3년간 교류분석 심화과정을 함께하면서, 본 번역서의 출간을 격려해 주신 이종연 교수님을 비롯한 강남욱, 권요셉, 이윤지, 조정자, 교수님께 특별한 감사를 드린다. 뿐만 아니라 한국 교류분석의 발전을 위해 고군분투하시는 모든 학회 관계자분들께도 감사드린다. 출판을 맡아 주신 도서출판 길의 김성훈 사장님께도 감사드린다. 무엇보다 초고를 읽고 교정을 도와주신 내 오랜 동료인 구경미, 김지인, 김현주, 박솔미 선생님께도 감사드린다.

부족한 번역서이지만 교류분석을 사랑하시고, 재결정치료를 공부하시려는 분들께 작은 도움이 되길 바란다.

이 책에 등장하지 않은 우리의 내담자들에게

이 책에 기술된 인물들은 합성된 허구의 인물들입니다.
그들은 상담실에서 슬픔, 갈등, 승리를 우리와 나누며 그 과정에서 재결정에
내재된 힘을 가르쳐 주었습니다.

차 례

역자 서문   3

서문   7
    마이클 호이트 Michael F. Hoyt

감사의 글   13

1. 서론: 재결정치료, 단기치료 모델   14
    캐롤린 레녹스 Carolyn E. Lennox

제1부 이론

2. 변화를 위한 계약   28
    줄리아 레이시 베어드 Julia Lacy Baird

3. 임패스: 접근, 체험, 그리고 해결   53
    캐롤라인 에버리-달 Caroline Avery-Dahl

4. 자살 사고의 치료   77
    덴튼 로버츠 Denton L. Roberts

5. 재결정치료에서 초기 장면   96
    매리 맥클루어 굴딩 Mary McClure Goulding

6. 작별하기의 중요성   104
    찰스 보르코퍼 Charles F. Vorkoper

7. 재결정치료의 핵심인 본연의 아이에 대한 접근   118
    벤 조인스 Vann S. Joines

제2부 실제

8. 집단에서 재결정치료 적용 ... 136
   유진 커풋 Eugene M. kerfoot

9. 우울증 치료 ... 151
   커티스 스틸 & 낸시 포트 스틸 Curtis A. Steele and Nancy Porter-Steele

10. 공황장애와 광장공포증 치료 ... 167
    딘 야노프 Dean S. Janoff

11. 섭식장애 치료 ... 186
    린다 카미클 Linda Carmicle

12. 외상 후 스트레스 장애 치료 ... 204
    번 마세 Vern Massé

13. 가정폭력 배우자 ... 219
    제임스 스피어 lames K. Speer

14. 아동·청소년과 작업하기 ... 233
    제임스 알렌 & 바바라 앤 알렌 lames R. Allen and Barbara Ann Allen

15. 물질의존에 중점을 둔 HMO 내부의 재결정 사례 ... 260
    게일 아드만 Gail Ardman

제3부 수련

16. 재결정치료 모델을 체험적 집단 슈퍼비전에 적용하기 ... 278
    마이클 안드로니코 & 바바라 다조 Michael Andronico and Barbara Dazzo

17. 재결정치료자 수련 ... 290
    존 글래드펠터 John Gladfelter

18. 재결정치료의 기본 가치 ... 299
    문 커슨 & 마티 크렌즈버그 Moon Kerson and Marti Kranzberg

색인 Index ... 304

서문

1985년 파닉스에서 열린 "심리치료의 발전을 위한 컨퍼런스"에서 처음으로 밥 굴딩(Bob Goulding)이 재결정치료(redecision therapy)에 대해 발표하는 것을 들었다. 그의 설명은 들을 만한 가치가 있었다. 명쾌했고, 신랄했으며, 실용적이고, 인간미 넘쳤으며 재미있고 효과적이었다. 강연이 끝난 후 그에게 다가가 인사를 한 뒤 재결정치료 수련에 대해 질문했다. 그는 아내 메리(Mary Goulding)와 캘리포니아주 왓슨빌 인근 마도나 산에 위치한 *집단과 가족치료를 위한 서부연구소*(*Western Institute for Group and Family Therapy*, WIGFT)에서 운영 중인 교육 프로그램에 대해 간략히 설명했다. 나는 몇 가지 형식적인 질문을 한 뒤 만일 수련을 받게 된다면, 내게 무슨 일이 일어날지, 그리고 어떤 경험을 하게 될 것인지에 대해 질문했다. 그러자 밥은 눈을 반짝이며 웃으면서 대답했다. "글쎄요, 그것은 당신이 무엇을 선택하느냐에 달려있겠지요."

나는 흥미를 느꼈고, 무언가 가치 있는 것이 있음을 알았다. 고민하다가 기회를 놓치고 자책하는 대신 신청을 하기로 마음먹었다. 몇 주 뒤 나는 집단과 가족치료를 위한 서부연구소에서 진행되는 여러 수련 프로그램 중 첫 번째 프로그램에 참여했다. 이 경험은 개인적 성장뿐 아니라 지금까지 이어지는 우정을 쌓게 했다. 동시에 나는 강력한 치료 모델을 배웠는데, 이 모델은 현실적으로 정의한 치료 목표를 달성하는 방향으로 내담자의 자율성과 역량을 강조하는 원칙에 기초한다. 밥과 메리는 에릭 번(Eric Berne)과 프리츠 펄스(Fritz Perls)의 이론과 기법에 그들만의 수많은 혁신을 결합하여 가르칠 수 있는 하나의 이론과 기법을 개발했다. 그 결과 그들은 세계적으로 인정받는 심리 치료의 주요 기여자로 자리매김했다. 그들의 저서 제목을 빌리자면, *힘은 환자에게 있다*(*The Power is in the Patient*, 1978)는 사실을 인식할 때 *재결정치료를 통해 삶을 변화시킬 수 있음*(*Changing Lives through Redecision Therapy, 1979*)[1]을 강조했다.

굴딩 부부의 재결정치료 모델은 다음과 같은 특징을 가진 사고 구조에 기반한다(after Goulding 1989, Goulding and Goulding 1978, 1986).

1. ***만남***: 내담자와 동맹 형성하기
2. ***계약***: 내담자와 함께 구체적이고 달성 가능한 치료 목표 설정하기
3. ***속임수***: 내담자의 생각과 감정, 행동을 타인이 통제한다고 믿도록 자신과 치료자를 '속이거나' 변화를 '시도'하고 있다는 거짓된 주장을 통해 자율성을 부정하려는 여러 시도를 직면시켜 내담자의 힘과 책임성 강조하기
4. ***주된 부정적 감정, 사고, 행동, 신체화 증상***: 고통스럽고 문제가 되는 역기능적 증상 확인하기
5. ***만성적 게임, 신념 체계, 환상***: 문제 증상이 유지되는 대인 간, 심리 내적 구조 명확히 하기
6. ***아동기 초기 결정***: 어린 시절 문제적 장면을 심상으로 재연함으로써 아동기 감정을 생생하게 재경험하기, 부모의 주요 메시지(명령과 대항명령), 아동기 각본 형성과 스트로킹 패턴 인식하기
7. ***임패스 해결***: 재결정, 자아 상태 탈오염과 재구조화(부모, 어른, 아이 자아 상태 기능 사이의 구별을 명확히 함), 재양육 그리고 기타 기법이 포함됨. 게슈탈트의 두 의자기법은 내담자의 부모 내면화를 외현화하고, 강력한 대화로 자율성과 자기 결정권 주장에 사용
8. ***승리 유지하기***: 내담자의 새롭고 더 건강한 반응 양식을 고정하고, 스트로크 패턴을 변화시키며 재결정 활용 계획 세우기

굴딩 부부 접근법의 핵심은 재결정치료자들이 회기를 시작할 때 사용하는 뛰어난 문장에 정제되어 있다. **오늘 당신은 무엇을 바꾸고 싶은가요?**(What are you

---

1) 다른 저서로는 공동저서인 '*걱정하지 마세요(Not to Worry)*(1989)', '*메리의, 누가 당신의 머릿속에 있었나요?(Mary's Who's been in Your head?)*(1985)'와 밥에 대한 그녀의 애절한 기억인 '*사랑의 기억(Sweet Love Remembered)*(1992)', 그리고 1992년 밥의 사망 이후 애도와 극복에 대한 특별한 기록인 '*작별을 고할 때: 상실을 넘어(A Time to Say Good-bye: Moving Beyond Loss)*(1996)'가 있다.

willing to change today?) 상세히 말하자면, 치료 효과성을 위한 하이쿠haiku[2])와 같다. 효과적이거나 시간 제한적인 단기치료의 모든 요소가 포함되어 있음을 알 수 있다.

무엇(구체성, 목표, 대상, 초점)
인가요(능동사, 현재 시제)
당신은(주체, 개인의 기능)
하고자(선택, 책임, 주도권)
바꾸고(단지 노력하기, 시도나 탐색이 아니라 바꾸기)
오늘(현재, 지금 이 순간)
?(열린 질문, 치료자가 주장하는 것이 아니라 존중하며 수용하기)

재결정치료는 효과적이고 효율적인 치료를 하려는 동기로 개발되었으며, 내담자의 강점과 자원을 활용하여 변화할 수 있도록 돕는다. 이 치료기법의 임상적이고 인본주의적 방향성은 비용 절감, 관리형 의료 및 단기치료에 대한 압박이 생기기 훨씬 이전부터 있었으며, 현재 의료 환경에서 얼마나 적절하고 유용한지 쉽게 알 수 있다. ***단기치료와 관리형 의료: 현대적 실천을 위한 자료****(Brief therapy and Managed Care:Readings for Contemporary practice)*(Hoyt, 1995)에서 상세히 다루었듯이, 관리형 행동 건강 관리하에서의 심리치료는 다음과 같은 주요 특징이 있다.

1. 구체적 문제 해결
2. 신속한 대응과 초기 개입
3. 내담자와 치료자의 책임을 명확히 정의하고 내담자의 역량, 자원, 강점에 중점을 둠
4. 유연하고 창의적인 시간 활용
5. 건강 전문가와 적절한 정신약물 치료를 포함한 다양한 전문 분야 협력

---

[2]) 일본의 전통 단시: 3줄로 이루어져 있으며 5, 7, 5 음절 규칙을 지님

6. 개인, 집단, 부부/공동 치료 및 다양한 공동체 자원을 포함한 다양한 형식과 양식
7. 간헐적 치료 또는 가정의학 모델
8. 구체적 목표 성취 및 내담자 만족에 중점을 둔 결과 지향성 및 책임

나는 굴딩이 내게 얼마나 큰 영향을 미쳤는지 기꺼이 인정하며 이 책이 시의적절하게 출간되어 기쁘다. 편저자인 캐롤린 레녹스(Carolyn Lennox)는 여러 저자들을 한데 모아, 논리적이고 일관성 있는 순서로 내용을 제시하는 작업을 훌륭히 해냈다. 저술은 개별적이고 실용적이며, 각 장에서 제시하는 "현장감 있는" 사례는 독자들이 현실에 적용할 수 있다. 비교 심리치료를 공부하는 학생들은 재결정치료와 다른 기법들이 가진 계약에 대한 다양한 관점을 보게 될 것이고, 다양한 이론적 지향을 가진 치료자들은 재결정치료의 아이디어를 그들의 임상 레퍼토리에 통합할 생산적인 방법을 찾게 될 것이다. 정신역동 치료자들은 통찰의 역할을 높이 살 것이고, 재결정 과정은 이전에 자각하지 못하던 것을 깨닫는 과정을 포함하는데, 이는 인지행동치료에서 말하는 인지적 재구조화 또는 도식의 변화에 해당한다. 그런데, 일차적 기제는 전이의 해석이 아니라 치료자가 안내하는 초기 장면의 재연을 통한 새로운 경험이다. 제8장에 소개된 유진 커풋(Eugene Kerfoot)의 비유를 사용하자면, 치료자는 내담자인 여행객이 선택한 목적지인 치료 목표로 안내하는 여행 전문가이다. 새로운 행동에는 방향이 있다. 설명은 깨달음으로 이끌지만, 경험은 변화로 이끈다. 내담자는 자신의 문제 해결에 필요한 능력이 있기에 외부 전문가가 해석하거나 진실을 드러내 주기를 기다릴 필요가 없다. "힘은 환자에게 있다."라고 굴딩 부부는 주장했다.

이야기치료(White 1995, White and Epston 1990)에 익숙한 독자들은 재결정치료에서 사용되는 게슈탈트의 두 의자 기법을 내담자의 자율성을 증진하여 문제를 외현화하는 것으로 볼 수 있고, 명령과 재결정을 이야기의 주제로 하여 삶을 각색하고 줄거리를 재구성하는 형태로 생각하는 것이 유용하다. 그리고 드 샤저(de Shazer 1985, 1998)와 같은 해결 중심 치료자들은 제7장에서 벤 조인스(Vann S. Joines)가 논의한 것과 같이 재결정치료자들이 본연의 아이를 스트로킹한 것을 문제 유형

의 예외를 환기시키고 증폭시키는 것으로 인식하고, 고정화, 스트로크 경제법칙의 변화, 어른 자아 상태의 계획 세우기 같은 기법으로 해결 지향적 세계관과 이야기의 출현을 구조화하고 지지하는 것으로 볼 수 있다. 나는 이 모든 것을 구성적 치료의 기초로 삼는다(Hoyt 1994, 1996). 현실은 그것을 아는 사람들을 통해 인식되며 대인관계적 맥락 속에서 무엇이 실제인지에 대한 명제를 적극적으로 구성하는 것이 사회구성주의적 생각이다. 이러한 관점에서 치료는 선호되는 현실을 사회적으로 구성하는 것으로 개념화할 수 있다(Freeman and Combs 1996, McNamee and Gergen 1992). 이는 개인의 심리 내적 요인과 대인 간 체계적 요인, 그리고 개인에 미치는 실제 효과에 사려 깊은 주의가 기울여져야 함을 의미한다.

오래 전 성 아우구스티누스는 현재란 오직 지금뿐이며, 과거의 기억과 미래에 대한 기대를 포함하는 시간이며, 우리는 과거로 되돌아갈 수 없다고 지적했다. 다양한 심리치료 이론을 고려하는 것은 흥미로운 일이지만, 나는 5장에서 치료적 과업은 어린 시절 각 장면에 대한 타당도를 평가하고 객관적 진실을 찾아내는 것이 아니라 "중요한 것은 내담자가 실제든 상상이든 과거로부터 회복해서 삶을 채워 나가는 것"이라는 메리 굴딩의 주장에 동의한다.

*재결정치료: 행동지향적 단기 접근*은 치료자와 내담자들에게 유익한 많은 내용을 담고 있다. 내담자의 역량을 강화하고 명확한 치료 목표 달성에 초점을 맞춘 이 책은 특히 오늘날 더 적절하다. 나는 기꺼이 이 책을 추천하는 바이다.

-마이클 호이트, Michael F, Hoyt, Ph.D

참고문헌

de Shazer, S. (1985). *Keys to Solution in Brief Therapy*. New York: Norton.
_____ (1988). *Clues: Investigating Solutions in Brief Therapy*. New York: Norton.
Freedman, J., and Combs, G. (1996). *Narrative Therapy: The Social Construction of Preferred Realities*. New York: Norton.
Goulding, M. M. (1985). *Who's Been Living in Your Head?* Watsonville, CA: WIGFT Press.
_____ (1992). *Sweet Love Remembered*. San FranCisco: TA Press.
_____ (1996). *A Time to Say Good-Bye: Moving Beyond Loss*. Watsonville, CA:

Papier-Mache Press.

Goulding, M. M., and Goulding, R. L. (1979). *Changing Lives through Redecision Therapy*. New York: BrunnerlMazel.

_____ (1989). *Not to Worry!* New York: William Morrow.

Goulding, R. L. (1987). Group therapy: Mainline or sideline? In *The Evolution of Psychotherapy*, ed. J. K. Zeig. New York: Brunnerl Mazel.

_____ (1989). Teaching transactional analysis and redecision therapy. *Journal of Independent Social Work* 3: 71-86.

Goulding, R. L., and Goulding, M. M. (1978). *The Power is in the Patient*. San Francisco: TA Press.

_____ (1986). *Redecision Therapy*. (Videotape.) San Francisco: International Transactional Analysis Association.

Hoyt, M. E (1995). *Brief Therapy and Managed Care: Readings for Contemporary Practice*. San Francisco: Jossey-Bass.

_____ (1994). *Constructive Therapies*. New York: Guilford.

Hoyt, M. E, ed. (1996). *Constructive Therapies*, vol. 2. New York: Guilford.

McNamee, S., and Gergen, K. J., eds. (1992). *Therapy as Social Construction*. Newbury Park, CA: Sage.

White, M. (1995). *Re-Authoring Lives: Interviews and Essays*. Adelaide Dulwich Centre Publications.

White, M., and Epston, D. (1990). *Narrative Means to Therapeutic Ends*. New York: Norton.

감사의 글

나는 굴딩 부부에게 큰 빚을 졌다. 그들의 도움이 없었다면 이 책은 가능하지 않았을 것이다. 남편인 로버트 굴딩과 함께 재결정치료를 개발한 메리 굴딩은 초기부터 이 프로젝트의 가장 든든한 지원군이 되어 주었다. 그녀는 수많은 분량의 초고를 읽고, 집필과 출판 과정 동안 귀한 제안과 격려를 아끼지 않았다. 존 글래드펠트는 재결정치료에서 수련을 담당했고, 이 책을 집필하는 데 응원을 해 주었다. 존은 숙련된 재결정치료자들을 소개해 주었고, 지속적으로 질문에 답을 하고, 내 의견에 대한 평을 했다.

나는 또한 다른 치료자들로부터도 유용한 제안과 격려를 받는 행운을 누렸다. 리타 블레어(Leita Blair), 존 케이드(John Cade), 레오나르도 캄포(Leonard Campos), 지니 콘론(Ginny Conlon), 빌 팔제트(Bill Falzett), 멜로디 포텐베리(Melody Fortenberry), 베티 구즈(Betty Gouge), 사라 하피(Sara Harper), 신시아 앤 헤리스(Cynthia Ann Harris), 셰리 포터융(Shari Porter Jung), 짐 키디(Jim Keedy), 폴 메코믹(Paul McCormick), 메릴린 오하라(Marilyn O'Hara), 수잔 레플리(Suzanne Rapley), 메리 롭(Mary Robb), 실비오 실베스트리(Silvio Silvestri), 에머리 소비스크(Emory Sobiesk), 그리고 지니 위츠만(Genie Weitzman)에게 감사를 표한다.

남편 빌(Bill)과 두 딸 크리스틴과 킴벌리(Kristin and Kimberly)에게 깊은 감사를 표한다. 빌과 크리스틴은 수개월 동안 변함없는 인내심을 가지고 지지를 보냈다. 중간에 합류한 킴벌리는 참을성이 없었지만 나는 그녀를 통해 본연의 아이 자아 상태의 에너지와 활기찬 생동감에 대해 새삼 감사함을 느꼈다.

끝으로, 제이슨 아론슨 출판사의 발행인 마이클 모스코위츠(Michael Moskowitz)와 편집국장인 밥 헥(Bob Hack)과 저자 지원 이사인 노마 포메런츠(Norma Pomerantz)를 비롯한 전 직원들에게 감사드린다. 그들은 응집력 있고 정제된 최종 결과물을 만드는 데 큰 도움을 주었다.

1

서론: 재결정치료, 단기치료 모델

캐롤린 레녹스 *Carolyn E. Lennox, M.S.W., Ed.D.*

　이 책을 집필하게 된 계기는 1993년 12월 플로리다주 올랜도에서 열린 에릭슨(Milton Erickson)의 단기치료 컨퍼런스에서 메리 굴딩(Mary Goulding)이 재결정치료를 시연하는 모습을 지켜보면서 비롯되었다. 60대의 유쾌한 백발의 여인이 무대 위의 내담자뿐 아니라 그 작업을 지켜보던 치료자들과도 쉽게 라포를 형성하는 것을 청중 속에서 지켜보았다. 그녀가 재결정치료의 다양한 측면을 시연하는 동안, 가장 인상 깊었던 것은 웃음소리였다. 그녀가 웃으면 무대 위 내담자도 웃고 청중들도 함께 웃었다. 사람들은 눈물과 분노도 표출했고, 메리는 이러한 감정을 존중했지만, 그들의 유머와 상상력에 더욱 환호했다. 나는 메리와 한 시간 동안 작업했던 사람들이 자신과 세상에 대한 관점을 중대하게 변화시켰음을 지각했다.

　굴딩 부부가 재결정치료를 개발한 1960년대 정신의학계는 몇 시간 또는 몇 분 만에 만성적인 정서적 문제를 치유할 수 있다는 그들의 주장을 못 미더워했다. 굴딩 부부의 작업에 친숙하지 않은 사람들에게는 그것이 거의 마법처럼 보였다. 여전히 마법적인 이것은 배우고 가르칠 수 있다. 이 책은 새로운 세대의 심리치료자들에게 굴딩 부부와 재결정치료의 마법을 소개하기 위해 쓰여졌다.

　재결정치료는 널리 알려진 단기치료 가운데에서도 독특한 계파에 속한다. 현재의 단기치료 중 에릭 번이 창시한 교류분석(Transactional Analysis)과 펄스 부부가 개발한 게슈탈트 치료에 뿌리를 두고 있다.

60년대 초의 많은 치료자들처럼, 굴딩 부부도 전통적인 정신분석 치료의 긴 치료 기간과 낮은 치료 효과에 만족하지 못했다. 그들은 더 짧고 효과적인 심리치료 방법을 함께 모색했다. 밥 굴딩은 에릭 번과 함께 교류분석을 공부했고 번의 샌프란시스코 세미나에 적극적으로 참여했다. 밥과 메리는 둘 다 캘리포니아 빅서 해안에서 프리츠 펄스를 비롯한 다른 게슈탈트 치료자들과 긴밀히 협력했다. 그 결과, 굴딩 부부는 게슈탈트의 다양한 치료 기법을 고유한 그들의 방식으로 교류분석에 통합하여 현재 재결정치료로 부르는 기법을 고안했다(Goulding and Goulding 1978, 1979).

굴딩 부부에 의해 개발된 재결정치료는 다른 단기치료 학파의 영향을 받지 않았지만, 그럼에도 불구하고 공통된 기본 원칙과 기법을 공유하고 있다. 단기치료의 여느 선구자들처럼, 굴딩 부부는 사람들이 단기간에 중요한 변화를 만들 수 있을 거라고 믿었다. 그들은 재결정치료자들에게 다음과 같은 질문으로 치료 상담을 시작하도록 가르쳤다. "오늘 당신 자신에 대해서 무엇을 바꾸고 싶은가요?" 그 함의는 내담자가 변할 수 있고, 먼 미래가 아니라 바로 지금 변화할 수 있다는 것이다. 또한 이 질문은 치료자가 아닌 내담자에게 변화에 대한 책임이 있다는 메시지를 전달하는 것이다.

다른 단기치료와 마찬가지로, 재결정치료는 변화를 위한 구체적 계약을 기반으로 한다. 명시적 변화 계약은 내담자와 치료자가 치료 목표에 초점을 맞출 수 있도록 하며, 치료가 언제 종결되는지를 양측이 알 수 있게 한다. 치료자는 매 회기 초반에 내담자가 구체적 행동이나 특정 상황에서 그들이 변화하기를 원하는 것을 말하도록 한다. 또한, 목표를 달성한 후 그들의 삶에서 어떤 점이 달라질 것인지를 설명해야 한다. 그리하여 재결정치료는 치료의 초기 단계에서 해결중심 치료에서 사용하는 것과 유사한 미래지향적 질문을 활용한다(de Shazer 1985).

인지치료(Ellis 1962)와 마찬가지로, 재결정치료는 치료자와 내담자가 변화를 이끌어 내기 위해 자기-책임의 용어를 사용할 것을 강조한다. 재결정치료는 변화를 회피하거나 지연하려는 모든 언어를 직면시킨다. "노력해 볼게요", 또는 "~하고 싶어요"와 같은 표현은 "~할게요"로 대체시키고, "할 수 없어요"는 "하지 않겠어요"로 대체시킨다. 외부 압력이 특정 감정을 유발한다고 암시하는 표현은 내담자가 자신의 사고와 감정에 책임을 느끼도록 격려하는 말로 대체한다. 치료자는 "나의 두려움은"이라는 내담자의 말을 "나는 스스로를 겁주고 있어요"로 대체한다. "그 사람은 나를 화나게 해요"를 "나는 화가 나요"로 대체한다. 이런 식으로, 내담자들은 자신이 그들의 사고와 감정에 책임이 있다는 것을 상기하고, 그들을 변화시킬 수 있는 힘(power)을 가진 것도 자신이라는 것을 깨닫게 한다.

내담자와 치료자가 자기 변화에 대한 명료한 계약을 맺으면 이것은 이후 치료의 기준이 된다. 회기가 남아 있는 동안, 치료자는 내담자가 회기 내에서 계획된 변화를 하도록 돕는 적극적 역할을 지속한다. 치료자는 회기 내에서 그들 자신에 대해 새로운 결정을 하도록 내담자에게 구조화된 기회를 제공한다.

회기 내에서 변화가 성취되면, 치료자는 이 변화를 상담실 밖에서도 연습할 다양한 방법을 상상하도록 격려한다. 다시 한번, 내담자는 명확하고 구체적인 성공의 이미지를 떠올리기를 요청받는다.

재결정치료의 기본 기법인 변화를 위한 계약, 자기 책임에 대한 용어 사용 강조, 치료 회기 내에서 변화에 대한 시연, 회기 밖 행동 장려는 다른 형태의 단기치료와 공통적이다(Budman and Gurman 1988, Wells and phelps 1990). 재결정치료의 독특한 점은 교류분석에 이론적 기초를 두고 치료 회기 내 변화를 가져오기 위해 게슈탈트의 행동 지향적 기법을 사용하는 것이다(Hoyt 1993, 1995).

이쯤에서 독자들은 재결정치료 회기 내용에 대해 궁금해할지도 모른다. 게슈탈트 기법과 인지 치료를 단기치료에 접목하는 방법을 보여 주기 위해 실제 나의 임상 사례의 초기 회기를 예로 들고자 한다. 사례를 설명한 후에 이론과 적용된 기법에 대한 논의를 할 것이다. 이 책 후반부에서는 내담자가 주로 호소하는 문제 유형들에 재결정치료를 적용하는 것을 다룰 것이다.

사례

캐더린(Kathryn)은 건강보험 평가사로부터 의뢰되었는데, 약물치료를 위해 정신의학자에게도 동시 의뢰되었다.

캐더린은 35세의 체격이 큰 여성으로 지역의 규모 있는 기업에서 비서로 일하고 있었다. 그녀는 4살 난 딸과 살고 있는데 딸을 출산한 직후 이혼했으며 그녀가 약물 중독자라고 부르는 전남편과는 거의 연락이 없는 상태였다.

캐더린은 수년간 우울증으로 힘들어하고 있다고 말했다. 그녀는 우울증을 스스로 조절하기를 원해 전문가의 도움을 미뤄 왔지만, 최근에는 우울한 기분이 업무에까지 영향을 주어서 직장을 잃을까 걱정하고 있었다. 그녀는 수면에 어려움을 겪고 있었고, 지난 2년간 체중이 23kg 정도 증가했다. 캐더린은 그녀가 "작은 공주님"이라고 부르는 딸을 잘 돌보는 데 자부심을 가지고 있었다. 그러나 정작 자신을 가꾸는 데는 소홀해 옷차림이나 머리 손질에 신경을 쓰지 못하고 있다고 말했다.

나는 그녀에게 지지체계인 가족은 어디에 있는지, 친구는 누구인지 등을 물었다. 그녀는 엄마와 세 명의 형제자매가 있지만 지금은 그들이 먼 지역에 살기 때문에 거의 만나지 못한다고 답했다. 부모님은 그녀가 두 살 때 이혼했다. 아버지는 테네시주에 살고 있으며 부모의 관계는 소원하게 느껴져서, 도저히 그를 아버지라고 부를 수 없었다고 말했다. 캐더린이 정서적으로 가장 의지하는 곳은 교회로 4년 전에 달라스로 이사 온 이후 정기적으로 교회에 출석했다. 교회와 직장에서 좋은 여성 친구들을 사귀었으며, 교제하는 남성은 없었다.

캐더린과 만나서 그녀의 배경에 대해 듣고 상황을 평가하는 데 20여 분이 걸렸다. 나는 치료를 받으러 온 그녀를 칭찬했고, 약물복용을 위해 정신과 의사와 약속을 지킬 것을 권유했다. 이 두 가지 모두는 그녀가 자신을 더 잘 돌보기 위한 시작임을 말해 주었다.

나는 캐더린에게 오늘 자신에 대해서 바꾸고 싶은 것이 무엇인지 물었다. 그녀는 자신을 더 잘 대하고 싶고, 자신에 대해서 더 나은 기분을 느끼고 싶다고 말했다.

나는 그녀에게 자신을 더 잘 대한다면 어떤 다른 행동을 할 것인지 물었다. 그녀는 매일 옷을 잘 차려입고 머리를 예쁘게 손질하는 데 시간을 보내며, 어쩌면 새 옷을 살지도 모르겠다고 답했다. 나는 자기 자신에 대해 기분이 더 나아지는 것이 어떤 느낌인지, 어떤 감정을 느끼고 자신에게 무엇이라고 말할 것인지 물었다. 캐더린은 그녀 내면에서 평화로움을 느낄 것이라고 답했다.

나는 그녀에게 자신을 잘 돌보지 않고 기분이 좋지 않을 때 스스로에게 무엇이라고 말하며 어떤 기분이 드는지 예시를 들어 달라고 요청했다.

캐더린은 도로에서 운전을 하다가 차 사고가 나서 더 이상 존재하지 않기를 바란다고 말했다. 그러나, 그녀는 딸을 돌봐야 하고 자살은 그녀의 종교적 신념에 어긋나기 때문에 자살하지 않을 것이라고 나를 안심시켰다. 다만, 때때로 이 세상에서 더 이상 존재하지 않기를 바랄 때가 있다고 했다. 그녀는 이럴 때 슬픔과 좌절을 느낀다고 했다.

나는 그녀에게 삶을 돌아볼 때 슬픔과 좌절에 빠져, 더 이상 존재하지 않기를 바라던 때가 기억나는지 물었다.

잠시 멈칫하던 캐더린은 그녀가 진심으로 사랑했던 의붓아버지가 엄마를 떠난다고 말했을 때 똑같은 생각과 감정을 가졌다고 말했다. 당시 그녀는 6세였다. 캐더린은 새아빠 없이 살고 싶지 않다는 생각을 아주 생생하게 기억한다고 말했다. 당시 그녀가 느꼈던 고통을 설명하면서 "기억나지는 않지만, 제가 두 살 때 아빠가 떠났을 때도 같은 감정을 느꼈던 것 같아요. 엄마는 제가 항상 아빠의 총애를 받았고, 부모님이 이혼한 후 우리가 미니애폴리스로 이사를 했을 때 제가 계속 울었다고 했어요."

나는 캐더린에게 이 두 사람 중 누구에게 작별인사를 하고 싶은지 물었다. 캐더린은 의붓아버지가 사망하기 전 작별인사를 해서 더 할 필요는 없다고 말했다. 그러면서 어쩌면 첫 번째 남자친구인 스티브에게 작별인사가 필요한 것 같다고 했다. 그들은 2년간 사귀었고, 둘은 결혼을 약속한 상태였다. 그가 결별을 선언했을 당시 그녀는 19세였다.

나는 빈 의자를 하나 가져와서 스티브에게 무슨 말을 하고 싶은지 물었다. 스티브가 의자에 앉아 있다고 상상하면서, 그 뒤에는 그녀의 인생에서 다른 중요한 남자들도 함께 있을 수 있다고 말했다. 캐더린도 그 말에 동의했다.

나는 그녀에게 그와의 관계에서 감사한 일을 먼저 말해 볼 것을 제안했다. 캐더린은 의자 쪽으로 몸을 돌려 그가 그녀를 잘 돌봐 준 것, 그녀의 말을 잘 들어준 것, 세상에서 그녀를 돌보는 남자가 존재한다는 희망을 준 것에 대해 감사해했다. 그 다음, 후회나 분노가 있는지 물었다. 캐더린은 스티브가 제대로 된 설명 없이 그녀를 떠난 것과 관계 회복을 위해 노력하지 않은 것이 원망스럽다고 말했다. 나는 캐더린에게 앞으로 자신의 인생을 선택하여 살아갈 것인지 아니면 계속 슬퍼하면서 그와의 관계를 애석해하며 살아갈 것인지 물었다. 캐더린은 그녀의 삶을 살아가겠다며 단호한 음성으로 말했다. 그녀는 그에게 작별인사를 하며 운전해서 멀어지는 그를 눈앞에 상상했다. 그리고 조용해졌다.

잠시 후 나는 그녀가 무엇을 경험하고 있는지 물었다. "매우 평화로워요!" 캐더린은 빙그레 웃으며 대답했다. 남은 회기 동안 그녀가 한 작업을 칭찬했고, 이후 며칠 간 어떻게 스스로를 돌볼 것인지 질문했다. 그녀는 집에 가서 머리 손질을 할 것이라고 답했다.

다음 주, 캐더린은 좋은 한 주를 보냈다고 보고했다. 그녀는 더 행복하고 더 평화로움을 느꼈고, 직장과 집에서 더 에너지 넘치고 더 생산적이었다고 말했다. 우리는 그녀가 이루어 낸 삶에서의 모든 긍정적인 변화들에 대해 구체적으로 논의했다. 캐더린은 기본적으로 동일한 과정을 통해 치료를 지속했고, 빠르게 중대한 변화를 만들어 냈다.

이 한 회기에서 재결정치료의 기본 요소가 드러난다. 캐더린은 자신이 어떻게 되고 싶은지와 가장 고통스러운 순간에 자신을 어떻게 경험하는지를 포함해 자신이 바꾸고 싶은 것을 설명했다. 게슈탈트 기법은 캐더린이 고통스러운 현재 감정과 과거 경험을 연결하도록 돕는다. 이러한 경험은 극적으로 표현되며, 캐더린은 즉각적으로 현재에 미치는 변화를 만들어 냈다.

재결정치료

굴딩 부부는 사람들이 이 과정을 통해 어떻게 변화하는지 설명하기 위해 에릭 번이 개발한 교류분석의 개념을 활용했는데, 몇 가지 중요한 차이점이 있다. 굴딩 부부는 번이 주장한 대로 사람은 서로 다른 자아 상태(ego states)인 부모, 어른, 아이 자아 상태로 구성되어 있다고 보았다. 부모 자아 상태(Parent ego state)는 어린 시절 부모나 기타 중요한 인물들로부터 내면화된 믿음, 가치, 행동, 삶의 규칙의 총합이다(Berne 1962).

어른 자아 상태(Adult ego state)는 문제해결 능력과 이성적 사고 능력으로 구성된다. 이것은 컴퓨터의 중앙처리 장치에 비유되기도 한다. 이 능력은 태어날 때부터 존재하고 일생 동안 점차 발달해 간다.

세 번째 자아 상태는 아이 자아 상태(Child ego state)로, 생리적 욕구와 그에 수반되는 감정, 그리고 어린 시절의 정서가 결합된 강렬한 기억들로 구성된다(Berne 1962). 아이 자아 상태는 자유로운(또는 본연의) 아이 자아 상태와 순응적 아이 자아 상태로 구분할 수 있다. 순응적인 아이 자아 상태는 부모의 요구에 반응하는 방법을 알게 된 조금 더 나이가 든 아이다.

굴딩 부부는 재결정치료의 발전과정에서 번이 개발한 이런 기본적 개념에 몇 가지 중요한 수정을 하여 활용했다. 번은 부모 자아 상태를 마치 컴퓨터에 정보를 입력하는 것처럼 어린아이가 무분별하게 내면화한 것으로 보았다. 그러나, 굴딩 부부는 아동은 유아기부터 주변 세상의 정보를 선택하고 해석하는 능동적인 참여자로 보았다. 아동은 유용한 정보를 기반으로 자신의 부모 자아 상태를 구성하고 생존을 위해 이 부모 자아 상태에 가장 잘 대응하는 방법을 선택하여 결정한다. 삶에 대한 규칙에 관한 초기 결정은 이후의 모든 결정에 영향을 주는 원형이 된다. 이러한 관점에서, 재결정치료는 핵심 신념, 즉 자기와 타인에 대한 기본적인 믿음이 삶의 전반에 걸쳐 인식과 의사결정을 좌우한다는 인지치료의 현대적 관점을 반영하고 있다(Beck and Weishaar 1989, Dowd and Pace 1989, Edwards 1989).

굴딩 부부는(1979) 인생에 대한 이러한 초기 규칙들 중 가장 중요한 것을 "명령"(injunction)과 "대항명령"(counterinjunction)이라 부른다. 두 가지 다 어린아이가 부모의 행동을 인식하고 해석한 것으로 초기 경험에 대한 반응으로 만들어지고 수용되는 것이다. 대항명령은 부모 자아 상태의 지시어(command)로 인식된다. 이것은 "완벽해라", "열심히 해라", "서둘러라", "강해져라", "조심해라" 그리고 "나(상대방)를 기쁘게 해라"와 같은 말을 포함한다. 표면적으로는 부모가 자녀에게 주는 선의의 조언으로 보이지만, 아이 자아 상태가 이것을 경직되게 받아들일 때 불필요한 고통을 야기한다.

반면에 명령은 아이 자아 상태가 받아들일 때 저주에 가까운 메시지처럼 들린다. "존재하지 마라", "너 자신이 되지 마라", "성공하지 마라", "생각하지 마라", "느끼지 마라" 또는 "네 생각대로 생각하지 말고, 내 생각대로 생각해라" 등의 예가 있다. 이러한 메시지들은 말로 표현되거나 암묵적으로 전달되는데, 대부분 부모의 상처받은 아이 자아 상태로터 비롯된다. 아이들은 어린 시절 외상 경험과 부모가 기뻐하는 모습을 바탕으로 이러한 명령의 수용 여부를 결정한다.

이러한 명령과 대항명령을 따르는 것은 아동기 생존에 도움이 되었겠지만, 어른이 된 후에는 더 이상 효과적으로 작동하지 않는다. 새로운 상황에는 새로운 대응이 필요하지만, 사람은 낡은 행동을 반복하고 그로 인해 불행하고 비생산적인 자신을 발견하게 된다. 그러나 그 상태에서 임패스를 벗어날 방법을 찾지 못한다.

다행스럽게도 이러한 딜레마를 벗어날 방법이 있다. 굴딩 부부에 따르면, 낡은 명령과 대항명령에 다르게 생각하고, 느끼며, 행동하기로 새로운 결정을 내릴 때 진정한 변화가 일어난다. 이 결정(또는 재결정)이 의미를 갖기 위해서는 자신의 아이 자아 상태, 즉 창의적이고 정서적인 부분이 반드시 포함되어야 한다. 이성과 논리만으로는 충분하지 않다. 개인의 보상(payoff)은 즐거움, 자유, 기타 긍정적 감정을 포함해야 한다. "옳은 일을 하는 것"에 대한 인지적 자각 또는 의무를 수행했다는 것만으로는 영속적 행동 변화에 대한 충분한 보상이 되지 못한다. 교류분석의 용어로 표현하자면, 재결정은 어른 자아 상태가 아니라 아이 자아 상태에서 비롯되어야 한다.

앞서 보여 준 사례에서 캐더린은 남자친구와 작별인사를 하면서 수반되는 감정을 직접 경험하는 것이 자신의 삶을 계속 살아가기로 결심하는 데 필수적이었다. 단지 상실에 대해 말하는 것만으로는 동일한 결과를 낳지 못했을 것이다.

재결정치료의 실제

만성적 문제를 성공적으로 해결하는 데 창의적이고, 정서적인 부분이 반드시 포함되어야 한다는 것은 재결정치료만의 주장은 아니다. 단기치료의 선구자로 불리는 밀턴 에릭슨은 유머, 웃음, 부조리 등을 행동 변화를 이끌어 내는 중요한 도구로 사용했다. 합리적 정서치료의 창시자인 앨버트 앨리스(Albert Ellis)는 농담, 과장, 혹은 우스꽝스러운 노래 등을 통해 내담자가 삶의 부조리함을 인식할 수 있는 감각을 발달시키도록 격려했다. 오늘날 많은 인지행동치료 전문가들은 내담자들이 문제 상황을 재현하는 과정에서 역기능적 신념을 잘 구분하고 영속적 행동 변화를 가져오기 위해 정서적 경험을 하는 것이 중요하다고 보고 있다(Edwards 1989).

문제해결을 위해 내담자가 창의력을 발휘하는 것이 중요하기 때문에 재결정치료자는 내담자의 창의적인 아이 자아 상태에 접근하는 가장 확실하고 빠른 방법으로 게슈탈트치료의 심상과 역할극(enactment)기법을 사용한다. 회기 내에서 중심이 되는 것은 문제와 해결 방안을 직접 재연하는 것이다.

재결정치료에서 주로 사용하는 것은 게슈탈트의 빈 의자 기법이다. 내담자는 하나의 장면 속으로 들어가서 모든 역할을 연기하도록 권유받는다. 그 장면에 등장하는 모든 등장인물들은 자신이나 부모, 배우자, 동물, 꿈 속의 사물, 신체 증상, 혹은 자신의 다양한 측면 등이 될 수 있다. 장면은 과거, 현재, 미래 혹은 꿈의 일부일 수 있다. 재결정치료자는 종종 부모와의 대화를 비롯한 초기 장면을 사용하는데 이런 장면에서 영속적 행동 변화가 일어나기 때문이다. 그리고 내담자는 어떤 유형의 장면을 통해서도 재결정(redecision) 할 수 있다. 중요한 것은, 내담자가 단지 상황을 치료자에게 설명하는 것이 아니라 직접 그 상황 속으로 들어가 대화에 적극적으로 참여하고, 다른 인물들에게 직접 말을 하며, 정서적인 경험을 스스로 하는 것이다. 내담자와 치료자는 어떤 대화가 나올지 미리 예측할 수 있다고 생각할 수 있지만 실제 작업이 일어나는 동안 나타나는 생각, 감정 그리고 새로운 결정에 놀라는 경우가 많다.

이 과정에서 치료자는 즉흥극의 연출자와 같은 역할을 한다. 내담자의 변화 계약에 기초해서 치료자는 내담자가 장면과 등장인물들을 선택하고 등장인물들이 서로 대화할 수 있도록 돕는다. 치료자는 내담자가 만들어 내는 드라마에 귀 기울이고 관찰하면서 가능한 명령과 대항명령을 강조하고, 부정적인 메시지를 직면하여 이것을 긍정적인 것으로 변화시키도록 돕는다. 연출자로서 치료자의 과제는 비극으로 시작되는 각본을 다시 쓰도록 내담자를 돕는 것이다. 목표는 내담자가 드라마의 마지막 장면을 바꾸도록 격려하는 것인데, 그것은 내담자가 승리하는 주인공을 경험하도록 하기 위함이다.

치료자의 다음 과제는 내담자가 재결정을 한 후에 이 새로운 결정을 현재 그의 삶에서 구체적인 행동으로 옮길 수 있도록 지원하는 것이다. 이 새로운 결정을 실천하기 위한 매 순간을 치료자는 열정적으로 맞이한다. 또 다른 단기치료자들과 마찬가지로 아무리 사소할지라도 긍정적인 변화를 알아차린다면 칭찬하는 것이 치료자의 중요한 역할이라 할 수 있다.

물론 재결정치료자들만이 변화를 위해 심상기법을 사용하는 것은 아니다. 아동심리 치료는 변화를 위해 전통적으로 드라마나 유머스한 심상을 사용해 왔다. 이러한 점에서 재결정치료는 어른들을 위한 놀이치료라고 할 수 있다.

성인을 위해 고안된 다른 치료법들도 드라마와 심상의 가치를 변화의 촉매로 인식해 왔다. 인지치료자들도 때때로 게슈탈트 기법을 사용하여 초기 도식과 핵심신념에 접근하여 이를 변화시킨다(Edwards 1989). 기타 단기치료자들은 내담자가 가진 만성적 문제에 대한 창의적 해결책을 찾고 그들의 인식변화를 가능케하기 위해 역할극과 대화 활용에 대해 기술한 바 있다(Mittlmeir and Friedman 1993). 그런데 재결정치료가 독특한 점은, 자아 상태, 명령, 임패스, 재결정이라는 구성요소를 포함하여 치료자들에게 극적인 대화와 심상 기법을 효과적으로 사용하도록 유용한 단서를 제공한다는 것이다.

성격변화와 문제해결 중 어느 쪽이 궁극적인 치료 목표인지에 대한 지속된 논쟁 속에서 재결정치료는 양쪽 모두를 지향한다. 사람들이 오랫동안 고수해 온 신념이나 행동에 대해 새로운 결정을 내릴 때, 그들은 당면한 문제에 대한 새로운 해결책을 빠르게 발견한다. 재결정은 자신이나 세상에 대한 관점을 근본적으로 바꿀 수 있지만 반드시 장기적인 심리치료가 필요하지는 않다. 단 한 번의 회기에서 이루어진 작은 변화, 재결정은 한 사람의 삶에 지속적인 영향을 미칠 수 있다.

메리 굴딩과 같이 숙련된 재결정치료자의 작업을 보면, 내담자가 자신이 변화하고 싶은 것을 빠르게 결정하고, 재연할 관련 장면을 찾아서 지체 없이 어린 시절의 역기능적인 명령과 대항명령을 인식하고 직면하여 현재에 새롭고 보다 보상적인 행동을 하는 것을 관찰할 수 있다. 당연히 이러한 치료과정은 치료의 대가가 하는 것처럼 쉽지는 않다. 숙련된 재결정치료자들은 그들의 머릿속에 정교한 인지지도와 더 숙련된 임상가들의 지도 감독하에 재결정치료를 수행한 수많은 경험이 있다.

책의 구성

이 책이 독자들에게 모든 지식과 경험을 온전히 전달할 수는 없지만, 앞으로 이어질 장에서 재결정치료의 개념과 기법들을 실제로 적용하는 방법에 대해 보다 많은 정보를 제공하고자 한다. 지난 20여 년 동안 이 정보는 워크숍에서 지도자들에게서 참가자들에게 구두로 전달되어 왔으며, 이 책은 그간의 축적된 지식의 노하우를 독자들에게 제공하고자 한다.

독자들의 명확한 이해를 돕기 위해, 이 책은 3부로 나뉜다. 이론, 실제, 그리고 수련으로 구성된다. 이론 부분에서는, 줄리아 베어드(Julia Baird)가 변화를 위한 명료한 계약을 체결하는 중요한 과제를 상세하게 다루었다. 캐롤라인 애이버리-달(Caroline Avery-Dahl)은 치료과정에서 자주 맞닥뜨리는 임패스에 대해 설명하였다. 그녀는 내담자들이 난국을 타개하는 것을 돕기 위해 재결정치료에서 사용되는 기법에 대해 설명한다. 다음으로 치명적인 자살사고의 치료에 관한 내용으로, 덴튼 로버츠(Denton Roberts)는 자살 금지 계약이 필요한 이유를 설명하고 내담자가 지킬 수 있는 계약서를 체결하는 방법에 대해 상세한 설명을 한다. 5장에서, 메리 굴딩은 재결정치료자들이 어린 시절 장면에서 작업하는 방법을 자세히 설명한다. 찰스 보르코퍼(Charles Vorkoper)는 슬픔에 빠진 내담자를 돕기 위해 치료자들이 사용하는 또 다른 중요한 치료 도구인 작별하기를 설명한다. 마지막으로 벤 조인스(Vann Joines)는 재결정 기법의 핵심인 본연의 아이(Natural Child)에 접근하는 과정을 다루는 것으로 이 장을 마무리한다. 그는 뱀 공포증과 관련된 재결정 작업으로 이 과정을 설명한다.

이 책의 두 번째 부분인 실제 편(practice)에서는, 여러 재결정치료자들이 다양한 문제와 다른 양식을 다룬 그들의 전문지식을 공유한다. 유진 커풋(Eugene

Kerfoot)은 재결정 집단치료를 하는 과정과 재결정 집단이 다른 치료 집단과 어떻게 다른지 설명한다. 이 부분의 다른 장에서는 내담자들이 흔히 호소하는 다양한 문제들의 재결정 작업을 설명한다. 우울증, 공황장애, 폭식증, 외상 후 스트레스 장애, 그리고 가정 폭력 등을 다룬다. 이어서 가족 및 아동과의 작업과 건강관리기구(HMO) 환경에서의 재결정치료의 활용을 설명하는 장으로 마무리된다.

이러한 흥미로운 단기치료의 형태에 대해 더 알고 싶어 하는 독자들을 위해 이 책은 재결정치료에 대한 감독과 수련에 관한 장으로 끝을 맺는다. 이런 형태의 치료법은 경험 중심의 환경에서 학습이 용이하다. 마이클 안도르니코(Michael Andronico)와 존 글래드펠터(John Gladfelter)는 치료자들을 훈련시키기 위해 굴딩 부부에 의해 개발된 독특한 과정을 묘사한다. 마지막으로, 문 커슨(Moon Kerson)과 마르티 크랜즈버그(Marti Kranzberg)는 재결정치료의 근간을 이루는 핵심 가치를 간략히 살펴보면서 이 책을 마무리한다.

재결정치료는 흥미롭고 강력한 단기치료기법이다. 이 기법은 전 세계의 치료자들에 의해 20년 이상 성공적으로 활용되어 왔으며, 치료자와 내담자 모두에게 성장을 위한 흥미로운 기회를 제공한다. 관심 있는 독자들이 이 책을 출발점으로 삼아, 효율적이고 효과적인 심리치료를 스스로 탐구해 가기를 바란다.

참고문헌

Beck, A. T., and Weishaar, M. (1989). Cognitive therapy. In *Comprehensive Handbook of Cognitive Therapy*, ed. A Freeman, K.M. Simon,L. E. Beutler, and H. Arkowitz, pp.21-36. New York: Plenum.

Berne, E. (1961). *Transactional Analysis in Psychotherapy*. New York: Grove.

Budman, S., and Gurman, A. S. (1988). *Theory and Practice of Brief Therapy*. New York: Guilford.

de Shazer, S. (1985). *Keys to Solution in Brief Therapy*. New York: Norton.

Dowd, E. T., and Pace, T. M. (1989). The relativity of reality: secondrder change In psychotherapy. In *Comprehensive Handbook of Cognitive Therapy*,ed. A.Freeman, K. M. Simon, L. E. Beutler, and H. Arkpwitz, pp.213-226. New York: Plenum.

Edwards, D. J. A. (1989). Cognitive restructuring through guided imagery: lessons from gestalt therapy. In *Comprehensive Handbook of Cognitive Therapy*, ed. A.Freeman, K. M. Simon, L. E. Beutler, and H. Arkpwitz, pp.213-226. New York: Plenum.

Ellis, A. (1962). *Reason and Emotion in psychotherapy*. Secaucus, NJ: Lyle Stuart.

Goulding, M. M., and Goulding, R. L. (1979). *Changeing Lives Through Redecision Therapy*. New York: Brunner/Mazel.

Hoyt, M. F. (1990). On Time in brief therapy. In *Comprehensive Handbook of Cognitive Therapy*,ed. A.Freeman, K. M. Simon, L. E. Beutler, and H. Arkpwitz, pp.213-226. New York: Plenum.

_____ (1995). *Brief Therapy and managed Care*. San Francisco: Jossey-Bass.

Mittelmeier, C. M.m, and Friedman, S. (1993). Toward a mutual understanding: contructing solutions with families. In *The New Language of Change*, ed. S. Friedman, pp.158-181. New York: Guilford.

Rosen, S. (1982). *My Voice Will Go With You*. New York: Norton.

Wells, R. A., and Phelps, P. A. (1990). The brief psychotherapies: a selective overview. In *Comprehensive Handbook of Cognitive Therapy*,ed. A.Freeman, K. M. Simon, L. E. Beutler, and H. Arkpwitz, pp.213-226. New York: Plenum.

제 1 부

이론

2

변화를 위한 계약

줄리아 레이시 베어드 *Julia Lacy Baird, Ph.D.*

재결정치료를 가르치면서, 내담자와 변화를 위한 계약을 체결하는 것의 중요성과 의미를 깨닫게 되었다. 재결정치료의 기본 전제가 내담자가 변화하기를 바라는 것과 계약하는 것임을 알고 있었지만, 내담자에게 권한(empowering)을 부여하는 것의 이점에 익숙치 않은 다른 훌륭한 치료자들에게 이 개념이 얼마나 생소한 것인지는 미처 깨닫지 못했다. 내가 운영하는 수련 집단에서 첫째 날의 대부분을 좋은 변화 계약의 개념을 이해하는 데 보낸다. 수련생들이 계약이 실제로 변화를 이끌어 내는 데 얼마나 효과적인지를 체험하면서 흥분하는 모습을 지켜보는 것이 바로 이 장을 집필하게 된 동기이다. 좋은 치료의 핵심은 변화 계약을 체결하는 것이다.

사례

내가 처음 일을 시작했을 때, 어느 싱글맘이 상담실로 와서 12살 난 아들을 감당할 수 없다며 어려움을 호소했다. 나는 즉시 위기 개입을 했고, 그녀에게 경계를 설정하고 합리적인 결과를 적용하는 방법을 교육하는 동시에, 아들과의 관계에 대한 기대와 계약해서 여러 회기를 진행했다. 이 과정은 순조로웠고 아들과의 관계는 견딜 만해져서, 그녀의 스트레스 수준은 개선되었다. 그들은 외양적으로 정상적인 삶으로 돌아갔고, 두 사람 모두 치료에 만족하며 치료실을 떠났다. 그런데 10개월 후 그녀는 이전보다 더 혼란스러운 상태로 다시 찾아왔다. 그 무렵, 나는 재결정치료에 숙달되어 이전과는 다른 치료를 하고 있었다. 나는 이전에는 문제 해결중심으로 접근했지만 이번에는 변화 계약을 추진했다.

첫 회기에서, 첫 번째 계약은 만남(contact)이었다. 우리의 관계를 새롭게 하고 다시 라포를 형성하기 시작했다. 나는 그녀가 제시하는 문제를 경청하고 딜레마를 이해했음을 전달했다. 아들과의 갈등을 들으면서 나는 그녀의 언어, 태도, 외모, 신체 언어, 감정, 그리고 신념 체계에 초점을 맞췄다. 그녀는 머리를 헝클어뜨린 채 의자에 주저앉아 눈물을 흘리며 자신의 문제를 언급했다. "어떻게 해야 할지 모르겠어요. 선생님이 말한 것을 시도해 봤지만 소용이 없어요. 그 애는 너무 제멋대로 날뛰고 저는 그 애가 다치거나 경찰에 체포될까 봐 두려워요. 너무 힘들어요. 제 말을 듣질 않아요."

이 시점에서 나는 계약을 추진하기 시작했다. 그녀는 이런 말들을 했다. 무엇을 해야 할지 모르겠어요. 노력했지만 뜻대로 되지 않아요. 너무 힘들어요.

나는 처음에는 이러한 문제와 직면할 수 있었지만 대신 다음과 같은 접근을 선택했다.

치료자: 당신의 삶을 더욱 향상시킬 수 있게 당신 자신에 대해 무엇을 바꾸고 싶은가요?
내담자: [당황한 표정] 저에 대해 제가 바꾸고 싶은 것이 무엇이냐구요?
치료자: 네.
내담자: 무슨 의미인가요?
치료자: [질문 반복]
내담자: 만약 그 애가 나를 곤란하게 하지 않았다면, 저는 괜찮았을 거예요.
치료자: 그렇다면 그 아이를 다루는 데 도움이 될 수 있도록 당신에 대해 무엇을 바꾸고 싶은가요?

내담자: 전 제가 할 수 있는 최선을 다하고 있어요. [눈물을 글썽임]

치료자: 지금 기분이 어떠세요?

내담자: 절망적이예요. [여전히 눈물을 보임]

치료자: 절망적인 느낌은 어떤 건가요?

내담자: 무력해요.

치료자: 절망적이고 무력한 것은 생각이예요. 지금 그런 생각을 하면서 무엇을 느끼나요?

내담자: 슬퍼요. [눈물]

치료자: 이 슬픈 느낌은 익숙한 감정인가요?

의뢰인: 네, 저는 늘 슬펐어요. [이것은 일부 초기 결정이 포함되어 있다는 단서임]

치료자: 그 감정을 유지하세요. 당신은 스스로를 슬프게 하는 방법을 인식하고 있나요?

내담자: 아들이 제 말을 듣지 않고, 저를 마치 없는 사람처럼 대하는 걸 생각하고 있어요.

치료자: 지금 이 순간 기분이 더 나아지기 위해 당신에 대해 바꾸고 싶은 것이 있나요?

내담자: 잘 모르겠어요. 그 애가 더 이상 나를 이용하지 못하게 해서 제가 약하다고 느끼지 않기를 바랄게요.

치료자: 그러기 위해서 자신에 대해 무엇을 바꾸고 싶나요?

내담자: 제가 중요하다고 느끼고, 만만한 사람이 되는 걸 그만두고 싶어요. 지금은 제가 별로 중요하지 않다고 느껴요.

치료자: 그걸 바꾸고 싶나요? [중요하다는 것은 감정이 아니지만 그것을 더 파고들기로 결정함]

내담자: 네. 하지만 어떻게 해야 할지 모르겠어요.

치료자: 대신 어떤 감정을 느끼고 싶나요?

내담자: 저를 중요하게 느끼고 싶어요.

치료자: 당신이 스스로를 중요하게 느낀다는 것을 어떻게 알 수 있을까요?

내담자: 제 아들이 저를 이용하거나 제가 이미 할 수 없다고 말한 것을 번복하지 못하게 할 거예요.

치료자: 좋아요. 당신이 변화하고 자신의 경계를 지킬 때, 어떻게 느낄 것 같으세요?

내담자: 오! [긴 침묵] 처음 든 생각은 무서워요!

치료자: 그런데 겁을 내면서도 당신의 경계를 지키려고 하는 이유는 무엇인가요?

내담자: [웃음] 안 그럴 거예요. 저는 제 경계를 고수하길 바라고 겁내지 않고 기분 좋게 느끼고 싶어요.

치료자: 그래서 당신이 경계를 지킬 뿐 아니라 그 과정에서 기분이 좋으려면 당신에 대해 어떤 점을 바꾸고 싶은가요?

내담자: 아들이 화를 낼 때 무서워하지 않아야 해요.

치료자: 좋아요. 그 말은 다른 사람들의 분노가 당신을 겁먹게 하는 것처럼 들리네요.

내담자: 네, 사람들이 화내지 않을 때 조차도요, 하지만 그들이 제게 화낼 때는 더하죠.

치료자: 그래서 당신은 타인의 분노로 자신이 겁먹는 것을 바꾸고 싶어 하는군요.

내담자: 네. 맞아요.

치료자: 좋아요. 당신이 이 변화를 성취해 냈다는 건 어떻게 알 수 있을까요?

내담자: 제가 안된다고 말했을 때 제 아들이 좋아하지 않더라도 저는 제 아들과 마주할 수 있을 거예요.

치료자: 기분이 어떨 것 같으세요?

내담자: 아들이 화를 내는 것은 싫지만, 이용당하지 않는 것에 대해서는 기분이 좋고 스스로 강하다고 느낄 거예요.

치료자: 좋아요. 다른 사람들이 화가 났을 때 자신을 겁나게 하는 것을 멈추고 기분이 좋아지기를 바라는군요.

이 시점에서, 나는 확고한 변화 계약(change contract)을 체결했다. 나는 초기 결정의 기원을 밝히기 위해 대개 분노와 두려움과 관련된 초기 장면으로 접근한다. 변화 계약을 체결할 때 몇 가지 진행 방법이 있다. 내담자에게 자신의 감정에 머무르게 했지만, 내담자가 사고로 전환할 때 내담자를 따라가서 협상을 계속한다. 만일 내담자가 감정에 머무를 수 있다면 초기 장면으로 가서 재결정에 대한 계약을 할 것이다. 변화 계약을 추구할 때는 내담자를 이끄는 것이 아니라 따라가야 한다는 점을 명심해야 한다.

내담자들은 대개 삶의 어떤 영역에서 스트레스를 경험하고 있기 때문에 치료를 받으러 온다. 이 스트레스 요인은 대개 호소 문제이며, 따라서 처음 접촉하는 동안 아이 자아 상태에 접근할 수 있다. 그들은 감정(예: 분노, 슬픔, 좌절 또는 혼란)을 표현하며 치료를 받으려는 이유를 설명하고 이 모든 감정은 아이 자아 상태에서 나온다. 그들이 문제를 말할 때, 나는 초기 결정에 관련된 사고, 감정, 행동을 관찰한다. 어린 시절 내린 결정은 그 당시는 나쁜 결정이 아니지만, 지금은 더 이상 유용하지 않다. 그러나 내담자는 이러한 초기 결정을 고수하기 위해 비의식적으로 자동적 행동을 한다. 재결정치료자로서의 내 과제는 내담자가 그 결정을 자각하도록 돕고 그 후 변화 계약을 체결하는 것이다.

한 내담자가 와서 그녀의 삶은 엉망이고 모든 것이 잘못되어 가고 있다고 말했다. 그녀는 자신의 가장 중요한 인간관계뿐 아니라 직장을 잃게 될까 봐 두려워했다. 그녀는 눈물을 흘리고 안절부절하지 못했으며, 목소리는 슬픔과 분노로 떨렸다. 몇 분 동안 그녀의 문제를 듣고 나서, 나는 탐색을 시작했다.

치료자: 이 딜레마에 대해 이야기하면서, 무엇을 느끼시나요?
내담자: 뭐라구요?
치료자: 지금 기분이 어떠세요?
내담자: 음, 기분이 안 좋아요.
치료자: 네. 기분이 안 좋으시군요. 기분이 안 좋다는 건 어떤 건가요?
내담자: 그냥 나빠요. [잠시 멈춤] 슬픈 것 같아요.
치료자: ~그런 것 같아요? ["그것"이 아닌 "추측"을 명확히 하기 위해 선택함]

당신이 추측하지 않고 확실히 안다면, 그건 어떤 느낌일까요?

내담자: 음, 저는 항상 울고 걱정해서 슬퍼요.

치료자: 그러니까 당신이 울고 걱정할 때, 당신은 자신에게 슬프다고 말하나요?

내담자: 음, 가끔은 화가 나서 울기도 해요.

치료자: 좋아요. 지금 느끼고 있는 감정에 집중하세요.

내담자: 혼란스러워요. 선생님이 저를 혼란스럽게 하시네요.

치료자: 좋아요. 혼란스럽다고 느끼시는군요. 혼란스러운 느낌은 어떤 거지요? [이 진술에 대응하는 다른 방법은 자율성의 결여를 지적하는 것이다. 즉, 당신이 나를 느끼게 한다! 그러나 나는 그녀의 감정을 확인하고 주장하도록 격려하는 목표에 집중하기로 함]

내담자: 글쎄요. [잠시 멈춤] 나는 지금 슬프고, 무력하고, 화나요. 나는 선생님한테 화가 나요. [더 큰 목소리로 말함]

치료자: 잘했어요. 당신은 지금 슬프고, 무력하고 화가 나 있다는 말이지요?

내담자: 네.

치료자: 이 감정은 새로운 건가요, 아니면 익숙한 건가요?

내담자: 새로워요. [잠시 멈춤] 아녜요. 꽤 익숙해요. 저는 늘 이런 감정을 느꼈어요. 아무도 제 말을 들으려 하지 않아요. [그녀는 눈물을 글썽이며 손으로 얼굴을 감싸고 흐느끼기 시작함]

이 과정을 통해 알 수 있듯이, 그녀의 슬픔과 분노는 현재 사건에서 촉발되었을 수도 있지만, 그 사건에 대한 그녀의 반응에는 초기 결정이 포함되어 있다. 이 시점에서 내담자는 재결정을 위한 변화 계약을 협상할 수 있다.

굴딩 부부(1977, 1978, 1979)가 개발한 재결정치료는 집단에서 활용되도록 고안되었다. 그런데, 변화 계약은 개인, 부부 및 가족 치료에도 적용될 수 있다. 계약 절차는 집단 과정과 동일한 지침을 따르고 재결정 이론의 세 가지 주요 구성 요소를 포함한다.

1. 계약 체결: 내담자가 변화를 원하는 것에 대한 명확하고 간결한 계약을 맺는 것
2. 임패스 명료화: 내담자의 초기 결정에서 임패스에 처한 부분 확인하기
3. 재결정: 현재의 임패스에서 벗어나, 결정을 했던 초기 장면으로 돌아가기, 내담자가 초기 장면을 재경험하면서, 자신을 돌보기 위해 재결정하고, 그 결과 감정적 경험과 인지적 이해가 통합되며 실질적인 변화가 일어남

이론과 핵심 용어

재결정 이론과 기법은 교류분석(Barnes 1977, Berne 1961)과 자아 상태 분석에 뿌리를 두고 있기 때문에, 교류분석 용어에 대한 기본적인 지식은 변화 계약을 맺는 데 유용하다. 자아 상태, 명령, 대항명령이 제1, 2, 3 유형 임패스(impasse), 속임수(cons), 라켓(rackets) 및 오염된 자아 상태 또는 탈오염 등에서 어떤 역할을 하는가에 대한 몇 가지 개념들이 있다. 이러한 개념에 대한 자세한 이해는 본 장의 범위를 벗어나지만, 몇 가지 간단한 정의는 계약을 이해하는 데 유용할 것이다.

첫째, 자아 상태는 성격을 구성하는 부분인 부모, 어른, 아이 자아 상태를 나타낸다. 이러한 자아 상태는 우리가 언어적, 행동적, 그리고 감정적으로 자신을 표현하는 방식에 따라 쉽게 관찰할 수 있다. 부모 자아 상태는 우리가 어떻게 느끼고, 행동하고, 생각해야 하는지에 대한 (녹음)테이프로 구성되어 있다. 우리는 부모들의 메시지를 어떻게 인식했는지에 따라 성장하면서 이 테이프들을 선택했고, 그것을 우리 자신의 부모 자아 상태로 통합시켰다. 부모는 양육적일 수도 있고 비판적일 수도 있다. 어른 자아 상태는 컴퓨터처럼 단순히 데이터를 저장하고 검색하는 사고 부분으로, 사실에 근거해 의사 결정을 내린다. 아이 자아 상태는 모든 감정이 표현되고 경험되는 곳이다. 아이 자아 상태의 한 부분은 자유로운 아이(Free Child) 또는 본연의 아이(Natural Child)인데, 즐거움을 추구하고, 자유롭고, 행복한 부분이며, 자신이 원하는 것만 안다. 또 다른 부분인 순응적인 아이(Adapted

Child)는 적응하고 생존하기 위해 세상의 부모들을 기쁘게 하는 방법을 찾으려고 노력하는 직관적인 부분이다. 재결정 이론은 변화 계약이 자유로운 아이에 유리해야 하고 그렇지 않으면 순응적 아이가 그 과정을 방해할 것이라고 믿는다. 초기 결정은 생존을 위해 아이 자아 상태가 내리기 때문에, 재결정 계약은 아이 자아 상태를 반드시 포함해야 한다.

초기 결정(early decisions)은 부모 또는 부모와 같은 인물들의 메시지(명령 및 대항명령)에 반응하여 자녀가 내리는 선택이다. 이러한 결정은 선택 당시에는 유용했지만, 성인이 된 후에는 더 이상 작동하지 않고, 종종 치료장면에서 임패스로 나타난다. 결정은 외현적 메시지 또는 대항명령에서 비롯된다. 이러한 메시지들로부터, 아이는 완벽, 성공 등의 존재 양식을 결정하고, 이러한 "존재 양식"을 자신의 부모 자아 상태로 통합시킨다. 이러한 유형의 결정은 제1유형의 임패스를 수반하며, 내담자는 이 결정을 지원하는 가치 체계를 개발한다.

다른 메시지들은 더 암묵적으로 전달되는데, 이것은 명령에 해당된다. 이는 '존재하지 마라', '느끼지 마라'와 같은 "하지 말아야 할 것"을 선택하게 한다. 명령은 부모나 부모와 같은 인물의 아이 자아 상태로부터 비롯되며, 대개 부모가 극심한 스트레스를 경험했을 때 작동한다. 아이들은 명령에 순응하고 복종하는데 무방비 상태에서 스스로를 보호하기 위해 다른 사람에게 의존할 때 이러한 결정을 내린다. 이러한 결정은 자동적 행동을 초래하고 제2유형의 임패스로 발전한다.

초기 결정에는 "나는 원래 그래." 또는 "나는 바보야."와 같이 스스로에게 말하는 속성 또는 메시지가 포함된다. 이런 믿음은 그 문제는 타고난 것으로 태어날 때부터 바보였다는 믿음을 형성하며, 그래서 내담자들은 "항상"과 같은 언어를 사용한다고 여긴다. 이러한 메시지들은 치료에서 제3유형의 임패스로 나타나며, 신념 체계는 자신이 멍청하다는 것이고, 메시지는 자신의 내부에서 나온다. 자유로운 아이 자아 상태는 겉으로는 속성에 반대하는 것처럼 보일 수 있지만 순응적인 아이 자아 상태와 자유로운 아이 자아 상태 모두 속성에 동의한다. 다른 결정에서와 마찬가지로 직관적인 아이 자아 상태는 이러한 결정을 내리고 그 결정을 뒷받침하는 데 도움이 되는 게임과 라켓을 찾는다. 이러한 라켓은 자동적이어서 자율성을 부정한다.

변화 계약을 협상할 때 치료자가 라켓을 알아 두는 것이 중요하다. 라켓은 아이 자아 상태가 초기 결정을 지지하는 방식이며, 스트로크(stroke)나 인정을 받는 방식으로 작용한다. 라켓은 다른 사람들을 조종하거나 그들이 원하는 것을 얻도록 다른 사람들을 협박하는 데 사용되는 끊임없는 부정적 감정이다. 어린 시절, 사람들은 심리적 또는 신체적으로 살아남기 위해 메시지에 복종하기로 선택했고, 라켓은 생존을 유지하는 역할을 한다. 예를 들면, 어느 내담자가 남편과 갈등을 겪을 때 혼란을 느끼지 않기 위해 명확한 변화 계약을 협상했다. 다음과 같이 작업이 진행되었다.

치료자: 자라면서 혼란스러웠을 때를 기억해 보세요.
내담자: [그녀의 기억을 찾아본 결과] 많이 있습니다.
치료자: 좋아요. 하나를 고르세요. [잠시 멈춤] 어떤 장면인가요?
내담자: 새로 산 스웨터를 학교에 두고 집으로 돌아왔을 때인데, 엄마가 화가 많이 났어요.
치료자: 좋아요. 지금 그 장면에 들어가서 어린 소녀가 되어 보세요. 몇 살인가요?
내담자: 일곱 살이예요. [표정과 자세에서, 그녀가 현장에 있다는 것이 분명함]
치료자: 지금 기분이 어떠세요?
내담자: 무서워요.
치료자: 여기 엄마가 있어요. [빈 의자를 그녀 앞으로 옮김] 그녀는 무엇을 하고 있나요?.
내담자: 엄마는 화가 나서 제게 소리 지르고 있어요.
치료자: 엄마가 뭐라고 하죠?
내담자: "넌 정신을 딴 데 팔고 있어서 아무 것도 제대로 할 수 없을 거야. 내가 오늘 아침에 스웨터를 집으로 가져오라고 했지."
치료자: 엄마가 소리를 지를 때 당신 기분이 어떤지 말해 주세요.
내담자: [눈물을 글썽이며 조심스럽게] 엄마, 무서워요.

치료자: 엄마는 무엇을 하고 있나요?

내담자: [미소 지음] 놀란 것 같아요.

치료자: 그녀에게 말하세요.

내담자: 엄마, 놀란 것처럼 보여요. [잠시 후, 미소가 사라짐] 이제 엄마는 훨씬 더 놀란 것 같지만 더 화내면서 소리를 질러요. "감히 겁도 없이 말대꾸를 하다니. 너 내가 무섭지 않구나. 내가 무서운 게 뭔지 보여 줄게."

치료자: 지금 기분이 어때요?

내담자: 무섭고 혼란스러워요. 엄마가 나를 때릴까 봐 걱정되요.

치료자: 엄마에게 말하세요.

내담자: 엄마, 엄마가 때릴까 봐 무서워요.

치료자: 지금 엄마는 무엇을 하고 있나요?

내담자: 엄마가 시키는 걸 내가 제대로 안하면, 진짜 무서운 게 무엇인지 보여 주겠다고 말해요.

치료자: 당신이 무섭다고 말한 것이 무슨 말인지 엄마가 알고 있나요?

내담자: 아니오. 엄마는 아무것도 몰라요. 더 화만 내요.

치료자: 엄마에게 이렇게 말하세요. "엄마, 엄마가 안 변하면 나는 …할 거야." 빈 곳을 채워 보세요.

내담자: 엄마, 엄마가 변하지 않으면 엄마가 화낼 때 나는 혼란스러울 거예요.

치료자: 엄마가 변할까요?

내담자: 아니요, 절대 변하지 않을 거예요.

치료자: [변화계약으로 복귀] 당신이 원하는 것은 그 결정을 바꾸고 혼란을 포기하는 건가요?

내담자: 네.

치료자: 그렇게 할 건가요? [아이의 "원한다"는 표현을 자율적인 어른의 표현인 "내가 하겠다"로 바꾸게 함]

내담자: 네. 엄마, 엄마가 화낼 때 나는 혼란스러워하지 않을 거예요.

치료자: 정말인가요?

내담자: 네. 엄마가 아무리 화를 내더라도 나는 겁먹지 않을 거고, 엄마가 내 말을 안 듣더라도 혼란스러워하지 않을 거예요.

치료자: 좋아요. 대신 당신 기분이 어떨지 그녀에게 말하세요.

내담자: 엄마가 제게 화를 내시면 기분이 좋을 거예요. 평온하고 머리가 맑아져요.

치료자: 지금 기분이 어때요?

내담자: 지금 10톤짜리 짐에서 벗어난 느낌이예요. 나는 차분하고, 그리고 강력해요!

이 사례에서 내담자는 그녀의 어머니가 화낼 때 혼란스러워하고 무서워하는 초기 결정을 했다. 그녀가 대꾸를 한다면 어머니의 분노만 가중시킬 것이기 때문에, 그것은 좋은 결정이었고 그녀를 안전하게 지켜 주었다. 이제, 누군가가 그녀에게 화를 낼 때마다, 그녀는 자동적으로 자신을 상처로부터 보호하기 위해 스스로를 혼란스럽게 한다.

속임수는 내담자들이 명령이나 초기 결정에 불복종하는 것을 막아 자신을 보호하는 방법이다. 속임수는 언어적으로 "노력해 볼게요", 정서적으로 교수대 웃음(gallows laughter)이 나타날 수 있고 또는 그들이 원하는 것을 치료자가 대신 하도록 유도하는 시도로 나타날 수 있다. 예를 들자면, 게임에 초대하는 것이다. 속임수는 대개 초기 결정과 관련이 있으며 특정 임패스 상태를 나타낼 수 있다. 자유로운 아이 자아 상태는 변화를 원할 수 있지만, 순응적 아이 자아 상태는 결과를 두려워하기 때문에 속임수는 보호하는 역할을 한다.

예를 들어, 내담자가 들어와 다음과 같이 말한다고 생각해 보라.

내담자: 담배를 끊으려고 계속 노력했는데 끊을 수가 없어요. 저는 선생님이 도와줄 거라고 생각했어요. [활짝 웃으며 말함]

치료자: 당신은 금연하려고 노력하길 원합니까, 아니면 정말 담배를 끊길 원합니까?

내담자: 음, 끊길 원해요. 그게 제가 여기 온 이유입니다. 시도해 봤는데 도저히 못하겠어요.

치료자: 좋아요. 제 질문은, 끊을 건가요, 말 건가요?

내담자: 끊고 싶어요. 저 혼자서는 할 수 없었어요.

치료자: 담배를 끊을 수 없다는 건가요, 아니면 안 끊겠다는 건가요?

내담자: [웃으며] 안 하겠다고 말하는 것 같네요.

치료자: 추측하지 말고 안 하겠다고 말할 건가요?

내담자: 안 끊을 것 같아요.

치료자: 당신의 미소를 잘 살피세요. 안 끊을 것 같다고 말할 때 기분이 어떠세요?

내담자: 알고 있었던 것 같아요. 다른 사람들은 모두 내가 끊어야 한다고 생각해요.

치료자: 아직도 추측하고 있군요. 당신은 금연하지 않을 것이라고 주장할 수 있나요?

내담자: 네. 담배를 끊지 않을 거예요.

내담자는 담배를 끊을 의향이 없었다. 그의 노력은 다른 사람을 기쁘게 하는 것이다. 그가 담배를 끊겠다고 어른 자아 상태의 결정을 내리기 전까지는 어떠한 노력도 도움이 되지 않을 것이다. 순응적인 아이는 금단증상을 경험하고 싶어 하지 않으며, 그가 즐겁다고 생각하는 것을 포기하거나, 누군가 시키는 것을 들으려고 하지 않는다. 좋은 변화 계약은 자유로운 아이에게 유리해야 한다. 변화 계약을 체결할 때, 치료자는 초기 메시지와 결정, 라켓, 속임수, 그리고 내담자에 미칠 결과를 인지해야 한다. 변화는 행동적, 감정적 결과를 모두 가지고 있다. 자유로운 아이 자아 상태는 변화를 원할 수 있지만, 순응적인 아이 자아 상태는 결과를 두려워하고 노력을 방해할 수 있다. 자유로운 아이가 담배를 끊고 싶을 때, 순응적인 아이는 "노력"하는 것에 동의할 것이다. 하지만, 담배에 대한 갈망이 생길 때, 담배를 원하는 것이 노력보다 우선하기 때문에 결정은 약화된다.

좋은 계약은 메시지, 명령, 임패스를 확인하고, 사랑받고 받아들여지기 위한 사람이 되기 위해 초기 명령을 따르는 대신, 자신을 긍정적으로 바라보는 사람이 되려고 재결정을 하는 것이다. 내담자가 변화하고자 하는 것과 계약하는 것이 가장 중요하다. 치료자의 임무는 내담자가 자신의 힘을 주장할 수 있도록 돕고 치료자가 전지전능하다는 개념을 최소화하는 것이다. 재결정치료에서, 내담자가 바꾸고 싶은 것을 결정하는 힘은 내담자 자신에게 있다.

계약

내담자와 계약을 맺으면 내담자와 치료자 모두 치료의 목표를 구체화할 수 있다. 명확한 변화 계약 협상은 내담자가 원하는 것을 추측하거나 내담자가 희생자의 역할을 맡는 동안 치료자가 구원을 시도하는 심리 게임을 방지한다. 계약을 체결함으로써 변화의 책임은 내담자가 지게 된다. 치료자가 아닌 내담자가 변화의 "필요"를 결정한다. 이를 통해 내담자에게 권한을 주기 때문에 의존을 피하고 돌봄을 없앨 수 있다. 이는 내담자와 치료자 모두를 보호한다. 치료 목표는 항상 계약의 맥락 안에서 작동하고 변화를 이끌어 낼 수 있는 유일한 계약은 내담자가 전적으로 책임을 지는 것이라는 점을 인식하는 것이다. 재결정 이론에서 계약은 몇 가지 전제를 포함한다. 계약 체결 시 기본전제는 다음과 같다.

1. 자율성(autonomy)-내담자는 무력하지 않다.
2. 내담자는 자신이 원하는 것을 어느 정도는 알고 있다.
3. 능력에 대한 믿음-내담자와 치료자 모두 변화할 수 있는 능력이 있다고 믿는다.
4. 기대-내담자와 치료자 모두 명확하고 간결하며 정확한 정보를 주고받는다.
5. 내담자가 변화할 수 있고 자신의 삶을 책임질 수 있다고 치료자는 믿는다.

치료자들은 이러한 전제에 근거한 변화 계약을 추구한다.

계약 요건

변화 계약의 맥락에서 작업할 때 필수적인 요건이 있다. 계약은 구체적이고, 합리적이며, 가능하고, 측정할 수 있어야 한다. 나의 임무는 단서를 찾고 자아 상태, 라켓, 속임수, 임패스 등을 인식하는 것이다. "기분이 나아지고 싶다"는 것은 구체적인 계약이 아니다. 내담자가 그 순간에 어떤 감정인지 깨닫고 대신 어떤 감정을 느끼고 싶은지를 결정할 수 있도록 돕는 것이다. 예를 들어, 상사가 내담자의 실수를 지적할 때 화를 내는 대신 침착하고 싶다고 말한다면, 나는 상담을 계속할 수 있다. 그러나, 만약 상사가 폭력적이라면, 이 계약은 비합리적이다. 하지만, 부정적 감정이 비판을 받아들이는 것과 관련된 초기 결정의 영향이라면, 그 계약은 합리적이다. 변화 계약이 가능한지 여부는 합리성 여부에 달려 있다. 순응적인 아이는 항상 비합리적인 계약을 방해한다. 계약은 또한 측정 가능해야 한다. 내담자는 자신이 재결정한 후에 행동, 사고, 그리고 감정이 어떻게 달라졌는지 식별할 수 있어야 한다.

실행 가능한 계약을 협상할 때, 누가, 언제, 어디서, 무엇을, 그리고 어떻게 할 것인지에 주목해야 한다. *누가*는 다른 사람이 아니라 나-너 대화를 말한다. 다른 사람에 대해 이야기하는 것은 내담자에게 초점을 맞추기보다 다른 사람을 바꾸고 싶다는 것을 의미한다. *언제 어디서*는 내담자를 지금-여기에 머무르게 한다. 과거에 대해 말할 때, 마치 사건이 지금 일어나고 있는 것처럼, 감정을 현재로 가져오는 것이 중요하다. 그리고 언어를 1인칭 현재시제로 유지한다. *무엇*은 자세하고 흥미로운 내용과 관련된다. 흥미로울 수도 있고, 아닐 수도 있는 장황한 이야기만 하는 것이 아니라 본질을 짚는 것이 중요하다. 관련된 이야기를 할 때, 내담자는 지금 여기가 아니라 그때 그곳에 있다. 과거는 바꿀 수 없기에 지금 바꾸고 싶은 것은 무엇이며, 이야기가 현재의 감정과 어떤 관련이 있는가에 대한 질문이 중요하다. 마지막으로, 좋은 계약은 계약을 완료한 후 내담자가 자신이 어떻게 달라질지, 그리고 자신이 어떤 감정을 느끼기를 원하는지 알게 되는 것이다.

이러한 요건을 충족시키기 위해서 계약서는 그때 그곳이 아니라 지금 여기에서 명시되어야 하고 긍정적인 용어로 표현되어야 한다. 좋은 계약은 간결하고 재미있으며 구체적으로 명시된 1인칭 시점의 한 문장으로 표현할 수 있어야 한다. 그것은 순응적인 아이나 자유로운 아이에 의해 만들어져야 하기 때문에 8세 아동이 이해할 수 있는 쉬운 언어여야 한다. 그 계약은 아이에게 유리해야 한다. 게다가, 계약은 치료자와 내담자 둘 다 특정한 계약을 완전히 이해할 수 있도록 충분히 명확해야 한다.

마지막으로, 계약은 허가(permission), 보호(protection) 및 능력(potency)의 3P를 제공해야 한다. 내담자는 자신이 누구인지 그리고 부모 메시지에 직면할 수 있는 허가가 있어야 한다. 모든 허가는 보호, 즉 어른의 자율적 보호와 지원이 필요하다. 나는 치료자로서 내담자가 스스로를 보호할 수 있도록 돕는다. 이것은 내담자의 머릿속에 있는 부모가 실제든 상상이든 관계없이, 비판적 부모(Critical Parent)로부터 보호하기 위해 내외적으로 모두 필요하다. 존 글래드펠터(Gladfelter 1994)는 비판적인 부모를 코브라에 비유했다. 코브라는 사납고 악랄한 것이 아니라, 단지 본능대로 할 뿐이다. 우리는 부모로부터 반복적으로 물릴 필요도 없고, 나는 뱀 길들이기에 관심이 없기 때문에, 내담자가 할 수 있는 선택은 자신을 변화시키고 자신의 힘을 찾는 것이다. 내가 이 비유를 내담자들에게 설명하면, 그것은 치료자로서의 능력을 보여 주는 역할을 한다. 나는 치료자로서의 능력을 직접적인 방식으로 주장한다. 그리고 나는 내담자에게 "만일 치료를 받고 있다면, 당신은 변화할 위험에 처해 있습니다. 그리고 사실상 당신은 변화할 것입니다."라고 말한다. 그리고, 그들에게 만약 변화를 원하지 않는다면, 잘못 온 것이니 깊게 고민할 것을 제안한다.

계약의 이점

좋은 변화 계약 체결은 내담자와 치료자 모두에게 이익이 있다(Gladfelter 1985,

Goulding and Goulding). 첫째, 오래도록 의미 없이 앉아 있는 대신에 명확한 목표를 가지고 작업할 수 있게 한다. 둘째, 계약은 성공 여부를 측정할 기준을 제공한다. 내담자와 치료자 둘 다 계약의 달성을 인지한다. 마지막으로, 협상된 계약은 치료를 중단할 지점을 제공한다(Goulding 1992). 중단할 지점은 1) 정해진 시간 또는 종료 시, 2) 승리의 시점, 3) 내담자가 계속 진행할 의사가 없는 견고한 임패스 상태에 있을 때, 4) 30분 경과 시이다. 치료자로서의 내 업무는 단서를 찾고 "여기까지 하자"고 말하면서 기꺼이 작업을 중단하는 것이다.

이것은 종종 내담자가 기분이 나쁜 상태로 회기를 마치기 때문에 수련생들이 어려워하는 단계이다. 이 또한 내가 초기에 받던 훈련과 상반되는 것이기 때문에 그들의 불편함을 이해한다. 하지만, 나는 내담자들을 기분 나쁘게 하는 것이 용인될 뿐만 아니라, 종종 이것이 그들에게 임패스를 극복하는 데 도움을 준다는 것을 알게 됐다. 다음 회기가 시작될 때, 그들은 변화를 향해 나아갈 준비가 되어 있다. 작업을 중지하는 것도 허가, 보호 및 잠재력이 제공된다.

작업을 중단하는 마지막 시점은 특정 계약에 대한 작업을 시작한 지 30분 이후다. 더 이상의 작업은 무익하다. 30분이 지나도 내담자가 재결정으로 나아가지 않는 경우는 과정을 수행할 준비가 되지 않은 것이다. 나의 책임은 보호와 허가의 모델링을 보여 주는 것이며 내담자가 무력하지 않고 자신에 대한 책임이 있다는 것을 일관되게 유지하는 것이다.

계약 목표

치료자로서의 나의 목표는 내담자와 실행 가능한 계약을 맺는 것이다. 계약이 성공적으로 마무리되기 위해서는 성공적인 시작이 필요하다. 나의 의도는 내담자가 계약을 다듬을 수 있도록 돕고 명확하고, 구체적이며, 측정 가능하고, 실현 가능한 실제 행동을 나타내는 상호 변화 계약을 체결하는 것이다. 절차적으로 계약은 다음의 세 가지 기본 질문에 대해 명확하고 구체적인 답변을 얻음으로써 명확해질 수 있다.

1. 당신의 삶을 더 나아지게 하기 위해 당신의 어떤 점을 바꾸고 싶나요?
2. 당신이 이러한 변화를 성취했는지를 당신과 내가 어떻게 알 수 있을까요?
3. 그 변화로 무엇을 다르게 느끼거나 다르게 행동할 것인지, 그리고 대신 무엇을 할 것인가요?

자유로운 아이 자아 상태에 이로운 좋고 분명한 변화 계약을 체결하기 위해서는 이러한 기본적인 질문에 답해야 한다. 이러한 질문에 대한 답을 명확히 하면서 내담자가 만성적인 부정적 감정을 유지하는 방법뿐만 아니라 만성적인 부정적 감정, 사고, 행동과 라켓을 찾는다. 또한 관련된 게임이나 나쁜 감정을 어떻게 유지하는지 주의를 기울인다. 또한 내담자의 환상이나 신념 체계가 어떤 것인지 관찰하여 내담자의 속임수를 직면하게 하고 변화 계약을 더욱 개선할 수 있는 기회를 제공한다.

기타 계약

내담자와 함께 작업할 때 여러 가지 유형의 계약을 체결할 수 있다. 이 계약들은 장기계약일 수도 있고 단기계약일 수도 있다. 궁극적인 목표는 변화 또는 재결정 계약을 체결하는 것이지만, 내담자가 변화 계약을 결정하도록 돕는 중요한 정보를 제공할 수 있는 다양한 계약도 있다. 기본적인 계약 유형은 세 가지가 있는데, *행정적, 치료적, 심리적* 계약이다. 가장 처음 맺는 계약은 접촉 계약으로, 이러한 접촉 없이는 다른 계약이 이루어질 수 없다. 일반적으로 이것은 전화로 예약을 할 때 이루어진다. 첫 회기에는 일정, 시간, 비용, 제한 및 회기의 내용을 논의하면서 *행정 계약(administrative contract)*이 형성된다. 따라서 처음 체결되는 계약은 내가 어떻게 일하고 내담자에게 무엇을 제공해야 하는지에 대한 명확하고 구체적인 정보에 대한 것이다.

이 시점에서 나는 내담자로부터 도피구를 폐쇄하는 계약도 체결할 것이다. 도피구는 이 책의 다른 부분에서 상세히 설명하겠지만 계약 체결에서 매우 중요하다. 아이 자아 상태는 안전하지 않고 도피구가 폐쇄되지 않는 한 변화 계약을 체결할 수 없다. 나는 자신의 안전을 지키는 것은 자신의 책임이기 때문에 내담자가 자신을 해치지 않고, 다른 사람을 해치지 않으며, 미치지 않겠다는 약속을 받아 낼 것이다. 도피구를 폐쇄하는 것이 초기 치료 계약이다. *치료 계약(therapeutic contract)*은 여러 가지 형태가 있다. *사회 계약(social contract)*은 치료 계약으로 간주할 수 있다. 이러한 유형의 계약은 단순한 사례 관리 중 하나이다. 이러한 유형의 계약이 나와 내담자 모두에게 구체적이고 명확해지면, 이것이 변화 계약은 아니지만 수용할 수 있다. 사회 계약을 체결할 때, 나는 내담자에게 변화 계약을 선택할 기회를 제공한다.

사회 계약의 또 다른 유형은 *관광 계약(tourist contract)*이다. 이 계약은 말 그대로 "이리저리 둘러보는" 과정이다. 관광 계약은 치료 과정 중 언제든지 발생할 수 있지만, 보통 첫 번째 회기에서 발생한다. 내담자들은 그들의 삶에서 효과가 없는 것에 대해 얘기한다. 나는 그들에게 무엇을 다르게 하고 싶은지, 그리고 그 변화를 이루기 위해 그들 자신에 대해 무엇을 바꾸고 싶은지 질문한다. 내담자는 이 과정에서 변화가 무엇인지, 내가 어떻게 일하고, 내가 무엇을 제공할 수 있는지를 알게 된다. 이 계약은 보통 첫 회기에서 처리되며 종종 한 회기 동안만 지속된다. 이 기간 동안 내담자와 내가 함께 일할 것인지 여부를 결정한다. 이것은 서로를 평가하는 시간이다. 내담자가 치료에서 원하는 것이 무엇인지 내가 평가하는 동안, 내담자는 내가 제공하는 것이 무엇인지 듣는다. 나는 이 결정을 명확하게 하면서 변화 계약을 기반으로 일한다고 설명한다. 회기가 끝날 때, 치료 계약을 체결할 것인지 여부가 결정된다. 치료 중간에도 관광 계약을 체결할 수 있지만, 계약 변화로 이어지지 않는 한 10분 이내로 제한한다.

*정보 계약(information contract)*은 이혼, 한부모 가정, 애도 등 특정 주제에 초점을 맞춘 집단이나 주제가 비특정적인 집단에도 활용될 수 있다. 이러한 계약은 집단 구성원 간의 정보 공유와 상호작용을 제공하지만 변화 계약은 아니다. 그러나, 이러한 계약은 집단의 맥락 내에서 변화 계약으로 이어질 수 있다. 비특정 주제 집단의 정보 계약에는 정보 공유와 피드백이 포함될 수 있다. 피드백이 집단 구성

원 전체에게 유익할 수 있으며 종종 설명과 지지를 제공하기에 집단은 치료자에게 이점을 제공한다. 이 피드백은 내담자를 검증하고 재결정 계약으로 나아가는 데 도움이 된다. 나의 책임은 집단 구성원들 간의 심리 게임 가능성에 주의를 기울이는 것이다. 나는 피드백이 내담자에게 해롭다고 생각되거나 피드백을 주는 사람이 투사를 하고 있는 경우 개입한다. 만약 그렇다면, 내담자에게 "누구의 얼굴을 보고 있습니까?" 또는 "당신이 말하면서 어떤 감정을 느끼고 있습니까?"라고 물을 수 있다. 이러한 유형의 개입은 집단 상호 작용과 피드백을 포함하는 정보 계약에서 필수적이다. 정보 계약은 집단 환경에서 더 오래 지속될 수 있지만, 개인 치료에서는 보통 10분 이내로 제한한다.

또 다른 치료 계약의 유형은 *경험적 계약(experiencing contract)* 이다. 이것은 양육 문제나 "생각하지 마라"와 "느끼지 마라"와 같은 명령과 관련이 있다. 이런 종류의 계약은 내담자들이 얼굴이 붉어지고, 긴장으로 턱을 다물고 주먹을 꽉 쥔 채 "화나지 않았다"고 말하거나, 극도로 우울하다고 말하면서 자신의 곤경을 웃으면서 말할 때 유용하다. 이런 경우 나는 내담자에게 그녀가 자랄 때 화가 났거나 슬펐던 때 기억을 떠올리라고 요청한다. 그리고 나서 그녀에게 현재 시점에서 그 감정을 다시 경험하도록 초대한다. 나는 내담자에게 몸을 이완시키고 그 순간 신체에 무슨 일이 일어나고 있는지 알아차리기를 요청한다. 나는 그녀가 이러한 인식을 경험할 수 있도록 잠시 시간을 준다. 만약 그녀가 의식하는 데 어려움을 느낀다면, 나는 그녀에게 신체 내부로 주의를 돌려 신체적인 감각을 깨닫게 하고 이 경험을 보고하도록 유도할 수 있다. 이 과정은 변화 계약으로 이어지지 않을 수 있다. 그러나, 이것은 내담자가 안전한 환경에서 명령이나 대항명령에 불복종하는 경험을 처리하기 위해 어른 자아 상태에 접근할 수 있는 기회를 제공한다. 이 과정에서 나의 책임은 다시 한번 게임을 피하고, 내담자를 주의 깊게 관찰하며, 내담자가 과잉 반응을 보이려고 할 때 과정을 중단하는 것이다.

나는 또한 내담자들이 과제에 저항하는 것처럼 보여서 지금은 *연습*이라고 부르는 *과제 계약(homework contract)*을 활용한다. "싫다고 말하는 것을 연습을 해 볼까요, 아니면 원하는 것을 요청하는 연습을 해 볼까요?" 이 연습은 내담자가 변화하고자 하는 구체적 행동과 관련이 있다. 연습은 집단 내에서 수행될 수 있으며,

집단 외부에서 적용될 수도 있고, 혹은 둘 다 적용될 수 있다. 계약은 내담자가 언어를 결정하고 어른 자아 상태에 접근하는 것을 돕기 위해 회기 중에 연습할 수 있다. 또한 이러한 연습은 재결정 이후 변화를 통합하거나, 변화 계약으로 나아가는 과정의 일부로 활용될 수 있다.

또 다른 형태의 계약은 *탐색 계약(exploratory contract)*이다. 이 계약은 내담자가 자신이 바꾸고 싶은 것이 무엇인지 모르지만, 기분이 좋아지는 것을 방해하는 것이 무엇인지 탐색할 기회를 원하는 경우이다. 이것은 무작위로 정보를 찾는 조사에 가깝지만, 방향이 있다는 점에서 관광 계약과 다르다. 내담자는 자신이 문제에 관여하고 있다는 것을 알고 있으며 자신의 역할이 무엇인지 알고 싶어 한다. 목표는 계약 변화로 이어지는 것이다. 이 과정에서, 나는 내담자를 두 의자작업으로 초대하고, 어머니, 아버지, 또는 관련된 사람과 대화를 시작하여 내담자가 탐색을 시작하도록 한다. 이것은 변화 계약으로 이어지지 않을 수도 있지만 대개 문제를 명확히 하거나 메시지 또는 임패스 상태를 발견하는 데 도움이 된다. 탐색을 하는 동안, 나는 언제나 재계약을 통해 재결정을 할 수 있다. 다음은 예시이다.

치료자: 오늘 당신 자신에 대해 무엇을 바꾸고 싶나요?
내담자: 잘 모르겠습니다. 저는 판단적이고 고집이 센데 그게 싫어요.
치료자: 판단적이고 고집이 세다는 것은 무슨 뜻인가요?
내담자: 저는 사람들을 평가하고, 일단 결정을 내리면 그들과는 더 어울리지 않아요.
치료자: 낯선 사람들 얘기인가요, 지인이나 친구를 말하는 건가요?
내담자: 전부요. 만약 누군가가 저를 실망시키거나 화를 내면 저는 그냥 떠나 버리고 더 이상 그 사람과 엮이지 않아요.
치료자: 만약 당신이 그들을 끊어 내지 않는다면, 무엇이 달라질까요?
내담자: 갈등을 감당해야겠지요.
치료자: 사람들을 끊어 내는 것이 갈등을 피하는 좋은 방법인 것처럼 들리네요.
내담자: 네, 저는 갈등을 잘 다루지 못해요.

치료자: 갈등에 대처하는 방식과 관련해서 바꾸고 싶은 것이 있나요?
내담자: 잘 모르겠어요.
치료자: 무슨 위험이 있나요?
내담자: 상처받을까 봐 두려워요.
치료자: 지금 여기에서 어디까지 가 보고 싶으세요?
내담자: 좀 더 생각해 보고 싶어요. 저는 제가 갈등을 피하기 위해 판단한다는 것을 알고 있고 상처받는 것이 두려워요. 상처받는 위험을 감수하고 싶은지 잘 모르겠어요.
치료자: 중요한 정보예요. 자신을 보호하기 위해 다른 방법을 모색하고 싶을 때, 그 문제를 함께 해결하도록 해요.

좋은 치료의 본질은 변화 또는 재결정 계약을 협상하고 완료하는 것이다. 내가 설명한 모든 계약들은 변화 계약을 유도하기 위한 것이다. 이들은 내담자가 초기 결정을 고수함으로써 스스로에게 부과되는 제약을 인지적으로 이해하도록 돕고, 이러한 이해는 변화를 촉진한다. 나는 치료 계약의 맥락에서 작업하는 동안 변화 계약을 협상할 기회를 모색한다. 명확하고 구체적인 계약으로 내담자가 원하는 특정 변화를 인식하고, 초기 결정으로 이동한 후 재결정하게 된다. 이것은 행동과 감정의 변화로 이어진다. 이러한 변화는 내담자의 머릿속에 있는 부모와의 대화 또는 임패스 해결로 이어질 수 있다. 내담자는 분명하고, 정확하고, 긍정적인 언어로 이렇게 말할 것이다. "지금 저는 두려움을 내려놓을 거예요. 더 이상 겁먹지 않을 것이고 나 자신을 긍정적으로 느낄 거예요." 계약은 효과적인 변화 계약의 모든 목표를 충족했고 현재 내담자를 제한하는 것이 무엇이건 간에 재결정함으로써 자율성을 되찾게 된다.

무익한 계약

세 번째 유형인 *심리적 계약(psychological contract)*은 '아무 성과도 없는' 계약인데, 그것은 바로 '무익한(futility) 계약'이다. 치료자로서의 나의 책임은 심리 게임이나 "하고 싶지만, 할 수 없다."라는 기본적인 전제를 극복하는 것이다. 게임, 속임수, 라켓은 공생 관계를 형성한다. 따라서 심리적 계약, 즉 아무 성과를 보지 못하는 계약을 막기 위해서 나는 주의 깊게 듣고 게임을 직면시켜야 한다.

효과적인 변화 계약은 어른 자아 상태 또는 자유로운 아이 자아 상태에 의해 이루어져야 하며 자유로운 아이에게 이득이 있어야 한다. 그런데 무익한 계약은 대개 부모 자아 상태에서 나온다. 종종 부모 계약은 암묵적(covert)이다. 내담자는 말로는 분명한 계약을 하는 듯 보이지만, 언어와 비언어적인 행동을 주의 깊게 보면, 변화할 생각이 없다는 것을 알 수 있다. 이것은 아이 자아 상태의 은밀한 결정의 결과이다. 만약 내담자가 변화한다면, 포기할 준비가 되지 않은 것, 즉 스트로크를 잃을 거라는 두려움이 있는 것이다. 남을 기쁘게 하기 위한 부모 계약의 예시이다. "나는 술을 끊고 싶어요" 이것은 분명한 계약처럼 들린다. 하지만, 좀 더 자세히 보면, 보통 부모나 배우자를 만족시키기 위해 "술을 끊어야 한다"는 것을 알지만, 내담자는 술을 끊을 의사가 없다. 이 계약은 무익한 계약이다. 나의 임무는 내담자의 어른이나 아이 자아 상태가 스스로를 위해 술을 끊을 것인지 여부를 결정하도록 촉구하는 것이다. 내담자는 술을 끊겠다는 결정을 하거나 적어도 외현적으로 "나는 술을 끊지 않겠다."고 주장할 것이다.

부모 계약의 사촌쯤 되는 것이 암묵적 사회 계약인데, 이는 명시적(overt) 사례 관리 사회 계약과는 다르다. 내담자가 "저는 더 다정하고, 더 사랑이 넘치는 좋은 부모가 되고 싶어요."라고 말할 때, 나는 "화내지 마라" 또는 "친밀해지지 마라"와 같은 명령에 포함되어 있는 은밀한 "해야 한다"는 메시지를 찾아내려고 노력할 것이다. 명령은 자동적이고 종종 무의식적이며, 내담자가 다정하거나, 사랑스럽거나, 좋은 부모가 아니라고 느끼게 할 수 있다. 더 나은 부모가 되고 싶다는 바람 자체는 긍정적일 수 있지만, 이것은 변화 계약이 아니다. 나는 이 진술을 무시하지 않고, 그 진술에 변화 계약이 숨겨져 있는지 여부를 찾아본다. 예를 들어,

내담자: 좀 더 사랑스러워지고 싶어요.
치료자: 더 사랑스럽다는 것은 어떤 의미인가요?

내담자: 잘 모르겠어요. 아내는 제가 그다지 사랑스럽지 않다고 말합니다.
치료자: 그건 부인께서 말씀하시는 거군요, 당신은 어떻게 생각하나요?
내담자: 제가 일을 너무 많이 해서 집에 오면 그냥 자려고 한다고 그녀가 화를 내요.
치료자: 그게 사랑스러운 것과 무슨 상관이죠?
내담자: 음, 그녀와 더 많은 시간을 보내고 싶어 해요.
치료자: 어째서죠? [왜라고 묻지 않는데, 왜냐하면 종종 비판적 부모로 인식되기 때문임]
내담자: 제가 더 사랑스러웠다면, 그녀와 더 많은 시간을 보냈을 거라고 합니다.
치료자: 그녀가 그렇게 말했군요. 당신은 무엇이라고 말하나요?
내담자: 모르겠어요.
치료자: 당신은 "그 질문에 대답하지 않겠다"고 말씀하시는 건가요?
내담자: 무슨 질문이요?
치료자: "질문을 듣지도 않겠다"고 주장할 건가요?
내담자: [웃음] 네. 제 아내는 제가 더 사랑스러워야 한다고 말합니다.
치료자: 저는 여기서 어디로 가야 할지 모르겠어요. 분명한 건 당신이 아내를 위해 더 사랑스러워지도록 돕지 못한다는 겁니다. 만약 당신이 자신을 돌아보고, 당신의 삶을 더 낫게 만들기 위해 자신에 대한 어떤 것을 바꾸기를 결정한다면, 저는 기꺼이 당신과 함께 그와 관련해 일할 것입니다.

이 내담자는 자신에 대한 어떤 것을 바꾸기 위해 치료를 받으러 온 것이 아니다. 단지 아내를 기쁘게 하기 위해 상담을 받으러 온 것이었다. 만약 그가 아내와 가깝게 느끼는 것을 방해하고 있는 것이 무엇인지 기꺼이 볼 의지가 있었다면, 우리는 변화 계약으로 나아갔을지도 모른다. 그러나 구체적이고 합리적이며 측정 가능한 것이 아니라면 변화 계약이 아니다. 해야 한다 또는 막연한 요청이 포함된 심리적 계약은 이러한 요구 사항들 중 어느 것도 충족시키지 못하기 때문에 아무런 성과도 얻지 못한다.

무익한 계약을 알아보는 데 도움이 될 몇 가지 단서들은 언어, 핑계(copout), 교활한 아이 행동, 그리고 바꿀 수 없다는 신념 체계이다. 내담자가 "일이 생겨요, 그렇게 느껴져요."라고 말할 때, 개입하여 "그것이 무엇인가?"라고 묻는 것이 중요하다. 내담자가 "할 수 없다"라고 말하면, "하지 않겠다"고 말하도록 요청한다. 이 교활한 아이의 또 다른 전형적인 진술은 "노력해 보겠다" 또는 "그런 것 같다"이다. 이 두 진술은 모두 변명인데 나는 시도와 행동, 추측과 아는 것의 차이를 설명함으로써 즉각 반박한다. "시도한다"는 "신은 아시는데 나는 해 보긴 했어요"는 뜻의 아이가 사용하는 단어이다. 내담자들은 곧 이것을 알게 되고, 몇 회기 후에 "할 수 없다" 또는 "해 본다"는 단어를 사용할 때 스스로 교정하기 시작한다.

변화 계약을 체결할 때 주목해야 할 많은 단서가 있다. 비언어적 단서, 신체 언어, 얼굴 표정, 교수대의 웃음 또한 직면해야 할 중요한 단서이다. 치료자로서, 나는 완벽하지 않고 단서를 놓칠 수 있지만, 끊임없이 나 자신을 모니터링하고 개선하고 있다. 계약은 치료 내내 진행되는 과정이다. 내담자는 하나의 계약을 완료하고 나면 또 다른 변화를 추진할 수 있다. 때로 내담자는 치료 과정에서 계약을 변경하기도 한다. 내 목표는 명확하고, 정확하고, 측정할 수 있고, 가능한 계약을 내담자와 함께 체결하는 것이다. 그리고 그것은 실제 행동에 관한 것이어야 하며, 그 행동에 대한 책임은 전적으로 내담자에게 있다.

변화를 위한 계약은 재결정치료의 큰 장점 중 하나이다. 가장 흥미로운 요소는 치료자들이 내담자들에게 권한을 부여하는 기법을 제공한다는 것이다. 내담자는 그들이 변화할 수 있는 능력을 가졌음을 알지 못한 채 치료실을 찾는다. 일부는 기적 같은 해결책을 원하기도 한다. 그러나 재결정치료자로서 내 임무는 변화 계약을 체결하도록 내담자를 돕는 것이고, 그것은 그들이 무엇을 변화할 것인지를 결정하는 것이다.

이 일을 시작했을 때, 나는 사람들을 돕는 데 전념했다. 그러나 재결정치료 수련을 받으면서 내담자를 책임지는 것이 아니라 내담자에게 책임이 있다는 것을 배웠다. 내담자는 자기 자신에게 책임이 있다. 도움을 주기 위한 노력은 내담자의 능력이 부족하다는 것을 입증하는 결과를 낳는다. 재결정치료의 기본 전제는 내담자가 그들의 자율성과 힘을 되찾도록 돕는 데 있다. 내담자가 바꾸고 싶은 것을 결정하도록 계약을 맺는 것은 자신의 삶에 대한 자율성과 힘을 증진시킨다. 치료자의 역할은 내담자들이 더 이상 충분하지 않거나 보호 역할을 하지 않는 초기 결정을 발견하도록 돕는 것이다. 과제는 초기 결정의 기원을 발견하고 예전의 메시지에 대응하는 새로운 방법, 즉 그들 자신의 힘을 주장하고 새로운 방식으로 대응하는 새로운 방법을 찾는 것이다. 재결정은 삶의 질을 향상시키는 지속적인 변화를 가져온다.

참고문헌

Barnes, G., ed. (1977). *Transactional Analysis After Eric Berne: Teachings and Practices of Three TA Schools*. New York: Harper & Row.

Berne, E. (1961). *Transactional Analysis in Psychotherapy*. New York: Grove.

Gladfelter, J. (1985). Dreamwork from a redecision approach. In *Redecision Therapy: Expanded Perspectives*, ed. L. Kadis, pp. 104-105. Watsonville, CA: Western Institute for Group and Family Therapy.

_____ (1994). Personal communication.

Goulding, M. (1992). *Sweet Love Remembered*. San Francisco: TA Press.

Goulding, R. (1977). No magic at Mt. Madonna: redecisions in mara- thon therapy. In *Transactional Analysis After Eric Berne: Teach- ings and Practices of Three TA Schools*, ed. G. Barnes, pp. 77-98. New York: Harper & Row.

Goulding, R., and Goulding, M. (1978). *The Power is in the Patient*. San Francisco: TA Press.

_____ (1979). *Changing Lives through Redecision Therapy*. New York: BrunnerlMazel.

3

임패스: 접근, 체험, 그리고 해결

캐롤라인 에버리-달 *Caroline Avery-Dahl, M.S.*

어떤 일을 시작하기 전에 정리를 해야
실제 그 일을 할 때 혼란이 없다
크리스토퍼 로빈 -Christopher Robin

임패스(impasse) 해결은 재결정치료의 성공에 핵심이다. 이 장에서는 임패스를 다루는 이론적 근거와, 치료 장면에서 흔히 접하게 되는 임패스의 유형에 대해 설명할 것이다. 그리고 내담자가 임패스에 접근하고, 체험하고 해결하도록 촉진하는 방법을 제안하고자 한다.

나는 치료 회기 중에 생각을 정리하기 위해 내담자가 겪는 임패스의 유형을 파악하는 데 관심을 가진다. 임패스는 현재 상황에서 내담자가 처한 어려움이다. 내담자들은 스스로를 변화시킬 수 없는 무력한 존재라고 생각한다. 임패스는 벗어날 방법이 없고, 다른 선택도 할 수 없는 곤경에 처한 상황이다.

내담자가 임패스에 처할 때는 무의식적으로 어린 시절에 내린 초기 결정을 따르게 된다. 임패스에 처하면 다른 선택을 상상할 수 없다. 그들이 막다른 골목에 처할 때는 만성적인 부정적 감정, 제한적인 사고, 비효율적이거나 부적절한 행동으로 제약을 받는다. 내담자가 처한 임패스 유형을 파악하면 치료 회기 동안 무엇을 할 것인지, 임패스를 성공적으로 해결하기 위해 어떤 전략이 가장 효과적일지 계획을 세울 수 있다.

   재결정치료에서 치료적 변화는 내담자들이 자신의 과거와 임패스가 어떤 관계에 있는지를 명확히 이해하는 데서 시작된다. 그들이 어떻게 미해결된 경험을 가지게 되었는지 깨닫게 되면, 왜 여전히 회피, 억압, 투사, 관련된 제약된 행동 등을 시도하는지 알게 된다(Goulding 1976).

   이러한 순응적 행동이 더 이상 유용하지 않기에, 현재 임패스로 이끄는 기억들과 마주하고, 과거의 고통스런 시나리오를 재경험하여 재결정을 내림으로써 변할 수 있게 된다(Gladfelter 1992, 1995). 그들이 현재와 같은 유사 상황에서 미래에 어떻게 느끼고, 생각하고, 행동할지에 대한 새로운 결정이 임패스에 대한 해결책이다. 내담자들은 고착에서 벗어나 스스로 힘을 부여하고 자율적으로 기능하게 된다.

   임패스에 대한 성공적 해결책은 치료 계약에 있는데, 이는 치료적 변화의 전조이자 성장의 시작이다. 바위를 받치고 있는 돌을 제거하는 것과 같이, 임패스를 해소하면 변화가 일어날 수 있는 추진력이 생긴다. 하나의 임패스가 해결되면 다른 것이 나타나서, 내담자들은 변화의 과정을 지속하게 된다.

   이 장은 재결정치료를 이해하고 통합하기 어려운 개념 중 하나인 임패스를 설명할 것이다. 역설적으로 내담자의 임패스를 확인하는 것은 진단과 치료 계획을 세우는 가장 강력한 도구가 된다. 나는 임상 장면에서 재결정치료를 하면 할수록, 내담자의 임패스를 더 쉽게 알게 되었다. 이 과정을 더 많이 경험할수록, 이 이론은 아주 단순하고, 가장 유익해 보인다.

   임패스라는 개념은 프리츠 펄스가 처음 사용했고, 굴딩 부부(1978, 1979)가 발전시켰다. 굴딩 부부는 초기 결정을 따르고자 하는 강박과 그 대신 다른 무언가를 하고자 하는 열망 사이의 내적 갈등이라고 설명했다. 굴딩 부부는 내담자의 임패스를 탐색할 때 다음과 같이 질문했다. "어디에 갇혀 있나요?" 그들은 임패스를 신속하게 해결하는 것이 성공적으로 자율성을 강화하고 단기치료에서 효과를 보이는 핵심이라고 믿었다.

   나는 임패스를 초기 경험에서 비롯된 감정, 행동에 대한 사고에 접근하고 인식할 수 있는 강력한 개념적 예측 도구라고 보았다. 진단용 탐지봉(diving rod)을 사용하여 그들이 처한 막다른 길에서 벗어나는 방향을 지시하는 것이다.

내담자가 임패스에 처하면, 초기 장면에서 아이 자아 상태에 갇혀 연기하는 배우와 같다. 치료자는 무대 감독이자 연출가처럼, 매우 조심스럽고, 사려 깊게 움직이고, 시나리오에서 교류를 정밀하게 다룬다. 이를 통해 내담자가 스스로 변화할 수 있도록 권한과 지지를 제공한다. 이러한 치료 장인의 수준에 도달하기 위해서는 다양한 유형의 임패스를 다루는 데 필요한 지식과 기술을 개발해야 한다.

임패스는 내담자 치료에 대한 생각을 조직화하는 데 매우 가치 있고 유용한 열쇠이므로 세 가지 유형의 임패스를 인식하는 법을 배우고 이해하는 것은 현재 회기에서 내담자가 처한 임패스를 더 명확하게 볼 수 있게 한다. 이로써 나는 오늘날의 게슈탈트 딜레마를 해결하는 데 어떤 형태의 의자 기법을 적용할지, 다른 실험이 더 효과적일지 적절하게 치료적 개입을 결정한다.

나는 내담자들이 제시한 임패스의 유형을 다음과 같이 결정한다.

1. 주된 부정적 감정을 확인
2. 신념 체계 확인
3. 오염된 사고 확인(신념체계나 환상을 사실이나 정보로 잘못 가정함)
4. 부모 메시지 확인(명령, 대항명령, 초기 결정 형성에 기여한 속성)
5. 초기 결정 확인

구별되는 세 유형의 임패스는 부모나 기타 중요한 인물로부터 받아들인 명시적 또는 암묵적 메시지에 의해 정의된다. 임패스는 다음의 세 가지 메시지로 범주화된다(Goulding 1989).

제1유형 임패스: "드라이버"(Drivers)(대항명령)
제2유형 임패스: "방해자"(Stoppers)(명령)
제3유형 임패스: "속성"(attributes)(본래의 속성 또는 오래 지속된 삶의 방식)

제1유형 임패스

제1유형 임패스의 메시지는 공개적으로 드러나 있다. 권위 있는 인물이나 보호자의 부모 자아 상태로부터 내담자의 아이 자아 상태로 외현적으로 전달된다. 이 메시지는 대항명령 또는 드라이버라고 부른다. 흔히 들을 수 있는 대항명령은 다음과 같다. "강해져라", "서둘러라", "완벽해라", "열심히 해라", "조심해라", "너 자신이 아닌 나를 기쁘게 해라"

나는 내담자가 "해야 한다(should)", "당연하다(ought)", "해야만 한다(must)", "해선 안된다(have-nots)"라고 말하는 것을 듣는다. 이런 부모의 메시지는 얼핏 보면 사회문화적으로 적절해 보인다. 이는 누군가 해야 되고 마땅히 그래야 되는 것과 관련이 있다. 임패스는 내담자가 이러한 메시지를 따르면서 강요받는다고 느끼거나 자율적이지 않다고 느낄 때이다. 치료 장면에서 접하는 대부분은 제1유형 임패스이다.

제1유형 임패스의 단서는 통상 두통이나 복통 등의 신체 증상으로 나타나는데, 내담자의 신념 체계, 게임 또는 환상을 지지하는 심인성 증상일 수 있다. 예를 들면, "나는 못해요", "해 볼게요", "나를 ~게 만들어요" 등의 비자율적 언어를 내담자로부터 들을 수 있다. 또한 부정적이며, 비합리적인, 불충분한 정보들도 듣게 되는데, 예를 들자면, "왜 이런 기분이 드는지 모르겠어요. 그냥 기분이 나빠요." 등이 있다. 대항명령이 작동될 때 내담자는 자기의 감정이 다른 사람의 책임이라고 믿고, 누군가 또는 무엇이 그들을 이런 식으로 느끼게 만든다고 말한다. "그게 나를 무섭게 해요. 그는 날 화나게 만들어요!"

사례

45세 남성 내담자인 데릭(Derrick)은 우울증상을 호소하고, 14년 동안 휴가도 없이 과로에 시달린다고 불평했다. "나는 일에 더 헌신해야 했다는 걸 압니다. 그렇지만 더 이상은 견딜 수 없어요. 난 휴식이 필요지만 휴식을 정당화할 수 없어요. 제가 죽도록 일하고 있다는 걸 알지만 먹고 살아야 하잖아요."

데릭에게 부모님께 일과 휴가에 대해 무엇을 배웠는지 점검하면서, 나는 바로 그의 부모를 빈 의자에 앉도록 하고 이 주제로 말하게 했다. 그리고 나서 데릭에게 다른 의자로 옮겨서 부모가 되어 대답을 하게 했다.

데릭은 그의 아버지가 되어 답을 했다. "휴가는 부자들이나 가는 거야; 우리는 그럴 시간도 돈도 없어. 너는 돈 쓸 생각하지 말고 돈 벌 궁리를 해라." 그의 "엄마"는 "게으르면 나쁜 생각만 하는 법"이라며 꾸짖었다.

데릭을 자신의 의자에 앉게 한 뒤, 이 메시지들이 지금도 그에게 유효한지 확인을 요청했다. 그는 죽을 때까지 일만 하며 사는 신념을 포기하고 싶다고 말했다. 이를 위해 데릭은 과거의 아버지가 마법처럼 변해 그에게 열심히 일하지 않아도 된다는 허락을 해 줄 것이라는 바람을 포기해야 한다. 데릭은 그의 아버지로부터 여태 열심히 일하는 데 대한 스트로크를 받아 왔기에 휴식을 가지는 자신을 스스로 스트로킹해 줄 전략을 개발할 필요가 있다. 그렇지 않다면, 그는 순응적인 채 남아 있게 되고, 이 결정에 은밀하게 저항함으로써 스스로 태만하게 될 것이다. 그래서 남을 탓하면서 열심히 일할 가능성이 높다(Goulding 1989).

이 회기를 마치는 데에는 대항명령과 직면하는 것, 재결정을 공고히 하는 것, 미래를 위한 계획을 세우는 것이 중요하다. 데릭에게 현실적 정보를 제공하고, 일, 스트레스, 생산성, 정신과 신체의 건강, 휴가의 가치에 대한 새로운 정보를 교육시켰다. 치료적 과제는 데릭의 자유로운 아이가 부모의 의자에 앉아서 놀아도 괜찮다는 양육적 메시지를 스스로에게 줌으로써 재양육하는 것이다. 나는 데릭에게 주중에 짧은 휴가를 포함한 계획을 세우라고 요청해서 힐링 휴가를 가질 미래 계획을 세우는 것으로 재결정을 공고히 하도록 했다.

사례

32세의 트레비스(Travis)는 결혼 십년 차로 아내와 심각한 문제를 겪고 있다. 그는 집안의 가장으로서 강해야 한다고 믿고 있고, 아내를 세심하고 이해심 있게 대하는 데 어려움을 겪고 있다. 아내가 약한 모습을 보일 때 그녀를 향해 양육적인 행동을 보이려고 하지 않았다. 그녀가 불행해 하거나 눈물 흘릴 때 그는 비판적이고 못 견뎌 했으며 그녀의 나약함을 비난했다. 그는 아내의 욕구에 보다 민감하고, 수용적이며 이해하고 싶고, 자신의 감정을 느끼고 표현하고 싶다는 계약을 했다.

치료자: 더 나은 관계를 만들기 위해 오늘 당신 자신에 대해 무엇을 바꾸고 싶나요?

트레비스: 제 감정에 집중하고 싶습니다. 제게 무슨 일이 일어나고 있는지 말할 수 있고, 그래서 제가 가까이 지내고 싶은 사람들을 밀어내지 않기를 바랍니다. 아내와의 문제로 슬프거나 화가 나도 말하지 않고 억누르기만 해요. 그래서 그녀는 내가 차갑고 냉정하다고 생각합니다.

치료자: 그래서 강한 남자가 되는 걸 포기하길 원하나요?

트레비스: 나는 항상 슬프다고 느끼는 것을 멈추고 싶어요. 그리고 결혼생활도 지키고 싶구요. 아내와 더 솔직하게 이야기해서 우리 사이에 실제로 무슨 일이 일어나고 있는지 나눌 수 있기를 바라요. 적어도 우리 일을 함께 해결할 기회를 가지고 싶습니다. 저는 아내와 더 가까워지고 싶어요.

치료자: 이 관계에서 느끼는 감정을 당신이 어린 시절에도 느낀 적이 있나요? 만일 그렇다면 당신에게 무슨 일이 일어나고 있나요? 언제까지 거슬러 가나요?

트레비스는 그가 슬플 때 감정을 드러내선 안되며 강해져야 한다고 스스로에게 말하는 어린 시절의 장면을 떠올렸다.

트레비스: 제가 어릴 때...

치료자: 그 장면에 머무르세요. 그리고 마치 지금 일어나고 있는 일처럼 말해 보세요.

트레비스: 제가 어릴 때 우리 집 강아지가 죽어서 울고 있어요. 아빠가 뚝 그치라고 해요. 아빠는 다 큰 아이는 울지 않는다고 말해요.

치료자: 방금 강아지를 잃은 아이가 되어 보세요. 저 의자에 아버지를 앉게 하시고, 당신에게 무슨 일이 일어난 건지 말하세요.

트레비스: 참을 수 없어요. 너무 속상해요! 정말로 슬프다구요! 내 강아지는 가장 친한 친구였는데 많이 그리울 거예요.

치료자: 저쪽 의자에 앉아서 아빠가 되어 보세요. 아빠가 뭐라고 하나요?

트레비스(아빠): 이겨 내야지-우리는 언제든 다른 강아지를 구할 수 있어! 울지 않는 건 잘했어-내 아들아.

치료자: 의자로 다시 돌아가세요. 아빠가 당신의 감정을 무시할 때 무슨 경험을 했나요?

트레비스: 정말 속상했어요! 네! 아빠는 그냥 지나쳤어요- 강아지는 얼마든지 있는 것처럼 그리고 이 강아지는 아무것도 아니라는 것처럼요.

치료자: 아빠에 대해 머릿속에서 뭐라고 말하고 있나요?

트레비스: 나빠요. 제 강아지나 저에 대해서는 신경도 안 써요.

치료자: 당신 자신에 대해서는 뭐라고 말하나요?

트레비스: 나도 아빠처럼 강해져야 해. 나는 중요하지 않아. 내 감정 따위 아무것도 아냐.

치료자: 자신을 뭐라고 부르나요?

트레비스: 나는 아무것도 아니야.

치료자: 당신 인생에 대해선 어떤 결정을 하나요?

트레비스: 강해져야 해! 누구든 무엇이든 가까이 하지 마.

치료자: 그 결정에 대해 무엇을 바꾸길 원하나요?

트레비스: 내게 소중한 사람들에게 민감해지고 싶어요. 더 이상 그들을 밀어내고 싶지 않아요.

치료자: 아빠에게 말하세요.

트레비스: 아빠, 나 더 이상 아빠 말 안 들을래요. 나는 누군가 돌볼 권리가 있고 더 이상 강한 척하지 않을 거예요.

치료자: "나는 아빠를 위해 강한 척하지 않을 거예요."라고 말해 볼래요?

트레비스: 아빠, 나는 더 이상 아빠를 위해 강한 척 안 할 거예요.

치료자: 그럼 대신에 무엇을 할지 아빠한테 말해 보세요.

트레비스: 내가 느끼는 감정과 다른 사람들이 느끼는 감정에 신경 쓸 거예요. 그리고 민감해진다는 게 제게 좋다는 걸 알아요. 그리고 슬프면 이제 울 거예요.

치료자: 이쪽 의자로 와서 아빠가 되어 보세요. [내담자가 옆으로 옮겨 앉음] 아빠로 대답해 보세요.

트레비스(아빠): 나는 짜증스럽고 네가 창피하구나. 넌 아빠처럼 진짜 남자가 되지 못할 거야.

치료자: 이제 의자로 다시 돌아와서 아빠에게 답하세요.

트레비스: 저는 평생을 아빠 같은 사람이 되려고 애썼지만 저는 그런 제가 싫어요. 이렇게 사는 것도, 아내와 자녀들에게 하는 짓도 싫어요.

치료자: 아빠한테 말하세요. "아빠가 화를 내고 나를 창피해 하더라도, 나는 강한 척하지 않을 거예요. 나는 내 감정을 느낄 거예요."

트레비스: 아빠가 좋아하든 말든, 난 이제 냉정해지려구요. 내가 느낀 대로 느낄 거고, 슬프면 울 거예요.

치료자: 이쪽 의자로 와서 아빠가 되어 답하세요.

트레비스(아빠): 너는 멍청이야. 그리고 사람들은 널 비웃을 걸. 너는 결코 리더가 될 수 없을 거야. 아무도 너를 존경하지 않을 거야.

치료자: 의자로 다시 돌아와서 답하세요.

트레비스: 아빠가 무슨 생각을 하든지 상관 안 해요. 아빠는 벽돌로 세워진 벽과 같아서 돌보는 행동을 하지 않았기 때문에 나는 한 번도 아빠랑 가깝다고 느껴 본 적이 없어요. 아무튼 나는 아빠 방식대로 안할 거예요. 엄마나 우리한테 아빠가 했던 것보다 더 많은 걸 아

내에게 줄 거예요. 아빠는 안 그럴지 몰라도, 나는 이 점 때문에 나 자신을 존중할 겁니다.

치료자: [내담자를 현재로 데려오며] 오늘 아내에게 이전과 다르게 어떻게 할 건가요?

트레비스: 나는 더 이상 강한 척 안 할 거야. 내가 기분이 안 좋을 땐 말할게. 나는 당신의 감정에도 주의를 기울일 거고 당신이 위로나 지지가 필요할 땐 더 부드럽게 대할게.

트레비스를 다른 의자로 옮겨 앉게 해서 "아빠가 되라"고 한 것은 그의 머릿속에서 자신이 '부모'로 삼는 일부를 자신과 분리된 존재로 생각할 기회를 갖게 한 것이다. 이것은 그가 스스로를 재양육하게 하고, 사고를 탈오염화하며, 자율성을 획득한 것이다(Gladfelter 1977). 이제 그는 강해지라는 것 이외에 다른 사람들의 감정에 어떻게 반응할지에 대한 선택권을 가지고 있다. 치료를 계속할수록 트레비스는 그가 가진 명령 중 일부를 포기할 결정을 할 수 있다. 예를 들어, 너 자신이 되지 마라, 느끼지 마라, 가까워지지 마라 등이 있다. 이것은 제2유형의 임패스이고, 다음 장에서 논의할 것이다.

수련 중이나 집단상담 중 치료자들로부터 자주 듣는 질문은 "어떻게 내담자들에게 의자기법을 하게 할 것인가?"이다. 수련생이 그들의 내담자들과 역할연기를 할 때, 나는 치료자의 저항을 다루는 다양한 방식을 보여 준다. 흔히 의자기법을 하는 데 치료자가 주저하는 이유는 경험 부족이나 스스로 어색함을 느끼기 때문이다. 치료자가 의자기법을 하는 데 저항감을 인정하면, 그들은 다양한 기법을 실험하고 그것을 실행하는 데 자유로울 수 있다.

내 경험에 의하면 내담자가 의자기법을 거절한 경우는 거의 없다. 나는 신규 내담자가 빈 의자와 얘기를 하거나 자리를 옮겨서 다른 누군가가 되는 것에 당황스러워한다는 것을 언제나 이해한다. 나는 내담자의 단어를 사용해서 "당신이 이 연습을 하는 것이 어색하게 느껴진다는 것을 이해합니다. 그래도 한번 해 보시겠습니까?"라고 묻는다. 그의 요청에 "해 보시겠습니까?"라고 제안하는 것은 매우 중요하다(Gladfelter 1977). 내담자가 "이걸 하니 바보같이 느껴져요!"라고 선언할 때 나는

"그런데도 이렇게 잘 해내고 있는 당신을 긍정적으로 보시겠어요?"라고 말한다.

제2유형 임패스

제2유형 임패스의 메시지는 암묵적이서 부모의 아이 자아 상태에서 자녀의 아이 자아 상태로 무의식적으로 전달된다. 이 메시지들은 명령 또는 방해자라고 부른다. 명령은 부모가 어린 시절 겪었던 고통과 상처에서 비롯된 것으로, 그들의 두려움이나 분노를 반영한다. 이것은 암묵적 교류를 통해 그들의 자녀에게로 전달된다. 임패스는 내담자가 이 메시지를 따르면서 스스로 자율적이 되는 것을 무의식적으로 방해할 때 발생한다.

이러한 명령은 부모의 오염된 아이 자아 상태의 사고에서 비롯되고 내담자의 아이 자아 상태가 수용한다. 그 결과 오염되고, 반추적이며, 강박적 사고를 낳는다. 내담자가 어렸을 때는 공생에 대한 보상으로 보호자인 부모에게 순응한다.

예를 들면, 엄마가 우울해할 때 쾌활하게 행동하고, 아빠가 화가 났을 때는 조용히 있음으로써 자신의 자율성을 부정할 수 있다. 또는 엄마가 불안해할 때 함께 불안해하고, 아빠가 우울해하지 않도록 자신이 우울해함으로써 부모의 감정상태에 합류하거나 부모의 분노나 혼란을 증폭시킴으로써 자율성을 부정할 수 있다. 임패스에 처할 때, 내담자는 종종 대부분의 시간 동안 우울하고, 불안하거나 기분이 나쁘지만 왜 그런지는 모르겠다고 설명한다. 그들은 매우 강렬한 감정과 매우 강한 "부모"를 상대하고 있는 것이다.

종종 명령은 다음을 나타낸다. 존재하지 마라, 너 자신이 되지 마라, 네가 가진 성별이 되지 마라, 아이처럼 굴지 마라, 자라지 마라, 생각하지 마라, 중요한 사람이 되지 마라, 즐기지 마라, 느끼지 마라, 성공하지 마라, 마무리하지 마라, 가까워지지 마라, 성적으로 굴지 마라, 소속되지 마라, 건강하지 마라, 제정신으로 있지 마라, 하지 마라, 원하지 마라, 믿지 마라, ~하지 마라(불안이나 공포)(Goulding 1976, 1989).

계약 관련 장에서 설명했듯이, 치료를 시작하기 전에 치명적 명령을 가장 먼저 설명하는 것과 자살, 타살, 정신 이상, 폭력성 또는 알코올, 약물, 음식 등의 물질 남용(Avery-Dahl 1985) 등 모든 도피구를 폐쇄하는 것은 매우 중요하다. "아무리 기분이 나쁘거나 어떤 일이 일어날지라도 고의로나 실수로 타인을 다치게 하거나 해치지 않을 것이며, 스스로를 미치게 하지 않을 것이다."라고 약속하게 한다.

치료를 효과적이고 강력하게 유지하기 위해 굴딩(1978)은 치료를 멈추어야 할 네 가지 지점이 있다고 믿었다.

1. 계약된 시간
2. 승리의 순간-회기 내 시간이 많이 남아 있더라도 멈춤
3. 융통성 없는 임패스에 처할 때- 내담자가 임패스의 영향을 능동적으로 느끼게 하기 위해 멈춤
4. 치료를 생생하고 유쾌하게 지키기 위해 삼십 분 이내 마침

내 경험 중 가장 유쾌한 사례 중 하나는 집단과 가족치료를 위한 서부연구소에서 한 달간의 연수 중 제2유형 임패스 작업을 하던 중 일어났다. 나는 치료자 역할을 하고 있었고, "너 자신이 되지 마라"는 명령에 갇힌 내담자와 작업을 하고 있었다. 그의 이름은 수왓(Suwat)으로, 아시아의 대도시에 살고 있는 30대 후반의 회사 중역이었다. 그는 자신이 자라 온 문화 속에서 다른 사람들과 형식적이고 전통적으로 교류하는 데 갇혀 있어 답답함을 느끼고 있었다. 그는 더 자발적이고 창의적이며, 스스로를 진솔하게 표현하기 원했다.

작업 중에, 수왓은 항상 황제가 지켜본다고 생각하며 행동하도록 할머니가 가르쳤다고 말했다. 나는 다른 의자에 황제를 앉게 하고 그와 대화를 하게 했다. 그런데 수왓은 내 영어를 잘못 이해해서 그의 엉덩이를 황제에게 보이라는 것으로 이해했는데, 그것은 그가 심한 처벌을 받을 수 있는 극도로 무례한 행동이었다. 그런데 놀랍게도 수왓은 벌떡 일어나 자발적으로 황제에게 엉덩이를 보이는 행동을 했고, 즐겁게 웃음을 터뜨렸다.

슈퍼비전을 위해 우리 작업을 녹화하던 밥 굴딩은 언어장벽을 넘어 신속하게 임

패스를 해결하는 모습에 폭소를 터뜨렸다. 수왓의 승리를 함께하며 나눈 집단의 웃음은 관습에 도전하고 자발적으로 한 행동에 대해 느끼는 그의 기쁨과 즐거움을 지지해 주었다.

다른 집단원들이 제공하는 인정과 지지는 내담자의 힘과 자율성에 스트로크가 되었고, 그들의 변화를 공고히 하고, 재결정을 실천하는 데 에너지를 불어넣어 준다. 다른 내담자의 작업에 편승하는 것(Coat-tailing off)은 집단 전염 효과의 일부이다(Gladfelter 1992). 다른 집단원이 임패스를 해결하고 기뻐하는 것을 볼 때, 그들 또한 그런 기쁨을 누리고 싶어 한다.

제2유형의 임패스를 해결하기 위해서는 내담자의 감정을 따라가는 것이 중요하다. 나는 내담자에게 "지금 무슨 감정을 느끼시나요?" 또는 "당신은 5세이고, 엄마가 당신에게 말하고 있어요. 무슨 감정을 느끼나요? 어떤 장면인가요?" 대부분의 내담자는 자신을 피해자라고 느낀다.

나는 내담자가 자신의 초기 장면을 마치 그들이 지금 그곳에 있는 것처럼 자세한 것까지 생생하게 떠올리도록 돕는 데 관심이 있다. 그래서 그들은 변화 욕구를 촉진하는 강력한 환경을 경험하는 것일지도 모른다. 부모 중 누가 명령을 주었는지 확인하기 위해 그 장면에 누구와 함께 있는지 물어본다. 만일 양측 부모가 등장한다면, 한 번에 한 명씩 대화를 해서 작업할 사람을 결정한다.

나-너(I-Thou) 대화를 사용해서 부모를 내담자의 맞은편 의자에 앉게 한다. 내가 "엄마와 아빠 중 누구와 대면하시겠습니까?"라고 물으면, 내담자는 "나는 할 수 없어요. 하고 싶지만, 못하겠어요."라고 답할 수 있다. "하고 싶지만 안 하겠다고 '그분'에게 말하세요." 모든 비자발적 진술과 직면하는 것은 내담자가 자율로 전환하는 것을 가능하게 하고 힘을 강화하는 데 중요하다.

만일 내담자가 끈질기게 "나는 할 수 없어."라고 말한다면, 나는 힘겨루기에 고착된 것이다. 나는 "여기서 멈추지요. 지금은 당신이 이렇게 선택했으니."라고 말하면서 회기를 마친다. 나는 나 자신의 오염된 부모 자아 상태에서 벗어나기를 원하기 때문에 내 의제에 맞추려고 내담자를 밀어붙이지 않음으로써 건강하지 않은(Not ok) 비판적 부모 자아 상태나 순응적 아이 자아 상태의 작동을 피한다. 무슨 일이 일어나는지 또는 내담자가 오늘 변화하고자 하는 욕구가 무엇인지를 안다고 가정하기보다 호기심을 가진 채 있는 것이 내게는 훨씬 유용하다. 결국 힘은 내담자에게 있다!

사례

앨리슨(Allison)은 40세의 변호사로 지난 십 년간 같은 로펌에서 승진하지 못한 채 근무하고 있다. 그녀는 경력 목표에 도달하지 못해 좌절감을 느끼는데 그것은 자기가 맡은 사례를 아무리 성공적으로 처리해도 승진에서 계속 배제되어 왔기 때문이다. 최근 몇 주간 그녀는 다가올 평가로 인한 불안 발작(anxiety attacks)으로 잠을 깨는 바람에 숙면을 취할 수 없었다. 그녀는 자신의 스트레스를 다루기 위해 상담실을 찾았다.

앨리슨: 아무리 열심히 노력해도 제 상사는 만족하지 않는 것 같아요.

치료자: 지금 무슨 감정을 느끼세요?

앨리슨: 좋은 평가를 받지 못할까 봐 두렵고 걱정됩니다.

치료자: 오늘 자신에 대해 무엇을 바꾸고 싶은가요?

앨리슨: 저를 두렵게 하기를 멈추고, 제가 통제할 수 없는 일에 대한 걱정을 멈추고 싶어요.

치료자: 대신 어떤 감정을 느끼고 싶나요?

앨리슨: 편안함과 자신감을 느끼고 싶어요.

치료자: 당신은 어린아이이고 통제할 수 없는 일에 대해 두려워하고 걱정하고 있어요. 가족들에게 지금 무슨 일이 일어나고 있나요?

앨리슨: 속옷을 버려서 엄마가 내게 소리를 지르고 있어요. 엄마는 내가 부끄러워서 데려갈 수 없대요. 아무도 나를 좋아하거나 나랑 놀지 않을 거라고 해요.

치료자: 그 장면에서 어른이 된 당신이 어린아이인 앨리슨을 보호하고 지지해 줄 수 있을까요?

앨리슨: [어린 시절 자신에게] 네! 꼬마야, 너는 곧 괜찮아질 거야. 그리고 너는 자신을 돌보는 법을 배우게 될 거고, 친구도 많아질 거야.

치료자: 저기 엄마가 있어요. 앨리슨은 단지 어린아이니 그만하고 그녀를 너그럽게 봐 주라고 말해 보실래요?

앨리슨: [그 장면에서 자신의 동맹이 되어] 당신은 다른 사람들이 당신을 완벽한 부모라고 생각하는지에 더 관심이 있어요. 그래서 어린 앨리슨을 비난하고 있어요. 당신은 남에게 나쁘게 보일까 걱정되고 두려워서 그녀를 창피해하고 있어요. 문제가 있는 것은 바로 당신이에요. 당신은 결국 변비를 가진 아이를 만들 거예요. 그녀를 그냥 두세요. 이제 내가 책임질 거예요!

치료자: 새로운 일을 배울 시간을 갖는 것을 두려워하지 않도록 당신이 도와줄 거라고 아이에게 말해 주세요. 그리고 그녀가 배우는 동안 실수하더라도 걱정하거나 창피해하지 않을 거라고 말해 주세요.

앨리슨: [어린 시절 자신에게] 나는 네 곁에 있을 거야. 꼬마야! 나는 널 겁주는 것을 멈추고 충분히 배울 수 있도록 할게. 네가 실수해도 나는 걱정하거나 널 창피해하지 않을 거야. 이제 나는 더 이상 실수라고 부르지도 않을 거야. 나는 훈련의 단계라고 부를 거야. [그녀는 "배변훈련"과 연결짓고 웃는다!]

초기 메시지를 밝혀내는 또 다른 흥미로운 방법은 "부모 면담"을 수행하여 오래된 테이프를 얻는 것이다(Gladfelter 1992). 내담자의 원가족에서 부모나 주양육자와의 면담을 수행함으로써 치료자는 내담자의 이력과 정보를 추출하고 내담자에 대한 조언을 얻을 수 있다. 내담자를 빈 의자로 옮겨 "엄마가 되라"고 하고 "엄마"를 설명하게 함으로써 인터뷰를 시작한다.

내면화된 부모를 말하게 하는 것은 부모가 앉아 있는 다른 의자에서 무슨 일이 일어나는지 보게 하는 방법인데 이는 내담자가 깨닫지 못하거나 알고 싶어 하지 않는 것이다. 내면화된 부모의 관점에서 자신과 대화할 기회를 거의 갖지 못하기 때문에, 사람들은 종종 그들이 받아들이고 싶지 않은 그들 내면의 일부가 해방되는 것을 경험하곤 한다. 내담자가 그들의 부모와 대화할 때 쏟아지는 정보의 풍부함에 언제나 놀랄 따름이다.

제3유형 임패스

제3유형 임패스는 속성이나 겉보기에는 유전된 특성에 관한 것이다. 이것은 내담자가 자신에게 스스로 말하는 메시지이다. 이 속성은 다른 사람과의 관계에서 경험한 것과 타인이 내담자에게 부여한 특성을 진실이라고 믿는 데서 비롯된 것이다.

이 임패스는 나-나(I-I)대화로 확인된다. 내담자가 "나는 나 자신에게 말하고 있었어요…" 또는 "마음 한 구석에서는 직업을 바꿔야 한다고 말하고, 다른 일부는 내가 아는 것을 고수하라고 말해요."라고 말할 때 드러난다. 이러한 속성을 드러내기 위해 나는 "당신은 자신에 대해 무엇이라고 말하나요?"라고 질문할 수 있다. 주로 표현되는 속성은 다음과 같다. "나는 바보예요", "나는 항상…일 거예요" "나는 언제나 가장 이쁜 애였어요", "나는 낯을 가려요.", "나는 가족 중에 유일한 똥보예요." 혹은 "나는 공부벌레고 사회성이 없어요."

제3유형 임패스에 대한 치료의 중요성은 자유, 삶, 자발성을 추구하는 자유로운 아이와 아주 어린 시절 부모의 비언어적 명령에 순종하여, 이런 속성을 자연스런 존재의 상태로 경험하는 순응적인 아이 사이의 갈등을 해결하는 데 있다(Goulding 1979). 내담자는 제3유형 임패스에서 자신과 세상에 대해 이런 방식으로 느끼고 생각해 왔고, 태어날 때부터 그래 왔다고 생각한다(Goulding 1976).

내담자의 아이 자아 상태는 내적 또는 외적 부모에 반응할 때 순응적이다. 내담자의 아이 자아 상태는 부모의 영향에서 벗어나 있을 때 자유이다. 순응적 아이 자아 상태는 대단히 교묘하게 가장하여 어른 자아 상태나 부모 자아 상태의 대화처럼 매우 설득력 있게 들릴 수 있다. 이 둘 사이의 교류는 초등학교 4학년 이상이거나 나이 많은 형제가 유치원생이나 더 어린아이에게 말하는 것처럼 들린다.

두 개의 의자를 추가하여 의자 기법을 사용하는 것은 이 두 부분을 나타낼 때, 내담자가 한 의자에서 다른 의자로 이동하면서, 각 부분의 내적 대화를 말로 표현하게 하는 것이다. 치료자는 어느 부분이 어느 의자에 앉을지를 알아야 하는 것은 아니며, 이것은 대화 과정을 통해 명확해진다.

언어적 표현과 신체 언어 사이의 불일치에 주목해야 한다. "나는 놓아 주고 싶어."라고 말하는 내담자가 자기 팔을 꽉 잡는 것은 자신의 다른 부분이 가는 것을 원치 않는다는 표시이다. 이러한 임패스에서 내담자는 종종 자신과 연결되지 않는다. 그들은 감정뿐 아니라 신체적 증상까지 무시하기 때문이다. 이 임패스에서 구체적인 사고에도 주의를 기울여야 한다. 내담자는 매우 독단적으로 사물을 흑과 백, 선과 악으로 볼 것이다.

사례

브렛(Brett)은 고교 교사에서 직업 치료사로 전직한 지 5년이 되었다. 현재 40대 중반인 그녀는 자신의 능력에 의문을 품고, 어떤 직업에서 효과적으로 일할 수 있을지 확신이 없다. 그녀는 환자의 기록을 정리하지 못하고 환자의 데이터를 최신 상태로 유지하지 못하다며 자신의 무능함을 설명하였다. 그녀는 자신을 희망 없는 존재로 보고, 해야 할 일들이 산더미처럼 쌓여 있는 것을 볼 때 마비된 기분을 느낀다. 그녀는 자신에 대한 기분이 나아지고 이 일을 계속할지 결정할 수 있기를 바란다. 그녀는 탐색 계약에 동의한다.

치료자: 저 맞은편 의자에 있는 "서류 더미"를 보세요. 저것을 보고 무엇을 경험하고 있나요?
브렛: 화나요! 보기도 싫어요.
치료자: 서류 더미에 말하세요.
브렛: [서류 더미에게] 너 때문에 정말 화가 나! 네가 사라져 버렸으면 좋겠어-정리가 안돼. 네가 거기서 나를 기다리고 있는 한 나는 아무것

도 할 수 없을 것 같아. 심지어 널 치울 때까지 이 일을 그만둘 수도 없어.

치료자: 이쪽으로 옮겨서 서류더미가 되어 보세요. 그리고 여기 있는 브렛에게 답하세요.

브렛: [서류 더미가 되어] 너는 쓸모없어. 너는 항상 일을 처리하겠다고 말하지만, 그냥 멍하니 있잖아. 너를 믿을 수 없어. 나는 네가 어딘가 가 버리고 다른 사람이 이 일을 대신하면 좋겠어.

치료자: [두 번째 의자를 가리키며] 이쪽으로 옮겨서 당신의 무력해진 부분이 되어 대답해 주시겠어요?

브렛: 도망가고 싶어. 넌 야비해! 나는 널 정리하려고 주말에도 사무실에 왔어. 그렇지만 난 그저 차 안에 있었고 아무것도 하지 못했어. 왜냐하면 너를 쳐다볼 수조차 없었기 때문이야.

치료자: 다른 의자로 옮길까요?

브렛: [서류 더미가 되어] 너 참 못났구나. 너는 심지어 집에도 정리 안된 물건들이 쌓여 있을 걸, 넌 절대 마무리 못해! 네가 다 자라서 책임감을 가지기 전까진 아무 소용없을 거야.

치료자: 이쪽 의자로 옮길까요?

브렛: 맞아. 나는 절대 못 할 거야. 나는 결코 정리할 수 없어. 나는 항상 일을 끝내기가 힘이 들어.

치료자: 지금 무슨 경험을 하고 있나요?

브렛: 갇힌 기분이에요.

치료자: 이쪽으로 와서 당신의 두 부분에 대해 이야기할까요? 저기 앉아 있는 아이는 몇 살이지요? [서류 더미가 있는 의자]

브렛: 아, 그녀는 9~10세 정도 되는 것 같아요.

치료자: 절망을 느끼는 반대편 의자에 앉아 있는 아이(당신의 일부)는 몇 살인가요?

브렛: 정말 어려요. 아마도 3세쯤.

치료자: 그들 각자는 서로 다른 한 쪽이 사라지길 원하는 것처럼 들려요.

브렛: 네! 실제로 그들은 서로 없애고 싶어 하는 것처럼 행동해요.

치료자: 여기서 어른이 상황을 담당한다면, 둘 다 공존하도록 할 건가요? 그리고 둘 다에게 서로를 죽이거나 죽기를 허용하지 않을 건가요?

브렛: 그럼요! 나는 서로 죽이거나 죽기를 허용하지 않을 거예요. 이것이 작동할 다른 방법이 있을 거예요.

치료자: 좋습니다.

브렛: [치료자를 보며] 그러나 나는 정말 감이 안 와요! 내가 정말 바보 같고 절망적이예요!

치료자: 9살 난 당신의 일부가 말하고 있는 것처럼 들리네요. 어른 자아 상태에 머물러서 당신이 해결할 수 있다는 것을 알기를 바랍니다.

브렛: 맞아요. 제 자신을 자책하는 모습과 똑같이 들렸어요. 나는 해결책이 없지만, 해결할 수 있도록 시간을 낼게요.

치료자: 이 두 아이의 주도권 싸움이 잘 끝나도록 하려면 뭐가 필요하다고 생각하나요? 내 직감은 각자에게 중요한 것을 제공하는 거예요. 둘 다를 돌보려면 어떻게 해결해야 할까요?

브렛: 확신은 없어요. 그들 각자가 뭔가 필요하다는 생각은 드는데 그게 뭔지는 모르겠어요.

치료자: 이번 주 동안 당신의 두 부분에 대해 생각해 보시겠어요? 그들의 대화를 듣고 써 보기도 하고, 그들 둘 다를 돌보기 위해 당신이 할 수 있는 걸 생각해 보세요. 9살 아이가 미해결된 일에 대해 혼내고 있어서 3세 아이는 한 번도 즐거운 경험을 못해 본 것 같아요.

브렛: [생각에 잠김] 네, 흥미롭네요.

제3유형의 임패스를 다루는 것은 속도가 보다 느린데 그 이유는 심리 내적 과정을 포함하고 있고, 한 회기 동안 깔끔하게 끝나지 않기 때문이다. 나-나(I-I) 게슈탈트 연습의 목적은 내적 대화를 외현화해서 자각을 발전시키고 내담자가 그들의 초기 결정을 탐색하고 그들이 처한 어려움을 경험하게 하는 데 있다. 이것은 그들의 신념체계를 검토하고, 선택권을 개발하며, 새로운 결정을 할 수 있는 기회를 여는 것이다.

이 임패스를 해결하는 것은 몇 회기가 걸릴 수 있는데, 예컨대 순응적 아이 자아 상태와 자유로운 아이 자아 상태의 힘겨루기가 들릴 때와 같이 교착지점이 명확해지면 멈추는 것이 중요하다. 나는 보통 두 의자 대화를 마무리할 때 내담자에게 자리에서 일어나 상담을 하자고 제안한다. 때로 나는 "이 줄다리기를 해결하기 위해 무엇을 할 생각이세요?" 또는 "당신의 이 두 부분이 가진 차이를 어떻게 조율할 생각이세요?"라고 질문한다. 그 다음 우리는 어른 대 어른의 선택권을 논의한다.

내담자와 서서 주위를 거닐면 내담자가 "변화한 상태(trans)"에서 벗어나는 데 도움이 된다. 이것은 그들의 카텍시스를 깨고 내담자를 어른 자아 상태로 이동하는 것을 돕고, 그들 내의 두 부분 사이에서 일어난 대화를 자료로 처리하고 피드백을 받을 수 있다. 제3유형 임패스에 대한 각 부분의 일을 마무리할 때, 원래의 의자로 돌아가거나 내담자와 함께 서서 대화를 나누는 방식이 좋다. 그들이 어떻게 내적 갈등을 중재하고 해결하는지를 이해하고 촉진한다. 이것은 또한 그들의 사고를 탈오염시키는 데 좋은 방법이다. 주로 이 상담은 내담자가 지금-여기 어른 자아 상태로 이동하고 분열된 부분들을 통합하게 한다. 이 과정에서 경계해야 할 일은 그들이 명백한 어른 자아 상태에 있어야 할 때 순응적 아이거나 부모를 흉내내는 아이의 언어로 대화하는 것이다.

이러한 제3유형 임패스에서 내담자들은 실제 교착 감정을 가진다. 그들을 교착 상태에 머무르게 하는 것은 치료적으로 중요하다. 내담자들이 고통 속에 있는 한 상담을 하는 것은 의미가 없다. 종종 내담자들은 회기 동안 이 내적 대화를 할 것이고, 다음 회기에 돌아와서 스스로 난제를 풀었다고 보고할 것이다. 이 난제를 해결하면 제1유형이나 제2유형의 임패스에 대한 작업으로 이끌 것이다.

제3유형 임패스의 고통은 평생 의존해 온 약물과도 같은데, 이 고통이 바로 그들을 막아 왔던 것이다. 그들의 신체 통증과 대화를 하는 것은 심리적 원인을 다룰 때 생산적일 수 있다. 그러나 통증은 의학적 병인론이 있기에 의사의 진료가 필요하다. 나는 치통을 앓는 사람은 치료할 수 없다. 조지 거신(George Gewshwin)은 이전에 진단받지 않았던 뇌종양으로 정신분석 2년차에 사망했다.

상담과 자가-슈퍼비전을 위한 제안

어떤 위치에서든 진보와 후퇴는 당신이 선택한다
칼 휘테거(Carl Whitaker)

임패스를 다루는 치료 전문가를 위한 기본 지침은 종이에 닿지 않은 펜을 손에 쥔 것처럼 암묵적 지식의 미묘한 부분을 활용하는 것이다. 치료자는 주로 세상의 일부가 되어 결과적으로 알지 못할 수도 없고 무관심할 수 없으며 의견을 갖지 않을 수도 없다.

다음은 내담자의 임패스를 강화하고 유지하는 데 대해 치료자가 가지는 몇 가지 잘못된 신념이다. 과대망상- 치료자들은 그들이 문제를 해결하고 내담자를 치료하는 데 책임이 있다고 믿는다; 전능- 치료자들은 힘을 가지고 있으며, 반드시 치료해야 한다는 전제하에 활동한다; 전지- 치료자들은 어떻게 진행할지에 대해 항상 치료방법을 알고 있어야 한다고 스스로를 압박한다. 이러한 신념체계는 의학적 모델에서 진화되어 왔는데, 이것은 의사는 진단하고 치료해야 하며, 환자는 무슨 일이 일어나고 있는지 모른다는 전제를 가진다. 그 결과 치료자는 마치 혼수상태의 환자를 치료하는 것 같은데, 이는 내담자의 힘을 평가절하(discount)하는 것이다.

내가 발견한 이러한 신념을 직면시키는 유용한 창의적 해법은 마치 행성에 방금 도착해서, 외계인들의 기능에 대한 단서가 전혀 없는 화성인이 되는 연습을 하라는 것이다(Berne 1972). 내담자에 대해 내가 알고 있다고 생각하는 것을 포기하고 내가 사전에 알고 있는 명제들을 한 켠에 제쳐 둔 채 무슨 일이 일어나고 있는지 모른다는 것을 허용하면 진정한 화성인이 될 수 있다. 내담자에게 무슨 일이 일어나고 있는지 또는 과거에 무슨 일이 일어났는지 아는 것처럼 행동하기를 멈추는 것이 가장 깊은 차원의 개입이 될 수 있다. 그 순간 치료의 주도권은 내담자에게로 이동해서 내담자가 원하는 방향으로 치료자를 이끌게 된다.

전능하게 행동하는 것의 위험성은 전이적 교류(transferential transactions)를 조장한다는 데 있다. 내담자와 치료자 사이의 친밀한 관계는 때로는 완곡하게 공생으로 불리는 전이 또는 상호의존의 기회를 만든다(Massey 1991). 무의식적인 공생적 역동 속에서 작동하는 것은 치료자가 의존성을 강화하고 자율성을 억제함으로써 무의식적으로 내담자의 임패스 상태를 유지 강화할 수 있다(Joines 1991).

재결정치료는 전이를 억제하고 최소화하기 위해 고안되었다. 예를 들어, 내담자가 재결정치료자에게 분노나 실망감을 표현할 때, 치료자는 "치료자"를 다른 쪽 의자에 앉히고 대화하도록 내담자에게 권유한다. 이러한 게슈탈트 기법은 치료적 개입의 기회를 제공하고 전이나 역전이 가능성을 분산시킨다. 치료자는 대상으로 고착되지 않고 초기 결정을 알아내기 위해 자유롭게 교류를 유도할 수 있다.

이 역동성에 관심을 가지고 건강한 경계를 유지하기 위해 명확한 책임감을 가짐으로써 치료적으로 유익한 공생을 형성할 수 있다. 재결정치료에서 치료적 숙련성은 원래의 잘못을 영구화하는 파트너가 되지 않고 내담자와 접촉하고 함께하며 내담자 안에 '거주', 즉 내담자 입장이 되어 봄으로써 달성된다. 치료적 과제는 내담자와의 교류를 개방적이고 솔직하게 유지하고 상호의존을 악화시키는 이면 교류를 하지 않는 것임을 깨닫는 것이다.

재결정치료는 통제된 집단치료라고 불려져 왔다. 그것은 치료자가 집단원 사이의 과정을 촉진하는 것이 아니라 집단환경 내에서 개인 치료를 하는 것, 즉 일대일로 개별 치료를 한다는 의미이다. 치료자는 이러한 분명한 경계를 유지하고 (Aveline 1993), 다른 집단 구성원을 겨냥한 예상치 못한 교류를 피해야 한다. 이것은 마치 의도한 목표물에 맞추기 전에 뜬 공을 잡아서 "지금 당신에게 무슨 일이 일어나고 있나요?"라고 물으며 발신자에게 다시 되돌려주는 것과 같다. 집단에 무고한 구경꾼들은 없다. 다른 내담자가 참석해서, 작업을 지켜보면서, 내적 경험을 하고 있으며, 자신만의 투사를 하고 있다. 이러한 교류를 관리함으로써 변화에 대한 안전한 보호 환경을 제공한다.

치료자는 의도적인 공생을 하면서 내담자를 미러링(mirroring)하고, 내담자의 명령과 대항명령에 주의를 기울이면서 이것이 내담자의 어떤 자아 상태에서 비롯되는지 내담자의 어떤 자아 상태와 조화를 이루어야 하는지에 대해 생각하게 된다. 즉, 내담자와 같은 어조와 영향을 주고받으며 감정과 내용을 일치시킴으로써 의도적인 공생을 형성하기 위해 병렬적인 교류를 활용한다. 이렇게 함으로써 치료자는 라포를 형성하고 깊이 얽히지 않은 채 공감을 전달할 수 있다.

재결정 집단 리더의 또 다른 중요한 책임은 내담자들이 자신과 다른 사람이 될 수 있다는 것을 경험하고 그들의 잠재력을 느낄 수 있는 분위기를 조성하는 것이다. "상대방이 멍하니 있을 때 기분이 좋아지기는 꽤 어렵습니다. 당신은 특별하고, 독특하고, 자율적인 존재입니다." 잡담으로 시간을 낭비하는 것을 피하기 위해, 내담자들이 끔찍한 경험담을 늘어놓는 것을 막고 변화 계약을 맺도록 격려한다. "네, 그런 일이 당신에게 일어났고 당신은 그것 때문에 힘들었지요. 그런데 이제, 당신 자신에 대해 무엇을 바꾸고 싶나요?"

치료자들은 또한 의존성을 유발하는 교류에 대해 단호하게 반응하여 전이를 최소화한다. 다음은 예시이다.

    내담자: 다음 주에 여기 안 계시나요?
    치료자: 네. 그렇습니다.
    내담자: 기분이 너무 안 좋아요. 선생님이 없으면 제가 어떻게 해야 할지 모르겠어요.
    치료자: 당신이 기분이 좋지 않다는 것도 이해하고 당신이 스스로를 돌볼 것이라는 것도 압니다. 2주 후 같은 시간에 예약을 원하세요?

내담자의 순응적인 아이에 접근하는 강력한 방법은 치료자가 어른 자아 상태에서 목적적이고 의도적으로 유머를 사용하는 것이다. 이 유머는 상대를 비하하거나 빈정거림이 없는 것이어야 한다. 대부분의 순응적 아이의 유머는 교수대 웃음인데, 이것은 내담자들이 파괴적인 의도나 심각한 내용을 웃음거리로 만들고자 할 때 자주 등장한다. "폭동이었어요. 여자친구는 제가 만취한 채 운전을 해 차를 거의 망가뜨릴 뻔했다고 말했어요. 하하!" 지속적으로 교수대 웃음에 귀를 기울여 직면시키는 것은 필수적이다. 반면에, 변화에 대한 검증과 지지는 자유로운 아이의 유머를 스트로크할 때 나온다.

간결한 사례노트를 작성할 때 내담자의 임패스에 대한 정보를 활용하는 것이 유용하다. 각 회기가 끝날 때마다 내담자가 어떤 유형의 임패스에 처해 있는지, 명령, 대항명령, 초기 결정을 간단히 적어 두면 치료자는 추수 회기를 위한 간략한 참조가 되고 치료 계약을 명확히 할 지침이 된다.

명확하고 일관성 있으며 책임감 있는 태도를 가진 건강한(OK) 부모의 행동 모델은 다음과 같다.

1. 명확성: 치료자로서 우리는 종종 쓸데없이 질질 끄는 경향이 있다.
2. 경제성: 시간과 말의 절약
3. 신중함: 우리의 언행이 내담자의 경계를 넘는 것을 피할 것, 그리고 그들이 원치 않거나 준비되어 있지 않은 데 관여하지 않을 것
4. 구체성: 내담자가 원하는 것과 가능한 것, 그리고 할 수 있는 것과 계약하기
5. 선택권: 다른 경로를 탐색하기(other threads to pull)
6. 비언어성: 치료자와 내담자 양측의 신체언어 자각하기
7. 비자율적 언어: "나는 못해", "날 ~하게 했어", "해 볼게요", 그리고 기타 폄하하거나 축소하는 말
8. 저항 다루기: 저항은 대개 내담자가 아니라 치료자에게 있다.

삶에 있어 우연한 대화란 없다. 우리가 누군가와 치료적 관계에 있을 때 무엇을 하든, 어디에 있든 항상 그 역할을 수행한다. 내담자와 상담할 때 다음과 같은 람다스(Ram Dass)의 세 가지 지혜로운 조언을 고려하라: 아무것도 기대하지 마라, 만사에 감사하라, 현재에 머무르라.

재결정을 한다는 것은 내담자에게는 시작점이고, 다음 회기를 이어 갈 지표이다. 그들은 자신이 만든 변화와 스스로를 어떻게 생각하는지와 관계를 다루는 방식에서의 성공을 축하할 것이다. 아마도 그들은 어떻게 스스로를 가두는지에 대한 자각이나 새로운 통찰을 보고할 것이고 또 다른 변화를 위한 계약을 할 수 있다. 그들은 아마 이전 회기에서의 임패스를 지속적으로 작업하고자 할 것이다. 그들은 새로운 결정을 실천하고 변화를 공고히 하기 위한 방법을 보고할 것이다.

나는 재결정치료의 핵심인 임패스가 얼마나 중요한 역할을 하는지에 대해 논의

해 왔다. 당신이 다루고 있는 임패스가 어떤 유형인지 아는 것은 복잡한 수술에 적합한 도구를 선택하는 것과 같다. 내담자가 자신이 갇힌 지점을 발견하도록 촉진하고 초기 장면에 접근하게 하며, 그것을 현재로 가져와 생생히 재경험하고 해결책을 구해 변화하는 것은 즐거움이며 마법과 같다. 재결정치료는 변화를 위한 집중적인 환경을 만들어 낸다. 한번 알게 되면, 당신은 더 이상 모른 척할 수 없게 된다.

참고문헌

Aveline, M. O. (1993). Principles of leadership in brief training groups for mental health care professionals. *International Journal of Group Psychotherapy* 43(1): 107-129.

Avery-Dahl, C. (1985). Redecision and the criminal personality. In *Redecision Therapy: Expanded Perspectives*, ed. L. B. Kadis, pp. 205-213. Watsonville, CA: Western Institute for Group and Family Therapy.

Berne, E. (1972). *What Do You Say After You Say Hello?* New York: Grove.

Gladfelter, J. (1977). Enjoying every minute. In *TramactionalAnalysis After Eric Berne,* ed. G. Barnes, pp. 394-424. New York: Harper's College Press.

_____ (1992). Redecision therapy. *International Journal of GroupPsychotherapy* 42(3): 319-334.

_____ (1995). Imagery in redecision therapy. *TramactionalAnalysis Journal* 25(4): 319-320.

Goulding, M. M., and Goulding, R. L. (1979). *Changing Lives through Redecision Therapy*. New York: BrunnerlMazel.

Goulding, R. L. (1976). Gestalt therapy and transactional analysis. In *Handbook of Gestalt Therapy,* ed. C. Hatcher and P. Himelstein, pp. 615-634. New York: Jason Aronson.

_____ (1989). Teaching transactional analysis and redecision therapy. In *Variations on Teaching and Supervising Group Therapy*, pp. 71-86. New York: Haworth.

Goulding, R. L., and Goulding, M. M. (1978). *The Power is in the Patient*. San Francisco: Transactional Analysis Press.

Joines, V. (1991). Transference and transactions: some additional comments. *Transactional Analysis Journal* 21(3): 170-173.

Massey, R. F. (1991). The evolution of perspectives on transference in relation to transactional analysis. *Transactional Analysis Journal* 21(3): 155-169.

자살 사고의 치료

덴튼 로버츠 *Denton L. Roberts, M.Div.*

내가 재결정치료를 처음 접한 건 의학박사인 로버트 굴딩을 만나기 5년 전이었다. 이혼 전에 자신을 정리하기 위해 캘리포니아 카멜로 가려던 내담자가 카멜에서 유능한 치료자를 추천해 달라고 했다. 당시 나는 명성이 높았던 밥 굴딩을 소개해 주었다. 그녀는 돌아와서 굴딩 박사와 상담 일정을 잡았다고 말해 주었다. 그는 회기 동안 그녀에게 자살 금지 서약을 요청했지만 그녀는 거절했다고 말했다. 그는 그녀가 문제해결을 위한 선택사항으로 자살 금지 계약을 하지 않으면 사무실 밖으로 나갈 수 없다고 말했다. 그녀는 거절 의사가 확고했고 그의 요구도 단호했다. 그는 죽음의 위협 아래 있는 누군가를 효과적으로 도울 치료자는 그도 아니고 그녀의 치료자도 아님을 분명히 했다. 살고자 하는 결심은 그녀의 치료와 미래의 행복에 결정적이었다. 그녀는 그의 판단을 마지못해 따랐고 자살금지 계약을 맺었다. 그녀가 결정을 내린 후 3주가 그녀 인생에서 최고의 나날들이었다고 말했다. 그녀는 이전과는 다르게 평화로웠고 어떤 면에서는 결단력이 있었다. 그녀는 삶을 재정비하면서 이후 몇 달 간 나와 함께 한 치료도 순조롭게 진행되었다.

그로부터 5년 뒤 밥을 만났을 때 나는 이 이야기를 하며 감사를 표했다. "네, 내담자들이 자신 또는 타인을 파괴하거나 미치치 않을 거라는 결심을 하기 전까지는 치료장면에서 실제 상담이 이루어질 수 없어요."

밥은 치명적 명령(leithal injunction)(존재하지 마라와 제정신이지 마라)은 고도로 역기능적인 가정에서 인생 초기에 습득한 메시지라고 설명해 주었다. 임상가와 내담자는 치료에 앞서 내면화한 그런 명령을 중지시켜야 한다.

나는 그 당시 자격 있는 치료자였지만 내가 받았던 수련은 치명적 사고의 위협을 효과적으로 탐지하고 제거할 명확한 규준을 내게 주지 못했다. 그 후 30여 년 동안 수많은 내담자들과 개인 및 집단 상담을 하면서 자살, 타살 또는 정신이상에 대한 사례는 없었다. 나는 이것이 운이 좋았다기보다 내담자의 치명적 사고를 효과적으로 탐지하고 제거하는 방법을 배웠기 때문이라고 생각한다.

자살 사고

교류분석에서 우리가 배운 두 가지 주된 치명적 명령은 *존재하지 마라(Don't be)*와 *제정신이지 마라(Don't be sane)*이다(Phillips 1975). 존재하지 마라는 명령에 따르면 내담자는 결국 영안실에 가게 되고, 제정신이지 마라는 명령에 복종하면, 병동에 가게 된다. 이 명령들의 치명적 속성 때문에 이 명령 중 어떤 것이라도 병리적 행동의 근원이 된다면, 다른 이슈들을 효과적으로 다루기 전에 반드시 제거해야 한다. 간단히 말하자면, 죽음, 자기 파괴, 정신이상의 상태에 있는 사람은 삶을 영위해 가는 데 주의를 기울이기가 자유롭지 않다. 이러한 명령이 다루어지지 않는다면, 내담자의 행동과 사고는 잠재적으로 치명적 메시지를 방어하는 데 점점 더 소모될 수밖에 없다. 교정적 경험을 통해 처리하지 않는다면, 치명적인 병리적 메시지는 천천히 힘을 축적해 결국 폭발하는 휴화산에 비유할 수 있다.

치료의 전제

*존재하지 마라*와 *제정신이지 마라*는 명령을 치료하기 위한 재결정치료의 전제는 다음과 같다.

1. 치명적 명령은 아동기에 암묵적으로 전달된다. 예를 들자면, 원치 않은 임신을 한 여성은 양육하면서 애착 형성에 실패할 수도 있는데 아기가 존재하지 않기를 바라는 메시지가 의도치 않게 전달될 수 있기 때문이다(존재하지 마라). 또는 부모들은 자녀들의 갈등과 분노를 인식하지 못하고 부정함으로써, 제정신이지 마라는 명령을 암묵적으로 전달할 수 있다.
2. 치명적 명령은 모든 명령에 우선하고 효과적인 치료를 위해서는 반드시 제거되어야 한다.
3. 병리는 과거에 내린 비합리적이고 파괴적인 결정에서 비롯되지만, 이러한 결정은 취소하고 건강한 결정으로 바꿀 수 있다.

이러한 세 가지 전제는 이 장의 기초가 된다. 재결정치료과정을 명확히 하기 위해 특히 존재하지 마라는 명령을 다룰 것이다. 그리고 이 정보는 제정신이지 마라는 명령에 동일하게 적용할 수 있다.

자살 금지, 타살 금지, 정신이상 금지 계약

나는 약간의 자부심과 겸손을 더해 자살 금지, 타살 금지, 정신이상 금지 계약(no-suicide, no-homicide, no-insanity contract) 협상에서 실패한 적이 없음을 밝힌다. 자부심은 내 작업이 잘되었다는 것을 돌아보는 것이고, 겸손은 위험한 주제를 다루는 것이 잠재적 모험이기 때문이다. 하지만 나의 성공은 탄탄한 이론과 효과적인 기법에 기인한다. 여기서 재결정 이론과 기법에 대해 간략히 소개하겠다.

재결정은 이론이자 기법이다. 재결정은 이론과 실제에서 인간은 건강하고 심리치료가 가능하다는 핵심 가정에 기초하고 개입 과정에 교류분석, 정신분석 및 게슈탈트 이론의 역동에 대한 가장 핵심적인 통찰을 통합한다. 만약 치료자가 개인적으로 이러한 가정들을 내면화하고 있지 않다면, 치명적인 명령에 대한 치료의 성공은 불확실하다. 이는 치료 중인 내담자가 치료자에게 공감적 애착을 갖고 있고, 치료자가 내담자에 대해 양가성을 가지고 있다면 내담자는 이러한 양가성을 직감적으로 알 수 있다는 일반적인 사실, 즉 전이에 기인한다.

치명적 명령의 지표

근거에 기반한 모든 접수 면접 절차는 내담자가 자살, 타살, 정신이상 상태에 있거나 또는 이러한 상태에 대한 두려움이 있는지 여부에 대한 질문으로 시작된다.

모든 내담자들이 접수 면접에서 완전히 솔직하지는 않다. 따라서 치료자는 이러한 질문에 대해 신뢰할 만한 대답을 얻지 못할 수도 있다. 만일 접수 면접 과정에서 치료자가 내담자의 솔직하지 못함을 직감적으로 느낀다면, 내담자가 위험에 처하지 않았다고 확신할 수 있을 때까지 이 이슈를 점검할 필요가 있다. 예를 들자면, "지금이나 과거에 자살을 시도한 적이 있나요? 라는 질문에 "아뇨. 생각해 보지 않았어요."라고 답하는 것을 솔직하고, 사실적이며, 치료자가 그것을 일치하는 진술로 인식한다면 더 이상 탐색할 필요가 없다. 그러나 "아니요"라는 대답을 회피하는 경우("아니요, 지금은 그렇게 생각하지 않습니다")는 더 많은 탐색이 필요하다. 또는 "아니요"가 내담자의 나머지 진술과 일치하지 않는 경우(내담자가 움찔거리거나 시선을 돌리거나 다른 접촉을 왜곡함으로써 신체적 불편을 반영하는 경우) 치료자는 추가 탐색을 해야 한다. 더 나아가 "당신이 '아니'라고 할 때 시선을 돌리셨는데, 알고 계셨습니까? 그것을 설명해 주시겠어요?" 다시 말해서, 임상가는 다른 주제로 넘어가기 전에 내담자가 편안해질 때까지 모든 부조화를 직시하고 탐색해야 한다. 이를 행하는 방법은 다음 사례에 설명되어 있다.

결정적이지만 주로 간과되는 또 다른 치명적 명령의 지표는 치료과정 중 비생산적 행동이다. 만일 치료 중인 내담자가 정보를 잘 이해하고 있지만, 치료실 밖의 삶에 적용하지 못한다면, 주 명령이 다루어지지 않았다는 표시일 수 있다. 치료 과정 중 치명적인 명령과 관련된 문제를 제기하는 것이 내담자가 밝히지 않았던 자살사고로 이어지는 것을 종종 발견한다. 일반적으로, 치료가 만족스럽게 진행되지 않을 때, 임상가는 내담자가 인식하지 못하거나 치명적인 명령이 없는지 확인해야 한다. 치료 동맹이 점점 더 공고해짐에 따라 과거의 잊혀진 일들이 떠오르는 것은 흔한 일이다.

치명적인 명령의 존재를 보여 주는 또 다른 지표는 치료자의 직관(intuition)이다. 만일 당신이 내담자와 상담할 때 자살, 타살, 정신이상 등의 문제가 갑자기 떠오른다면, 회기 중이든 어디에서든 치료자로서 이 문제를 탐색해야 한다. 이런 생각들은 직관에서 비롯된다. 직관은 놀라운 정보이기 때문에, 내담자로부터 이러한 정보를 받고 있다고 가정하는 것이 타당하다. 치료자로서 당신에게 그러한 직관적인 추측이 떠오를 때 당신은 이를 해결해야 한다. 이를 수행하는 방법은 다음 사례에서 다루어질 것이다.

치명적인 명령의 존재를 나타내는 4가지 주요 지표는 다음과 같다.

1. 명시적 진술
2. 언어와 감정의 부조화
3. 치료가 만족스럽게 진행되지 않는 경우
4. 치료자의 직관

치명적인 명령인 이 네 가지 지표 중 하나라도 치료자의 주의를 끈다면, 철저한 탐색이 필요하다. 이것은 강력한 표현이며, 치명적인 명령은 치명적인 행동으로 이어지며 어떤 상황에서도 방치해서는 안 된다는 의미이다.

치명적인 명령을 따르는 방식

치명적인 명령을 따르는 네 가지 방법이 있다.
1. 자살
2. 타살
3. 누군가를 도발하여 살인을 저지르게 하기
4. 정신이상

상담실 안팎에서 하는 어떤 활동이든 잠재적으로 치명적인 결과를 향해 살아가는 내담자는 그 사람의 마음에 치명적인 명령이 잠재되어 있음을 암시한다. 타살이나 살인을 부추기는 것은 맥락에 맞지 않는 것으로 보일 수 있다. 하지만, 타인의 생명을 빼앗는 것은 자기 파괴적인데, 예를 들어 외상 후 스트레스 장애가 이에 해당된다는 것을 상기시키는 바이다. 또한 타살을 유도하는 행위는 거의 연구되지 않았지만, 범죄 또는 성격 장애 내담자들 사이에서 흔히 나타나는 현상이다.

재결정과 치명적 명령

이전에 자살이나 타살을 생각했던 내담자가 다시 살기로 결정했을 때 쉽게, 열정적이고, 일관된 말을 할 것이다. "나는 무슨 일이 있어도 나 자신이나 누군가를 죽이지 않을 것이며 미치지 않을 겁니다. 나는 어떤 일이 있어도 누군가 나를 죽이거나 남을 죽이게 유도하지 않을 것이며 미치도록 부추기지도 않을 겁니다." 치료 중에 있는 내담자가 자유롭게 이 문장을 말하고, 치명적 사고의 치료를 통해 긍정적 감정과 안녕감을 보고할 때 재결정이 이루어진다. 이것을 입증하기 위해 다음 문장을 큰 소리로 따라 읽고 당신의 내적 경험을 인식하기를 권한다. "나는 어떤 일이 있어도 자살하거나 누군가를 죽이지 않을 것이고 미치지 않을 것이다. 나는 살아갈 것이다." 당신 자신이 이 진술을 선언하면 기분이 좋을 것이다.

임상 장면에서 재결정 경험은 종종 극적이고, 모두가 정서적 안도감을 느낀다. 자살이나 타살 명령을 극복한 내담자와 치료자에게는 치료 과정에서 정기적으로 이 결정을 강화하는 것이 좋은 훈련이 된다. 이것은 내담자에게 위 진술을 반복하게 하거나 치료자가 "당신이 자살하거나 타살하지 않고 혹은 미치지 않을 거라는 걸 확신하나요?"라고 사실대로 말하는 것으로 이루어진다. 내담자가 이 질문에 "예"라고 대답하고 긍정적인 영향을 보고하거나 입증하는 경우, 당면한 다른 문제를 진행해도 무방하다. 그러나 망설임, 불확실성 또는 긍정적인 감정이 없다면, 내담자가 분명한 정서적 안도감을 표현하고 내담자가 위험하지 않다는 것을 치료자가 확신할 때까지 내담자가 살기로 한 결정을 강화하는 것이 중요하다.

치명적인 명령은 대개 초기 무의식적 결정에 기인하고 인지적이고 직관적인 기억으로 신체와 정신 모두에 남아 있다. 재결정을 할 때 안도의 언어적, 비언어적 표현은 치명적인 명령을 효과적으로 폐기하는 주요 지표이다. 우리가 생명을 위협하는 위험에서 벗어났을 때 안도감을 느끼는 것처럼, 임상 환경에서의 정서적 안도감은 이제 그 사람이 새로 발견된 정신적 안전을 경험하고 있다는 것을 보여 준다. 즉, 치료자로서 우리는 내담자가 임박한 위험에 처해 있지 않다는 명확한 정보를 보고 듣기를 바란다.

재결정 과정과 치명적 명령

재결정치료자들은 각자의 독특한 스타일에 따라 다양한 기법을 적용한다. 그러나 절차는 동일하다.

이 과정의 작동 방식 다음과 같다.

내담자와 치료자는 변화 계약을 맺는다.(제2장 계약에서 다룸)

치료자 및/또는 내담자는 앞에서 언급된 치명적 명령의 지표 중 하나를 인지한다.

치료자는 현재의 순간에서 초기 결정을 하던 때로 되돌아 간 뒤 재결정 과정을 시작한다(다음 설명).

내담자는 원장면에서 감정 상태를 재경험하고 원장면에서 내린 결정을 깨닫는다.

내담자는 초기 장면에서 표현되지 않은 것을 명시적으로 표현함으로써 원장면을 완성한다.

내담자는 새로운 결정을 내리고 이 새로운 결정을 원장면의 심상에서 표현한다.

내담자는 그것을 명확하게 진술함으로써 치료자 및/또는 집단과 실질적으로 접촉하면서 이를 고정한다.

내담자나 치료자는 치료 중에 주기적으로 새로운 결정을 재확인함으로써 이를 강화한다.

이 과정은 새로운 결정을 내리는 단계에 대한 개요이다. 효과를 보장하기 위해 모든 요소가 포함되어야 한다. 그러나 순서는 다양할 수 있다. 또한 치료자와 내담자 간의 접촉은 "기법" 또는 강요가 아닌 진정성 있고 자유롭게 이루어져야 한다. 치료자는 진정한 접촉을 유지하고 재결정 과정의 모든 단계를 이행할 책임이 있다.

치명적 명령의 발견과 치료

사례 1은 치명적 명령과 무관한 일반적인 접수 절차로 확인 방법에 대한 예시를 보여 준다. 사례 2는 치명적인 명령이 관련된 경우에 재결정 기법이 적용되는 접수 과정을 설명한다.

사례 1

이것은 접수 절차 중 치명적인 명령의 존재를 확인하는 사례이다.

> **치료자:** 자살이나 타살을 생각한 적이 있거나, 미칠지도 모른다고 생각하신 적이 있나요?
>
> **내담자:** 음…. 아니요.
>
> **치료자:** 조금 주저하시면서 "음"이라고 하셨어요. 무슨 의미인가요?
>
> **내담자:** 글쎄요, 저는 가끔 자살에 대한 생각이 떠올라요. 하지만 오래 생각해 본 적은 없어요.
>
> **치료자:** 좋습니다. 제게 이렇게 말씀해 주시겠어요? "나는 무슨 일이 있더라도 나 자신이나 다른 사람을 죽이거나 미치지 않을 거예요."
>
> **내담자:** 네. [잠시 침묵] 지금 말하라는 건가요?
>
> **치료자:** 네. 큰 소리로 말씀하세요. "무슨 일이 있더라도 나는 나 자신이나

다른 사람을 죽이지 않을 것이고, 미치지 않을 거예요."

내담자: 알겠어요. 저는 저 자신이나 다른 사람을 죽이거나 미치지 않을 겁니다.

치료자: 기분이 어때요?

내담자: 잘 모르겠어요.

치료자: 저와 눈을 마주치고 다시 한번 말씀해 주세요.

내담자: [치료자를 쳐다봄] 무슨 일이 있더라도 나는 나 자신이나 다른 사람을 죽이지 않을 것이고, 미치지 않을 겁니다. [잠시 침묵] 좀 궁금해서 그러는데, 이건 무엇인가요?

치료자: 우리 나중에 얘기해요. 당신의 몸에서 무엇을 느끼고 있습니까?

내담자: 글쎄요, 저는 제 심장이 뛰는 것을 느끼고 있고 내가 그러지 않을 거라는 걸 더 개방적이고 분명하게 느끼는 것 같아요.

치료자: 좋습니다. 당신이 자기 파괴적 행동이라는 위험에 처해 있지 않다는 것을 알게 되어 기쁩니다. 그리고 우리 둘 다 치료 진행을 위해 당신이 이러한 위험에 처해 있지 않다는 걸 알아야 해요. 만약 당신이 치료 중이나 치료실 밖에서 이런 종류의 생각을 하게 된다면 저나 또는 다른 전문가에게 말씀해 주시겠어요?

내담자: 네.

치료자: 자살, 타살, 정신이상에 대한 생각은 치료 과정을 방해하고, 만약 그 생각들이 존재하거나 떠오른다면, 치료를 진행하기 위해서 제거해야 합니다. 그렇기 때문에 우리가 접수 면접에서 이런 문제를 다루는 것입니다. 혹시 질문 있으세요?

내담자: 아니요. 내가 스스로를 파괴하지 않을 것이라는 것을 알게 되어 기분이 좋습니다

치료자: 네, 좋습니다.

이 경우, 재결정이 아니라 재결정 이론의 과정을 안내했다. 게슈탈트 용어에서, 과정은 암묵적인 것을 명시적인 것으로 만든 것이다. 교류분석 용어로는 성인 자

아 상태는 명시적인 진술을 했고 아이 자아 상태는 안도와 자유를 경험했다. 치료자에게 명시적인 진술과 안도감을 보고하는 것은 치료 진행이 순조롭다는 명확한 지표이다.

사례 2

이것은 치명적인 명령을 다루는 재결정 과정의 단계를 보여 주기 위해 여러 실제 경험을 바탕으로 구성된 주석이 달린 사례 시나리오이다.

치료자: 자살, 타살, 정신이상에 대해 생각해 보거나 걱정한 적이 있나요?
내담자: 네, 가끔요. 하지만 오늘은 그다지 문제가 되지 않습니다.
치료자: 그 생각들에 대해 말씀해 주세요.

이 시점에서 치료자는 상황을 평가할 수 있도록 아무리 오래된 얘기일지라도 어떻게든 이야기를 들을 필요가 있다. 특히 생각이 실행계획으로 발전한 정도와 생각의 빈도를 알아야 한다. 자살, 타살, 또는 정신이상에 대한 생각이 누군가의 뇌리를 스친다는 사실은 드문 일이 아니지만, 치료로부터 충분한 효과를 얻기 위해서는 그러한 생각을 품거나 더 진전시키지 않기 위해 명확한 명시적인 결정을 내리는 것이 중요하다. 따라서 위 질문에 "예"라고 한 대답은 임상 평가가 필요하다. 위의 사례 1에서와 같이, 내담자의 그러한 생각이 일시적이고 미미하다면, 내담자의 명확한 진술과 정서적 완화의 표현은 치료를 진행하는 데 충분한 지표가 된다. 하지만, 과거 또는 현재의 자살, 타살 또는 정신이상에 대한 이야기의 세부 사항을 들을 때 당신은 치료 절차를 결정해서 위험을 제거해야 한다.(항상 지나치다 싶을 정도로 주의하는 것이 가장 좋다.) 이야기를 듣고 평가한 후에는 다음과 같이 진행한다.

치료자: 마지막으로 자살이나 타살 또는, 미칠 것 같다고 생각했던 때를 떠

올려 보세요! 그리고 그 상황을 설명해 주세요. [이 질문은 객관적인 어른 자아 상태에서 전달되어야 한다.]

내담자: 2년 전쯤 여자친구가 먼저 헤어지자고 한 후였어요. 그때 '다 부질없어, 내가 원하는 그런 관계는 이제 결코 없을 거야. 차라리 죽는 게 낫겠다'고 생각했어요.

치료자: 그리고 나서 무엇을 했습니까? [치료자는 자살 생각을 하기 이전, 하는 순간, 그리고 그 후, 사건의 흐름에 대한 파악을 하고자 한다.]

내담자: 글쎄요, 그냥 그 생각이 사라졌어요. 한동안 우울했고 그러고 나서 저는 그냥 계속 살아왔어요.

치료자: 지금도 우울합니까?

내담자: 조금요.

치료자: 얼마나 오랫동안 조금 우울했습니까?

내담자: 모르겠어요. 아마 이별 이후로 좀 우울했던 것 같아요.

치료자: 청소년기에 당신이 우울했던 경험에 대해 말해 보세요.

내담자: 특별히 기억나는 건 없어요.

치료자: 제가 질문했을 때 가장 먼저 떠오른 것은 무엇입니까?

종종 이런 유형의 개입이 있을 때, 내담자는 동일한 감정에 대한 명확한 기억을 가지고 있지 않다. 내담자는 직관적인 인식을 나타내는 자동적 "플래시(flash)"를 경험한다. 내담자가 직관적 사고를 경험할 때 당신은 그것을 다루기를 원할 것이다. 만일 그렇지 않다면 이 과정은 생략할 수 있다.

내담자: 글쎄요, 적절한지는 잘 모르겠는데, 저는 제 강아지를 생각했어요. 제가 고등학교를 졸업할 무렵 죽었어요. 그는 나의 친구였고, 나는 그와 같은 친구가 다시는 없을 거라고 생각했던 거 같아요.

여기서 내담자는 약간 슬퍼보이고 치료자는 그가 여전히 상실을 애도하고 있다는 것을 알고 있다. 이 슬픔은 치료의 어느 시점에서 끝내야 할 것이다. 하지만, 이 시점에서 그것을 다루는 것은 삶에 대한 명확한 결정과 자살의 위협을 제거하는 과정에 방해가 될 수 있다.

치료자: 당신은 여전히 당신의 강아지를 그리워하는 것처럼 들립니다. 강아지가 죽은 뒤 일어난 일을 말씀해 주세요
내담자: 여름 계획을 세우느라 바쁜 생활이 지속되었습니다.
치료자: 슬픈 시간이었습니까?
내담자: 네. 저는 여름 내내 일하고 친구들과 어울리며 보냈습니다. 대학 가기 전 행복한 시간일 거라고 생각을 했던 것이 기억납니다. 하지만 그렇지 않았어요.

여기서 치료자는 뚜렷한 패턴을 보고 있다. 상실, 종결 실패, 그리고 경미한 수준의 지속적인 우울증. 다음 단계는 내담자가 "초기 장면"과 접촉하는 것이다. 이 장면은 원래 상실을 다루기 위해 고안된 것이다.

치료자: 당신이 우울했던 어린 시절에 대해 말해 주세요.
내담자: [긴 침묵] 할머니가 돌아가신 때였던 것 같아요. 할아버지가 전화하셨을 때 저만 집에 있었어요. 할아버지는 엄마에게 빨리 오라고 말하라고 하셨어요. 저는 자전거를 타고 엄마가 성가대 연습을 하던 교회로 가서 할머니가 아프셔서 할아버지가 빨리 오라고 하셨다고 말했어요.
그 말을 듣고 엄마는 히스테리를 보였고, 저를 교회에 선 채로 혼자 남겨 둔 채 서둘러 떠났어요. 그날 밤늦게 엄마가 할아버지에게 전화를 해서 "아이들에게 뭐라고 말할까요?"라고 하는 것을 들었어요. 그리고 제게는 모든 것이 괜찮으니 잠자리에 들라고 말했고, 나중에 집에 왔어요. 저는 그것이 사실이 아니라는 것을 알았지만 아무 말도 하지 않았어요. 다음 날 아침, 엄마가 할머니가 돌아가

셨다고 말했어요. 그냥 태연한 척했지만 저는 정말 슬펐어요.
치료자: 그 다음에는 어떻게 됐나요?
내담자: 저는 계속 슬퍼하고 아무에게도 말하지 않았어요.

여기에 중요한 초기 장면이 있다. 바로 상실을 다루는 내담자의 프로토콜이 설정되는 장면이다. 치료자는 내담자가 자신의 생각과 욕구는 중요하지 않다고 결정하는 것을 상상할 수 있다. 프로토콜이 분명해진 현재 치료자의 전략은 내담자가 그 장면을 재경험하고 결정을 발견하게 하는 것이다.

치료자: 그 장면을 떠올려 보세요. 할머니가 돌아가셨다고 말하는 어머니를 상상해 보세요. 몇 살인가요? 당신은 어떻게 생각하고 느끼십니까?
내담자: 오래전 일입니다. 9살이었어요.
치료자: 네, 하지만 당신에게는 여전히 생생한 것 같아요.
내담자: 네…. 제가 9살 아이가 된 것 같고 아무도 저를 신경 쓰지 않는 것 같아요. [내담자는 이 시점에서 슬퍼 보인다.]
치료자: 슬퍼하세요. 그리고 당신이 무슨 생각을 하고 있는지 말해 주세요.
내담자: [매우 슬픈 표정] 저는 할머니를 정말 사랑했어요. 할머니는 저와 함께 현관 그네에 앉곤 했어요. 그리고 간식도 주셨지요. 나는 할머니를 그레이엄 크래커라고 불렀는데 할머니는 언짢아하셨어요. 그런 의미가 아니었는데. 난 그저 할머니와 함께 있는 걸 내가 얼마나 좋아하는지 그녀에게 말하고 싶었어요. 내가 그레이엄 크래커를 좋아하는 것처럼 할머니가 돌아가셨다는 말을 들었을 때 '누가 나한테 그렇게 잘해 줄까'라고 생각했어요. 할머니는 돌아가셨고 그녀처럼 저와 가까운 사람은 아무도 없을 거에요. 슬펐어요.
치료자: 지금도 슬픈가요?
내담자: 네. 그 일을 생각하면 지금도 슬픕니다.
치료자: 슬퍼하면서 앞에 어머니가 있다고 상상하세요. 당신 안에서 무슨

일이 일어나고 있는지 말하세요.

내담자: 엄마한테 말할 수 없어요.

치료자: 이렇게 말해 보세요. "엄마, 저는 엄마한테 제 기분을 말할 수 없어요. 왜냐하면..."

내담자: 엄마, 엄마가 너무 슬퍼해서 제가 어떤 기분인지 말할 수 없어요. 할머니가 없어서 제겐 아무도 없어요. 나도 죽었으면 좋았을 텐데요.

치료자: "나도 죽었으면 좋았을 텐데."라고 다시 한번 말해 보세요.

내담자: [눈물] 엄마, 저도 죽었으면 좋았을 텐데요. 엄마는 너무 슬퍼서 저를 도와줄 수 없어요. 제 곁엔 아무도 없어요.

여기서 치료자는 내담자가 감정을 충분히 느끼고 그 결정을 들으며 감정을 표현할 시간을 주어야 한다. 그리고 치료자는 다음과 같이 새 결정을 위한 장면을 설정한다.

치료자: 당신이 필요하고 원하는 것이 무엇인지 엄마에게 말해 보실래요?

내담자: 그럴게요. 하지만 아무 소용이 없을 거예요.

치료자: 어쨌든 말해 보세요. 당신 앞에 있는 어머니를 상상하시고, 말해 보세요. "아무런 도움이 되지 않을 거라는 걸 알지만, 나는 ...게 느껴요... 그리고 나는 ... 원해요..."

내담자: 소용이 없을 거라는 건 알지만, 저는 너무 외롭고 무력해요. 그 누구도 할머니처럼 날 사랑하지 않을 거란 걸 알아요. 날 돌봐 줄 사람이 필요한데 엄마는 그럴 수 없고 아무도 없을 거예요. 나도 할머니처럼 죽었으면 좋았을걸. [여기서 치료자는 내담자가 자신을 죽일 암묵적인 결정을 듣는다. 내가 존재하지 않았다면 이런 고통을 느끼지 않았을 텐데. 나는 외롭고 혼자이고 아무도 나를 신경 쓰지 않는다.]

이제 치료자에게 결정이 명확해지고, 내담자는 원장면에서 그가 생각하고 느끼는 것을 말했다. 이제 재결정을 요청하는 것이 적절해졌다. 이를 위해 치료자는 내담자에게 합리적인 정보를 제공해야 한다.

치료자: 이 세 장면에서 공통점이 보이나요? 당신은 상실로 고통받는데 위로를 받기 위해 손을 내밀지 않고, 당신의 생각과 감정을 억누릅니다. 그리고 모든 것이 절망적이어서 차라리 죽는 게 낫다고 결정합니다.

내담자: 네…. 역학관계는 동일해 보입니다. 제가 원하는 것을 얻을 수 없으면 죽기로 결정한 것 같아요.

치료자: 제게도 그렇게 들립니다. 결정을 바꾸고 싶나요?

내담자: 네. 저는 죽고 싶지 않습니다. 저는 살아서 행복하길 바라요. 그게 제가 여기 온 이유예요.

치료자: 그래서 저도 여기 있는 겁니다! 자, 당신의 어머니가 앞에 계신다고 상상하시고 그녀에게 그렇게 말하세요.

여기서 치료자는 내담자의 감정과 말이 일치하는지 확인해야 한다.

내담자: 엄마, 외할머니가 돌아가셔서 엄마가 고통스럽다는 걸 알아요. 하지만 저도 엄마가 필요했어요. 그동안 외할머니가 나의 유일한 위안이었음을 엄마가 이해해 주길 바랐어요. 엄마 아빠는 싸우고 난 혼자였어요. 나는 돌봄이 필요했고, 이야기할 사람이 필요했는데, 엄마는 없었고, 아무도 없으니 차라리 죽는 게 낫겠다고 결심했어요. [멈춤] 그래서 저는 죽더라도 강해지기로 결심했어요. 그것은 아주 오래전 일이예요. 이제 나는 살 겁니다. 나는 나 자신을 망가뜨리지 않을 거예요.

치료자: 다시 한번 말씀해 주세요.

내담자: 저는 살 겁니다. 나는 나 자신을 파괴하지 않을 겁니다.

치료자: 무슨 일이 있더라도.
내담자: 무슨 일이 있어도 나는 나 자신을 파괴하지 않을 것입니다. 나는 살 것입니다.
치료자: 기분이 어때요?
내담자: 조금 슬프지만 행복합니다. 흥분돼요
치료자: 당신 신체에 무슨 변화가 일어나고 있나요?
내담자: 숨쉬기가 편해요. 가슴이 움직이는 것을 느낍니다. 자랑스러운 기분이 들어요.

안도감을 보고하는 것은 새 결정의 주요 지표이다. 이때, 치료자는 내담자를 과거의 장면에서 현재로 이동시키는 것이 필요하다. 치료 작업이 집단 장면에서 수행되는 경우, 내담자는 집단에 자신의 결정을 발표하도록 한다. 개인 치료의 경우 내담자는 당신과 눈을 맞추고 새로운 결정을 발표하도록 한다.

치료자: 집단을 둘러보세요. 사람들의 얼굴 표정을 보세요. 그들이 당신에게 느끼는 공감과 그들의 얼굴에 나타난 행복을 느끼면서 그들에게 말하세요. "나는 어떤 일이 있더라도 나를 파괴하지 않을 겁니다. 나는 살아갈 겁니다."
내담자: [집단을 바라봄] 저는 제 자신을 파괴하지 않을 겁니다. 나는 살아갈 겁니다.
치료자: 나는 어떤 일이 있어도 나 자신을 무너뜨리지 않을 것입니다.
내담자: 어떤 일이 있어도 나를 파괴하지 않을 겁니다. 정말 기분이 좋아요.
치료자: 우리도 기분이 좋아요. 이 방에 있는 사람들이 얼마나 감동했는지 보세요. 당신이 느끼고 생각하는 것을 우리에게 알려 줌으로써 우리가 당신에게 도움이 될 거라고 생각합니다. 살기로 결정함으로써 당신은 스스로에게 도움이 될 수 있었습니다. 집단에 더 하고 싶은 말이 있습니까?
내담자: 감사합니다. 여기 있어 줘서 감사합니다.

치료자: 여기 있어 줘서 감사합니다. 우리 모두에게 도움이 되었어요.

이 시점에서 재결정이 완성되었다. 당신은 내담자가 우울해할 때마다 이 결정을 떠올리도록 내담자에게 알려 줘야 한다. 당신은 또한 집단원들에게 내담자를 축하하고 지지할 기회를 줄 수 있다.

치명적인 명령 및 추가 임상 작업

재결정 작업을 통해 앞으로 치료 과정에서 다루어야 할 몇 가지 중요한 치료 과제가 도출되었다. 작별 인사를 함으로써 그의 여자친구, 할머니, 그리고 반려견과의 장면을 종결해야 한다. 그의 어머니의 정서적 부재와 관련된 문제들도 치료 과정에서 다루어져야 할 것이다. 하지만 스스로를 파괴하지 않겠다는 결정이 가장 먼저 내려져야 한다. 다른 문제들은 치료자가 제기하거나 자연스럽게 나타날 수 있다. 한 가지 더 참고할 점은 이 회기 동안에는 재결정의 강도를 분산시킬 수 있으므로 추가 작업을 이어 가는 것은 바람직하지 않다.

재결정 과정과 치명적 명령을 다루는 절차

접수 면접 중이든 치료 과정에 있든, 내담자의 이야기나 치료자의 직관으로 치명적인 명령과 마주할 때 치료자는 어떤 일이 있더라도 자신이나 다른 사람을 죽이지 않을 것이며, 고의나 사고로 미치지 않을 것이라는 명확하고 일치된 진술을 내담자로부터 받는 것이 필수적이다. 내담자와 치료자 모두의 보호를 위해 반드시 필요하다. 만약 당신이 내담자로부터 살아가겠다는 명확한 결정과 치명적인 명령을 따르지 않겠다는 결정을 얻을 수 없다면 내담자에게 보호를 제공하는 것, 즉 내담자를 입원시키거나, 또는 종결하기 전에 내담자의 안전을 위해 충분한 준비를 해야 한다.

내담자의 저항 다루기

내담자는 종종 "그렇게 말할 수 없습니다."라고 말할 것이다. 치료자는 "할 수 있어요! 그 말을 못하겠다는 건가요, 아니면 안 하겠다는 건가요?"라며 대응해야 한다. 이것은 종종 "할 수는 있지만 진심은 아니에요."로 이어지고, 치료자는 "'무슨 일이 있어도 자살하지 않을 것'이라는 말을 할 수 있습니까? 지금 그 말이 진심인지는 중요하지 않습니다."라고 말한다. 이것은 시간과 노력이 필요하지만 당신의 목표는 내담자가 그 단어들을 크게 소리 내어 말하게 하는 것이다. 내담자가 말을 하게 하는 데 성공한 후, 감정을 확인해야 한다. 만일 안도감이 보고되지 않는다면, 안도감을 보고할 때까지 반복해서 말하게 해야 한다. 진행하면서 다양한 변형과 다양한 수준의 저항을 처리해야 할 수도 있다. 치료가 진행되기 전에 내담자에게 살겠다는 결정이 필수적이라고 단호하게 말할 수도 있다. 당신은 내담자가 살기로 결정할 때까지 상담실에서 내담자를 내보내지 않을 것이라고 말해야 할지도 모른다. 당신이 해야 할 일이 무엇이든, 완강히 버텨라. 당신이 가진 비장의 카드는 바로 내담자의 타고난 건강한 자아가 살고 싶어 하고 동맹이 필요하다는 것이다. 치료자는 내담자의 가장 본연의 부분인 본연의 아이 자아 상태에서 신뢰를 얻어야 한다. 무슨 일이 있더라도 치료자는 내담자의 신뢰를 얻고 타고난 건강한 자기와 동맹이 되어 살아야 한다는 결정을 이끌어 내야 한다. 이것이 치료적 동맹의 기초이다.

재결정 과정

1. 현재의 감정에서 시작한다.
2. 그 감정을 초래한 장면을 규명한다.
3. 동일한 감정이 있었던 청소년기의 장면을 확인한다.
4. 감정 이전에 발생한 사건과 감정의 결과로 발생한 것을 확인한다.
5. 초기 장면을 확인하는데, 같은 감정이 존재했던 생의 초기 몇 년 동안이 가장 적합하다.

a. 감정을 유발한 사건을 확인한다.
   b. 감정의 결과로 발생한 행동 및/또는 결정을 확인한다.
6. 이 과정을 내담자에게 인식시킨다.
7. 내담자가 그 장면에 다시 들어와 충만함을 느끼고 원래 장면에서 억압되었던 감정과 생각을 표현하도록 설정한다.
8. 자살이나 타살 또는 정신이상이 되는 결정에 대한 재결정을 요청한다.
9. 지금 여기에서 만나는 사람들과 새 결정을 강화할 수 있는 방법을 내담자에게 제공한다.
10. 내담자가 오래된 익숙한 감정을 느끼거나 치명적 사고에 빠져들 때는 언제나 이 결정을 떠올리라고 교육한다.
11. 만일 자살, 타살, 정신이상 등이 문제가 될 때는 당신 또는 다른 전문가에게 연락하도록 계약한다.

추신

교류분석에서 치명적 사고는 "각본"(script)의 결과이다. 교류분석 치료자가 되는 것은 개인의 선택이지만, 대부분의 치료 접근법에서는 병리적 활동의 원인이 되는 각본의 존재를 인정한다. 치명적 활동은 모든 치료와 심리학 이론에 따르면 병리적이다. 따라서 당신의 이론적 지향이 무엇이건 간에 치명적인 생각과 활동을 체계적이고 효과적으로 다룰 방법이 중요하다. 재결정치료는 이러한 문제들을 다루는 데 저자가 알고 있는 한 가장 효과적이고 최선의 방법이다. 이론적 배경과 상관없이, 재결정 과정에 대한 이해를 더하면 당신의 개입 기법은 효과성이 더 높아질 것이다.

참고문헌

Phillips, R. D. (1975). *Structural Symbiotic Systems*. Chapel Hill, NC: privately published.

5

재결정치료에서 초기 장면

매리 맥클루어 굴딩 *Mary McClure Goulding*, M.S.W.

내담자들이 아동기 결정에 갇혀 현재 삶에서 스스로를 상처 입히고 성장이 가로막혀 있을 때 재결정을 한다. 이러한 재결정은 종종 아동기 초기 장면(early scene)의 맥락에서 만들어진다. 가끔 이러한 장면이 실제로 있었던 일이기도 하고, 때로는 내담자가 믿고 있는 것이기도 하다. 심리치료 분야에서는 가짜 기억 증후군에 대한 논쟁이 있는데, 그 이유는 치료자들이 내담자가 말하는 각 장면의 타당성을 판단해야 한다고 생각하기 때문이다. 치료자들은 탐정이나 판사, 또는 배심원이 아니다. 그들의 역할은 진실을 밝히는 것이 아니다. 그들은 내담자들이 자신의 삶에서 가능한 잘 대처하도록 돕는 것이다. 과거 장면은 이러한 과업에 유용하다.

일반적으로 나는 내담자를 신뢰하고, 그런 신뢰가 문제가 되지 않는다는 것을 안다. 중요한 것은 내담자가 실제나 심상을 통해 과거로부터 회복하고 충만한 삶으로 나아가는 것이다. 나는 내담자에게 나치의 강제 포로수용소인 다하우에서 자란 사람은 강제수용소를 떠나야 한다고 말한다. "수년 전에 폐지된 강제수용소에서 일생을 보내는 것은 너무나 끔찍한 일이다. 나는 당신이 다하우에서 살지 않도록 당신과 함께 노력할 것이다. 당신이 공포나 비극에서 더 이상 시간을 보내지 않도록 내가 할 수 있는 한 가장 빠르게 돕겠다."라고 말한다. 다른 어떤 목표도 내담자에게는 합당하지 않다.

교류분석 용어로 우리는 명령, 결정, 재결정에 대해 이야기한다. 명령은 부모,

다른 가족 구성원, 사회, 때로는 자녀가 어릴 때 부모가 사망함으로써 운명이 준 비합리적 메시지이다. 어린 시절 결정은 이러한 명령에 반응해서 만들어진다. 재결정은 어린 시절의 초기 결정을 바꾸거나 대체하는 새로운 결정이다. 내담자와 함께한 재결정치료에서 어린 시절 장면을 사용하는 사례를 보도록 하자.

명령: 존재하지 마라(Don't Exist)

결정: 만일 상황이 나아지지 않는다면 나는 자살할 것이다. 내가 죽으면 당신은 후회할 것이다. 나는 쓸모가 없는 존재이니 죽는 게 낫다.

필요한 재결정: 나는 자살하지 않을 것이다. 나는 자신을 돌볼 것이다. 나는 쓸모없는 존재가 아니다. 나는 나 자신에게 유일하고 가치 있는 존재이다.

장면: 내담자들은 그들이 원치 않았고, 사랑받지 못하거나 짐이 되는 것으로 느꼈던 특정한 장면을 심상으로 만난다. 신체 학대를 받은 한 내담자는 침대에 배변 실수를 하여 맞았던 것을 기억한다. 그는 차라리 죽기를 바랐다. "나는 아버지가 나를 죽이기를 바랐어요." 그는 어린 시절의 고통을 재경험하고, "결국 나는 살아남았어요, 나는 자살하지 않았고 지금은 그럴 필요가 없어요." 그는 아버지에게 이렇게 말하는 것을 상상한다. "아버지가 내게 한 일에도 불구하고, 나는 계속 살아갈 거예요." 그가 현재의 어른인 상태로 그 장면에 다시 들어가서, 과거에 상처 입은 아이를 안으며 이렇게 말한다. "나는 네가 이처럼 공포스러운 환경 속에서도 잘 버텨 준 게 너무 자랑스러워. 나는 네가 살아가도록 할 거야. 나는 너를 잘 돌볼 것이고, 잘 대해 줄게. 너를 안전하게 지켜 줄게."

장면: 내담자는 그의 가족이 가장 가난했던 장면을 선택하고, 그때로 돌아가는 것을 상상한다. 아이로서 그의 존재 자체가 그들에게 큰 부담이 된다고 믿는다. 가족은 아이들이 너무 많고, 음식은 충분치 않다. 그는 죄책감과 슬픔을 느끼다가 "가족 내에 아이들이 많은 것은 내 탓이 아니라 엄마, 아빠 탓이다. 나는 당신들의 무책임함에 책임이 없다."라고 말한다. 또 다른 내담자는 만성적 가난에 대한 이슈로 상담을 하면서, "네, 힘들었어요. 무엇을 해야 할지 몰랐어요. 삶이 그토록 힘들

었지만 우리 모두 살아남았어요. 우리가 살아남게 해 줘서 고마워요. 이제 나는 나로 살아갈 거예요."

내담자는 어린 시절의 각 장면을 기억하고 선택하는데, 그 장면이 일어났던 당시의 실제 상황을 먼저 이야기하고 느낀 다음, 그 장면 내에서 새로운 발견을 하도록 권유한다. 때로 단일 회기에서 끝나는 경우도 있고, 때로는 몇 회기가 걸릴 수도 있다.

명령: 믿지 마라(Don't Trust) 또는 친밀해지지 마라(Don't Be Intimate)

결정: 나는 다시는 남자든, 여자든, 누구든 믿지 않겠다.

필요한 재결정: 나는 이제 엄마(아빠)의 얼굴을 세상 사람들에게 투사하지 않겠다. 나는 내가 사랑하고 신뢰할 수 있는 누군가를 찾을 것이다.

장면: 내담자는 아버지가 가족을 버린 날을 기억한다. 그녀는 아버지를 상상 속으로 불러내어 "아빠, 당신처럼 쓸모없는 남자를 찾으려고 전국을 헤맸어요 그런데 불행하게도 그런 사람들이 많네요. 오직 쓸모없는 사람만이 내 흥미를 끌어요. 그런데 이젠 화가 나요."라고 말한다. 그녀의 재결정은 "나는 신뢰할 만한 사람을 찾을 거예요. 그런 남자가 있다는 것과 그런 사람을 찾을 수 있다는 걸 알고 있어요. 나는 꼭 찾을 거예요."

장면: 어린 시절 내담자는 침대에 누워서 울고 있다. 그가 옥수수밭에서 여름 내내 일해서 번 돈 전부를 알코올중독인 어머니가 가져갔다는 것을 알게 되었다. 그가 기억된 장면을 떠올렸을 때, 좌절과 분노를 경험하고, 다시는 누군가를 믿어서는 안된다는 결정을 내렸다. 그는 베개를 치면서 어머니에게 울부짖었다. 분노가 사그라들었을 때 치료자는 어머니가 그에게 했던 것 대신에 그가 옥수수밭에서 일할 때 그의 강인함과 인내력을 인지하고 있는지와 자신을 자랑스러워하는지 질문했다. "네. 그것은 제가 한 또 다른 결정인데, 무슨 일이 있어도 옥수수밭을 벗어나겠다는 거였어요. 그건 잘한 결정으로 판명되었지요." 그는 열심히 일했고 성

공적이었다. "저는 제가 자랑스러워요." 그는 뒤로 편하게 기대앉아, 집단치료에서 나중에 보고하기를, "나는 스스로가 녹아내리는 것 같았어요, 녹는 건 제 자신이 아니라 제 갑옷이에요. 나는 더 부드럽고, 사랑을 원하는 것 같아요. 나는 사랑을 찾을 거예요. 나는 이제 사랑을 받아들일 수도 있어요. 모든 여성들이 제 엄마는 아니에요."

명령: 성장하지 마라(Don't Grow)

결정: 나는 너무 작고, 약하고, 무력하고 너무 어리석어서 어른들의 일을 할 수 없다.

필요한 재결정: 나는 성인이고 통합된 기능(하나의 역할)을 한다.

장면: 내담자는 잠자리에 들기 전 밤, 형이 그의 숙제를 대신해 주는 장면을 선택한다. 치료자는 그 장면에서 실험을 하기를 요구한다. "당신이 둘째가 아니라 첫째로 태어났다고 상상하세요. 어떻게 달라질 것 같은가요?" "글쎄요, 여전히 엄마가 저 대신 숙제를 하겠지요." 내담자는 한숨을 쉰다. "만일 내가 맏이고 똑똑하다면, 아는 것이 즐겁고 내 일은 내가 할 수 있을 거예요. 유능함을 느끼는 건 즐거운 일일 거예요" 그는 한숨을 쉰다. 몇 회기가 지난 후 그는 재결정을 한다. "나는 꾸물거리고 투정부리고 아무것도 안하면서 누군가가 나를 구원해 줄 때까지 기다리는 데 지쳤어요. 나는 똑똑해질 기회를 놓쳤어요. 나는 멍청하지 않았어요! 게으른 거였어요! 내가 귀엽고 아주 멋진 가족 내 멍청이라는 것을 믿는 데 신물이 나요!" 모든 재결정치료에서 재결정을 공고히 하기 위해서는 현재의 장면에서 개인의 변화가 필수적이다. 현재 장면에서 내담자는 "나는 자격 시험에서 세 번이나 실패했어요. 이제 예비 시험 과정에 등록해서 개인과외를 받을 생각이예요. 내게 정답을 알려 주는 것이 아니라 효과적으로 공부하는 방법을 배우기 위해서예요. 그게 제 삶에서 근본적 차이를 만들 거예요."

장면: 내담자는 거실에서 엄마와 함께 있는 장면을 회상한다. 그녀는 그를 백만 번이나 "아기"라고 부른다. 그는 그녀에게 "엄마, 엄마는 아기가 필요한지 모르지

만, 나는 다 컸어요. 나는 이제 아기가 아니에요! 엄마는 위험하다고 생각하겠지만 나는 지금 문 앞으로 걸어나가서 도로를 건너 도서관으로 가서 체스책을 읽을 거예요."라며 맞선다.

명령: 너의 성별이 되지 마라(Don't Be the Sex you Are)

결정: 나는 남자 몸에 갇힌 여자여서 어디에도 어울리지 않는다.

재결정: 나는 있는 그대로의 나를 받아들이고, 나는 내게 어울린다.

장면: 내담자는 학교 운동장에서 다른 소년들로부터 계집애 같다고 놀림과 괴롭힘을 받고 있다. 그는 울고 있다. 그는 고통과 자기혐오를 느끼다가 그들의 행동이 혐오를 불러일으키는 것이라는 것을 깨닫는다. 그는 "너희들이 뭐라고 생각하든, 나는 나를 인정해."라고 말한다. 잠시, 그는 그들과 맞서 싸울 용기를 가지길 소망했으나 "아냐, 나는 신체적으로 싸우는 사람이 아니야. 그리고 나는 나를 존중해. 나는 싸우지 않는 내가 좋아. 정말이야. 나는 남자보다 여자라고 믿지만, 그런 내가 부끄럽진 않아."라고 말한다.

다음 회기에서, 내담자는 동일한 장면에 들어가서 성인이 된 자신의 모습으로 어린 자신을 괴롭히는 아이들로부터 그를 데리고 나온다. 그는 이제부터 아이를 존중하고 보호할 것을 약속하고, 자기-방어의 유형을 탐색하며 그 안에 있는 아이를 보호하기 위해 호신술을 배우기로 결심한다.

결정: 나는 여성이기 때문에 남자들의 종이 되어야 한다. 나는 여자가 되고 싶지 않다.

재결정: 나는 여성이고 내 직업을 내가 선택할 수 있다.

장면: 내담자는 가족의 저녁 식사 자리에서 그녀의 엄마를 도와 남자들을 위해 음식을 나르고 있다. 그 뒤 그녀와 엄마는 식탁을 치우고 설거지하고 다음 식사를 위해 테이블을 정리하고 있다. "나는 이 장면이 싫어요! 나는 굽신대는 행동이 싫어요! 나는 어린 시절을 가족 내에서 남자들에게 봉사하며 보냈어요. 그게 바로 내

가 남자로 태어나길 바랐던 이유예요. 내가 하고 싶었던 것은 그들의 얼굴에 음식을 던지는 거예요. 그 안일한 얼굴들- 삼촌, 아빠, 형제들... 나는 더 이상 그들의 노예가 아니에요!" 그녀는 그들에게 음식을 집어던지고, 깔깔 웃으며 집 밖으로 당당하게 걸어 나가는 상상을 한다. 그날 저녁, 그녀는 남편에게 "내가 당신에게 화내는 것은 아니에요. 우리가 해야 한다고 생각했던 역할에 분노한 거예요. 내가 단지 여자이기 때문에 가족의 노예가 될 수는 없어요. 나는 요리도 음식 차리기도 하지 않을 거예요. 나는 제법 수입이 좋고 당신도 마찬가지예요. 우리는 가정부를 고용해서 저녁 식사나 간식을 준비할 수 있어요. 만일 당신이 요리하려고 한다면, 당신이 할 수 있어요. 나는 요리하지 않을 거예요. 내가 요리를 즐겁게 선택하기 전까지는 하지 않을 거예요. 그런데 내가 그렇게 건강하게 될지는 의문이에요. 하지만 나는 여자와 노예를 분리할 때 여성임을 좋아할 수 있다는 것을 배우고 있어요"

명령: 아이처럼 굴지 마라(Don't Be a Child)

결정: 나는 어린 동생들을 돌볼 것이다. 그리고 나는 계속 그들을 원망할 것이다.

재결정: 나는 동생들이나 그 누구의 보호자가 아니다.

장면: 내담자는 공원에서 어린아이들과 함께 있는 상상을 한다. 엄마가 퇴근할 때까지 그들을 돌본다. 계속되는 아이 돌봄에 거대한 분노와 자신의 어린 시절을 잃어버린 것을 슬퍼하며 "좋아, 애들아. 너희들은 착하고, 너희들이 어린 건 너희 탓이 아냐. 그러나 이제 더 이상은 안돼. 너희들이 더 나이가 들어야 스스로를 돌볼 수 있지." 그녀는 지금은 30~40세가 된 동생들이 그녀 집 거실에 함께 앉아 있는 상상을 한다. 그녀는 "너희들이 알아서 해. 진심이야. 나는 사회복지사의 충고대로 너희를 더 이상 짐으로 여기지 않을 거고, 돈도 빌려주지 않을 거야. 너희는 내 도움이 필요 없고 이제 이 사실을 알았으니 우리는 더 좋은 친구가 될 거야."

명령: 즐겁게 지내지 마라(Don't Have Fun)

결정: 나는 열심히 일할 것이고 절대 놀지 않겠다.
필요한 재결정: 나는 즐겁게 노는 법을 배우겠다.
장면: 어린 시절 매주 토요일의 모습이다. 내담자와 그의 부모님은 종일 청소하고 정원을 가꾸었다. 이 장면에서 내담자는 비명을 지른다 "이것은 끔찍하게 사는 거예요! 정원에 잡초가 좀 있어도 마루에 먼지가 조금 있더라도 누가 신경 쓰겠어요? 당신의 문제는 아이처럼 즐기는 방법을 모른다는 거예요. 그래서 저도 아이처럼 살지 못하고 있어요. 이제 나는 당신처럼 어른이 되었어요. 하지만 이제 나는 변할 거예요. 어떻게 해야 할지 방법을 모르겠어요. 그러나 이제 이 집단의 사람들에게 주말에 재미로 무엇을 하는지 묻고 제가 아는 모든 사람들로부터 제안을 받기 시작할 거예요. 나이 50에 나는 아이처럼 살아 보기로 했어요." 그는 상상 속에서 그와 아빠가 잡초를 뽑는 뒤뜰로 간다. 그는 아빠에게 "나 이제 떠날 거예요. 재미있는 모든 걸 배우기 위해 시내에 놀러 갈 거예요." 그는 시내에 있는 상상을 하며, 웃고 떠드는 아이들을 본다. 그는 공을 튕기고, 그네를 타며, 개구리가 곤충을 잡는 모습을 보기 위해 개울가에 가까이 간다. 이것을 상상하며 그는 활짝 웃는다.

이 장면에서 내담자는 자신을 어린 시절의 모습으로 표현하며 새로운 반응을 보였다. 또한 이 장면에서 다른 사람들을 더 잘 이해하기 위해서 다른 사람들의 역할을 맡는 것이 도움이 될 수 있다. 예를 들어, 부모의 이혼 장면에서, 내담자가 부모 각각의 역할을 해 봄으로써 부모를 더 잘 이해하고 실제로 자녀가 부모의 행동에 책임이 없다는 것을 이성적으로나 정서적으로 깨닫는다.

또 다른 유용한 기법은 그 장면을 마치 꿈처럼 다루는 것인데, 내담자가 모든 역할을 하고, 각 역할이 상징하는 자신의 일부분을 수용한다. 예를 들어, 계집아이 같다고 괴롭힘을 당하는 소년은 자신의 내면에서 괴롭히는 아이를 알아야 할지도 모른다. 남성들에게 종속적 역할을 하는 소녀는 자기 안에도 권위적인 측면이 있어 다른 사람들이 그녀의 시중을 들어 주기를 기대하고 있음을 깨달을 수 있다.

이는 가족 내 남성들이 그녀에게 기대하는 것과 같은 방식이다.

이것은 재결정치료에서 초기 장면을 활용하는 간략한 예시이다. 치료자의 격려로 내담자는 자기만의 구체적 장면을 발견할 것이고, 그 장면에서 원래의 정서, 사고, 행동을 경험한 뒤 자신이 사용했던 말로 재결정을 한다. 각 장면은 고유하며, 원래의 결정과 현재 결정은 그 자체로 독특하다.

재결정 작업은 한두 회기만에 이루어질 수 있지만, 이후에 내담자는 현재 생활에서 재결정을 활용하는 연습이 필요하다.

결정을 강화하기 위해 연습은 필수적이다. 재결정치료는 빠르게 끝나더라도 결정을 강화하는 데는 더 오랜 시간이 걸릴 수 있다. 스스로를 가치 있게 여기고, 타인을 신뢰하고 사랑하며, 놀이를 배우고, 새롭고 다른 방식이 가능하도록 재결정한 내담자들은 더 만족스러운 삶을 위한 여정에서 성공과 좌절을 경험하면서 치료를 계속하기도 한다.

6

작별하기의 중요성

찰스 보르코퍼 *Charles F. Vorkoper, M.S.S.W.*

작별하기는 재결정치료에서 중요한 부분이다. 작별은 본연의 아이의 활동이다. 우리는 상실(의 아픔)을 떠나보내는 건강하고 자연스러운 과정을 내면에 지니고 있다. 우리는 살아가면서 사람들, 사물, 생각, 이상, 희망, 꿈, 장소 등 수많은 것을 잃는다. 심지어 원하지 않았던 우리 삶의 부분조차도 눈물로 작별할 필요가 있을지도 모른다. 우리가 자연스럽고 치유적인 애도(grief) 과정을 활용할 때 우리는 상실(loss)을 이겨 내고, 삶은 더 풍요롭고 만족스러워진다. 성공적인 애도 작업은 재결정치료의 목표인 힘을 강화하는 것이다.

> "사랑했는데
> 그것은 고통이었소
> 사랑을 잃었는데
> 그것은 지옥이었고
> 살아남았는데 천국이었소!"
> [콜그로브, 블룸필드, 맥윌리엄스, 1976, p.119]

건강한 작별

건강한 작별은 우리가 슬픔을 내려놓고 다시 삶을 영위하는 과정이다. 사람마다 고유한 과정을 가진다. 어떤 사람에게 눈물은 상실을 씻어 내는 데 매우 중요할 수 있다. 또 다른 사람에게는 눈물보다 더 많은 주위의 보살핌이 필요할 수 있다. 중요한 것은 사람들이 작별의 시간을 갖고 잃어버린 것을 놓아 주는 것이다. 과거라는 유령과 사당을 가지고 다니는 것은 매우 무겁다.

복합적이고 건강한 작별 과정은 많은 사람들에 의해 연구되어 왔다. 재결정치료와 가장 관련이 있는 모델은 과업 모델(task model)로 설명되어 왔다(Valente and Mclntyre 1996). 작별 과제에는 감정 다루기, 의미 찾기, 진실성 회복 및 유지, 관계 재정비가 포함된다. 이는 린데만(Erich lindemann)의 건강한 애도 과정에 대한 설명과 유사하다(Lindemann 1979). 그는 세 가지 과제를 설명하고 있다. 1) 고통스럽고 강렬한 감정을 포함한 고인의 속박으로부터 벗어나기 2) 고인이 사라진 환경에 대한 재적응. 사람들은 이 작업에서 상실 이전의 사건에 대해 적극적 검토를 한다. 또한 고인(또는 상실)과의 경험을 회상한다 3) 새로운 관계 형성. "이것은 고인이 생존자의 삶에서 충족시켜 주던 일부 기능을 대체할 수 있는 새로운 상호작용 방식과 역할 관계를 점진적으로 연습하고 시험하는 과정을 포함한다." (Lindemann 1979, p. 170).

작별 인사를 하지 않았을 때의 문제점

작별 인사를 하지 않을 때, 상실은 계속해서 삶에 영향을 주며 방해한다. 때때로 방해는 무미건조한 삶을 의미하거나 삶을 부정적으로 정의하는 모습으로 나타날 수 있다.

꿈에 대한 야간 강의에서 질(Jill)은 반복되는 꿈에 대해 이야기하기를 원했다. 꿈속에서 어린 소녀는 죽어 가는 아버지에게 작별 인사를 해야 한다. 그녀가 작별 인사를 하지 않는 한 그가 계속 살 것이라는 희망으로 작별 인사하기를 원치 않는다. 꿈이 끝날 무렵 질은 슬픔을 느끼며, 깨어나서는 혼란스러움을 느낀다. 그녀는 꿈속의 어린 소녀가 7세 정도라고 말했다. 나는 질에게 그녀의 나이를 물었고 그녀는 57세라고 답했다. 그녀는 혼자 살았고, 근본적으로 매우 외로웠다. 그녀는 쇠약해 보였고, 매우 야위었으며 피카소의 그림처럼 검은 눈동자를 지녔다. 그녀는 자신의 인생에서 중요한 상실은 경험하지 않았다고 주장했다. 그녀의 부모님이 살아 계시냐는 내 질문에 그녀는 어렸을 때 아버지가 돌아가셨다고 말했다. 아버지가 돌아가셨을 때 그녀가 7살이었다고 말하자, 방 안은 쥐 죽은 듯 조용해졌다. 질의 얼굴은 더욱 어두워졌고, 그녀는 아버지의 죽음으로 인해 그녀의 삶이 잠시 멈췄다는 것을 알게 되었다. 그녀는 그가 죽었을 때 많이 울지 않았고 용감하게 그녀의 삶을 이어 갔다고 말했다. 나는 그녀가 울 수 있도록 도움을 줄 치료자를 찾을 때가 된 것 같다고 제안했다.

질의 삶은 50년 동안 유보되어 있었다. 질처럼 작별 인사를 하지 못한 많은 사람들은 주변부적인 삶을 산다. 질은 내가 만났던 많은 내담자들의 상징이다. 그들은 작별을 해야 하지만 끝나지 않은 애도가 그들의 에너지와 삶을 채울 능력을 가로막는다.

에리히 린데만(Lindemann 1969)은 그의 기념비적인 논문인 "급성 애도의 증상과 관리"(Symptomatology and Management of Acute Grief)에서 두 종류의 "병적인 애도 반응(morbid grief reactions)"을 묘사하고 있다. 첫째는 반응의 지연(delay) 또는 연기(postpone)이다. 이것은 중요한 업무와 맞닥뜨린 상황에서 상실이 발생하거나 타인의 사기를 유지하기 위해 슬픔을 미루는 것이 중요한 때 발생한다. 지연은 수년간 지속될 수도 있고, 또 다른 상실이나 외상 후에 자발적 분출로 나타날 수 있다. 새로운 상실에 대한 감정이 시작되었을 때, 과거의 상실에 대한 기억이 최근의 상실에 대한 슬픔에 작용한다. 조(Joe)의 새 아내 재키(Jackie)는 조가 그녀에게 너무 거리를 둔다며 그를 떠나겠다고 위협한다. 조는 우울해지고, 너무 우울한 나머지 일도 하지 못하고 대부분의 시간을 침대에서 보낸다. 그는 자신의 삶을 끝내는 것에 대해 말했고, 겁에 질린 재키는 지역 자살 및 위기 센터에 도움을 요청했다. 조와 자원봉사자는 이야기를 나누다가 재키가 떠난다는 협박이 그의 첫 번째 아내의 자살에 대한 감정을 불러일으킨다는 것을 알게 되었다. 이 자살 사건 이후, 조는 업무를 처리하느라 너무 바빠서 첫 번째 아내가 세상을 떠난 후 작별 인사를 할 시간도 갖지 못했다. 그는 재키가 관계를 끊겠다고 두 번째로 위협할 때까지 그의 삶을 이어 가려고 노력했다. 위기 센터 전화 자원봉사자는 조에게 자살 유가족을 위한 애도 모임에 들어가도록 설득했다. 그곳에서 그는 첫 번째 아내에게 처음으로 작별을 고할 수 있었고, 그의 두 번째 결혼을 돕기 위한 치료에 들어가도록 권유받았다. 조의 경험은 전화 위기 센터에서 일하는 사람들에게는 익숙한 경험이다.

생존자들이 사별 단체나 개인치료에서 애도 작업을 하기 시작하면 실제 상실이 몇 년 전에 일어났을지라도 마치 어제 일처럼 자신의 상실에 대해 이야기한다. 이러한 사람들은 애도 작업을 통하여 그들의 상실을 점점 이전 과거의 일로 느끼기 시작한다. 이 지연의 한 가지 의미는 사별 작업이 끝날 때까지 개인의 삶에서 중요한 측면이 일시 중지되거나 중단된다는 것이다. 어떤 사람들은 끝내 애도하지 못하고 평생을 고통받는다. 생존자에게 나타나는 이러한 중단이 생존자에게 미치는 영향의 예로는 감정 표현의 어려움, 집중력 저하, 관계 단절, 특히 자살 생존자의 경우 자살 위험성의 증가가 있다.

린데만의 두 번째 유형인 병적인 애도 반응은 왜곡된(distorted) 반응이다. 그는 근본적인 미해결된 애도 반응을 암시할 수 있는 9가지 행동을 열거했다(Lindemann 1979). 이러한 반응을 보이는 사람들은 치료실이나 치료 기관에 자주 나타나며, 다양한 방법으로 진단된다. 재결정치료자들은 그 반응을 상실에 대한 왜곡된 반응일 수 있다고 보는 것이 중요하다.

1. *상실감 없는 과잉활동.* 이 활동은 종종 고인이 행한 활동과 유사하다. 아들은 돌아가신 아버지의 직업을 선택하고 아버지처럼 이 직업을 하기 위해 열정적으로 노력할 수 있다. 그는 매우 바쁘게 지내지만, 아버지가 한 것만큼 사업이 잘 되지 않는다. 그는 아버지를 잃은 슬픔을 결코 느끼지 못한다.
2. *고인이 가진 마지막 병의 증상 획득.* 메리의 아버지는 대장암으로 사망했고 현재 그녀는 궤양성 대장염 진단을 받았다. 대장염은 아버지의 암

진단 이전부터 나타나기 시작했다.

3. *신체화 질환의 발병.* 린데만은 궤양성 대장염, 류마티스 관절염, 천식을 연구하면서 이 질환들이 보스턴에서 일어난 비극적인 화재 이후 왜곡된 애도 반응과 관련이 있다는 것을 발견했다.

4. *사회 적응의 변화*, 특히 친구 및 친척과의 관계에서의 현저한 변화-대개 점진적인 사회적 고립이 일어난다. 찰리(Charlie)가 세상을 떠난 후, 알마(Alma)는 손주들과 농장에서 더 많은 시간을 보냈다. 그녀는 친구들과 보내는 시간이 점차 줄어들었다. 그녀는 손주들과 행복해 보였지만 시간이 지나면서 아이들은 왜 할머니가 슬퍼하시는지 엄마에게 묻기 시작했다.

5. *특정인에 대한 격렬한 적대감이 존재할 수 있다.* 사람들은 때때로 사랑하는 사람을 구하려고 했던 의사에게 화를 내기도 한다.

6. *어떤 사람들은 그들의 적대감을 숨기고 격식을 차린다.* 피터(Peter)의 아버지가 그의 어머니를 떠난 후, 그는 더욱 진지해졌고 학교 교사들과 동료 학생들에게 정중한 자세를 갖게 되었다. 그의 훌륭한 자세에 모두가 놀랐지만, 그들은 그가 왜 이렇게 딱딱해졌는지 궁금해했다.

7. *사회적 상호작용은 상실되었지만 상호작용을 하고자 하는 열망은 있다.* 짐(Jim)은 이혼 후 매우 들뜬 어투로 데이트를 하고 싶다고 말한다. 그는 좀처럼 데이트 약속을 하지 않고 데이트를 하게 되면 "무슨 일이 생겼다"며 핑계를 댄다. 그는 왜 자신이 데이트를 못 하는지 궁금해하며 화내고 외로워한다. 그는 자신의 이혼에 대해 거의 말하지 않으며 아내가 떠난 후 그가 우는 모습을 본 적이 없다.

8. *자신과 타인에게 미칠 부정적인 결과에 대한 자각이 없어 활동적이긴 하지만 대부분의 활동은 사회적, 경제적으로 해가 된다.* 아내가 사망한 후, 밥(Bob)은 직장에서 매우 바쁘게 지낸다. 그는 회사 내 직원 행사, 유나이티드 웨이의 모금 활동, 지역 로터리 클럽의 회장으로서 많은 시간을 보낸다. 고용주가 그의 생산성에 대해 불만을 표현했을 때 당황하고 실망스러워한다.

9. *애도 반응은 긴장, 동요, 불면증, 쓸모없다는 느낌, 쓰라린 자책, 그리고 처벌의 욕구 등을 동반한 초조성 우울증의 형태를 취할 수 있다.* 이런 사람은 자살 충동의 위험이 매우 높다.

굴딩 부부(1989)는 증상의 이면에 있는 간섭적이고, 미해결된 애도 반응의 문제를 긍정적인 의도의 관점에서 제시한다. 그들은 트라우마에 따르는 "만일 ~했더라면"의 늪에 대해 이야기한다. '만일 ~했더라면'이라는 가정에 지속적으로 머무는 것은 현재가 고통스럽지 않도록 역사를 다시 쓰려는 시도이다. 그 사람에게 두 번째 기회가 있다고 가정하는 것은 상상이다. 예를 들어, 메리가 어머니를 찾아갔더라면 어머니가 죽지 않았을 것이라는 생각은, 메리가 작별의 고통을 피하려고 노력하는 것이다.

애도를 피하기 위해 사용하는 두 번째 장치는 트라우마를 너무나 빠르게 극복하려고 노력하는 것이다. 이 장치를 사용하는 사람들은 작별 인사를 서둘러 시도함으로써 충격적인 사건의 중요성을 축소하려고 노력한다. 그들은 작별을 고하려는 본연의 아이의 방식을 존중하지 않는데, 이 방식은 서두름과 상관없이 시간이 걸린다.

이 두 가지 모두 트라우마 이후의 고통스러운 경험을 피하기 위한 자기 기만적인 방법이다. 굴딩 부부(1979)에 따르면, 이렇게 시도된 해결방식의 문제는 사람들이 "에너지 일부를 어제에 가두어 둔다는 것이다. 그들은 현재의 친밀함을 거부하고 현실의 '만남'과 '헤어짐'에 극심한 어려움을 겪을 수 있다"(p.175)

작별 인사 돕기

재결정치료는 사람들이 현재의 경험을 인식하도록 도와줌으로써 작별인사를 통해 현재 상태를 유지하도록 도와준다. 사람들이 상실을 겪으면, 각자의 작별 과정이 필요로 하는 만큼 충분히 애도한다. 재결정 집단치료에서는 집단 회기 동안과 개인 치료 회기 사이에 효과적인 애도 지원 체계를 제공한다. 집단 구성원들은 그들이 작별을 고하는 동안 개인적인 욕구가 충족될 수 있도록 지원을 받고 감정을 표현하도록 권유받는다. 이 과정에서 중요한 부분은 집단 구성원들 각자에게 고유한 작별을 경험하도록 요청하는 것이다. 애도 중인 개인에게 다음과 같이 권유한다. 그들이 상실을 경험할 때 안전하게 감정을 느끼고, 그들을 위해 상실의 의미를 찾고, 그들의 정체성을 유지하며, 새로운 관계 유형을 찾도록 권유받는다.

재결정치료는 과거의 상실에 대해 작별을 고하지 못한 채 개인의 에너지를 쏟고 있는 사람들을 돕기 위해 다양한 방법들을 사용한다(Goulding and Goulding 1979). 공식은 5단계로 이루어져 있다.

1. 상실 사실을 명확히 하기
2. 후회와 감사를 표현하며 고인이나 또 다른 상실과의 미해결 과제 다루기
3. 장례식을 통해 작별 의례 치르기
4. 내담자에게 현재 진행 중인 애도와 목적을 간략하게 설명하기
5. 현재를 맞이하기

다음의 대화는 재결정 집단 회기에서 일어난 것이다. 각 집단 회기의 맥락은 대화마다 조금씩 다르다. 예시들은 고하지 못한 작별로 삶에 영향을 받는 사람과의 작업의 흐름을 설명하기 위해 한데 모은 것이다. 이 작업은 한 회기에 끝날 때가 있지만, 보통 한 회기 이상의 시간이 걸린다.

단계 I 상실에 대한 사실 확인

잭(Jack)은 35세의 엔지니어였다. 그의 아버지는 그가 10대 때 사망했다. 그의 어머니는 아버지가 돌아가신 뒤 몇 년 후 재혼했다. 그는 새 아버지를 좋아했기 때문에 아버지를 잃은 슬픔을 많이 기억하지 못한다. 현재 그는 우울증을 치료하기 위해 왔다. 다음의 사례에서, 그가 가진 우울의 양상은 그가 의붓 자녀들을 대하는 방식이다.

잭: 나는 아이들이 그들의 친부처럼 행동할 때 너무 화가 나요.

치료자: 당신이 이처럼 화가 날 때 어떤 느낌이 드는지 얘기해 보세요.

잭: 엄마가 재혼했을 때 난 그렇게 행동하지 않았어요. 나는 적응했고 계부와 잘 지냈어요.

치료자: 마치 당신의 친부가 죽지 않은 것처럼요.

잭: 그는 죽었고 나는 새 아버지가 생겼어요. 왜 내가 그 모든 감정을 유지해야 하나요?

치료자: 잭, 당신의 아버지는 돌아가셨어요. 그를 대신할 사람이 없어요. 그는 이제 없어요.

잭: [눈물 흘림] 알고 있어요.

단계 2 미해결 과제 다루기

치료자: 지금 아버지께 하고 싶은 말이 있나요? 그렇다면 아버지를 그 의자에 앉게 하세요.

잭: [계속 흐느낌] 아빠, 안녕히 가세요. 난 여전히 아빠가 그리워요. 왜 돌아가셔야 했나요?

치료자: 이제 아빠의 의자로 옮겨서 아빠의 대답을 들어 볼까요?

잭: [아버지로서] 잭, 미안해. 난 널 떠나고 싶지 않았어. 그런데 심장이 너무 나빠서 버틸 수가 없었단다.

치료자: [잭을 자리로 돌아가게 하며] 아버지께 대답하세요.

잭: 아빠 심장에 문제가 있었다니 안타까워요. 왜 자신을 돌보지 않았어요? 나는 아빠가 건강하게 살아있길 바라요. [눈물]

치료자: [아버지와 대화하는 동안 잭이 의자를 바꾸고 계속하도록 손짓으로 유도함] 아버지의 대답을 들어 보세요.

잭: [아버지로서] 의사들은 날 도울 수 없었어, 미안하구나. 잭.

잭: [자신으로서] 미안하다고 말해 줘서 고마워요. 아빠가 그렇게 생각하는 줄 몰랐어요. 전 아빠가 신경 쓰지 않는 줄 알았어요.

치료자: 잭, 아버지에게 함께한 삶에 대해 감사했던 것을 말해 보세요.

잭: 아빠, 저는 우리가 함께 했던 모든 여행이 좋았어요. 그리고 제가 야구 시합할 때 관중석에 아빠가 있었을 때도 좋았어요. 특히 아빠가 집에 있을 때 매일 밤 잘 자라고 말했던 것을 기억해요. 제 침대에서 너무 안전하고 행복했어요. 고마워요, 아빠. [잠시 침묵하다가 계속함] 아빠가 너무 오래 일하고 출장도 많이 다녀서 제가 얼마나 외로웠는지 도저히 말씀드릴 수가 없었어요.

치료자: 지금 말하세요.

잭: [아버지에게] 아빠가 집을 떠나거나 늦게까지 일할 때마다, 저는 아빠가 다시는 돌아오지 않을 거라고 생각했고, 아빠가 잘 자라고 인사하기를 바라며 잠들지 않은 채 누워 있곤 했어요. 가끔은 아빠가 집에 왔을 때 깨어 있기를 바라며 기다리곤 했어요. 저는 너무 외로웠어요. 제가 얼마나 외로웠는지 아빠는 몰랐죠.

치료자: 아버지, 잭에게 대답해 주시겠어요?

잭: [아빠의 의자에서] 낮에 할 일이 너무 많았단다. 나는 네 생각을 많이 했는데 계속 생각만 했구나.

치료자: [그를 잭의 의자로 돌려보내며] 잭, 아빠에게 당신의 후회에 대해서 말하세요.

잭: 아빠, 제가 아빠를 얼마나 사랑하는지 말하지 않은 것을 후회해요. 여러 번 하고 싶었지만 겁이 났거나 누군가가 방해했어요.

잭: [아빠의 자리에서] 아들아. 우리 삶에 그런 시간이 없었다는 게 유감이구나. 하지만 네가 지금 그렇게 말하는 것을 듣고 나는 따스함과 경이로움을 느낀단다.

잭: [잭의 의자에서] 고마워요, 아빠.

치료자: 잭, 이제 아버지랑 마무리하셨나요?

잭: 네. 끝났어요. 이제 좀 평화로워진 것 같아요.

단계 3 이별 의식

(다음 회기)

잭: 나는 지난주에 아빠 생각을 많이 했어요. 그가 아직도 주변에 있는 것 같아 이상해요. 그가 유령처럼 느껴져요. 아빠와 작별 인사를 하고 싶어요.

치료자: 지금 그에게 작별인사를 하세요. 그가 여기 이 방에서 관에 누워 있다고 상상해 보세요. 이제 관 옆에 서서 그와 얘기하세요.

잭: [울면서] 아빠, 나는 아빠가 필요했지만 아빠는 없었어요. [그는 아버지와의 관계에 대한 다른 측면들을 알게 되었고, 그것을 아버지와 공유함. 잭이 말을 마친 후 치료자가 계속함]

치료자: 준비가 되면, 그에게 "아빠, 아빠는 돌아가셨어요."라고 말하고 당신에게 맞는 방식으로 작별 인사를 하세요.

잭: 아빠는 돌아가셨어요, 아빠. 안녕히 가세요. [조용히 서서 흐느낌]

치료자: 장례식을 상상하면서 지금 당신이 무엇을 하고 있는지를 말로 표현하면서 계속하세요.

잭은 아버지의 장례식을 묘사하며 계속 눈물을 흘린다. 그가 작업을 마치자 집단원들은 자발적으로 일어나서 그를 껴안는다. 모두의 포옹을 받은 후, 잭은 자리에 앉아서 계속할 준비가 된 것처럼 보인다.

4단계 이별 과정에 대한 안내

치료자: 잭, 당신은 오늘 아버지에게 작별 인사를 하는 중요한 경험을 했고 한동안은 계속해서 슬픔을 느낄 수도 있어요.

잭은 점차 눈물을 그치고 그가 비언어적으로 했던 말을 인식한다.

5단계 오늘을 맞이하기

치료자: 이 집단의 다른 구성원들을 둘러보세요. [둘러봄.] 지금 그들에게 무엇을 원하는지 생각하세요.

잭: 나는 그들이 내가 괜찮을 거라고 말해 주길 원해요.

치료자: 한 사람 한 사람을 바라보며 그들에게 당신이 얼마나 괜찮은지 말하게 할까요? [집단 구성원들은 잭에게 친절하고 확신에 찬 반응을 보임]

잭: [그가 자리에 앉을 동안 모두 침묵함] 감사합니다.

치료자: 잭. 우리가 당신을 위해 여기 있다는 것을 명심하세요.

잭: 이제 알겠어요.

    잭은 작업할 일이 더 남아 있다. 그는 다양한 장면에서 갑자기 슬픔이 몰려오는 것을 느낄 것이다. 아버지의 기일이나 아마도 그에게 중요한 다른 기념일에 슬픔을 느낄 것이다. 그런데 이제 그는 의붓 자녀들의 요구에 반응하기 시작했다. 의붓 자녀들은 더 이상 자신의 과거 모습이 아니다. 그는 더 이상 그들에게 화를 내지 않고 기꺼이 그들의 이야기를 들으며 밤마다 침대에서 그들을 사랑스럽게 감싸며 행복해한다. 아내와의 관계도 개선되어, 그는 그녀와 소통이 훨씬 나아졌다고 보고한다.

    애도 작업이 충분히 이루어지면, 내담자들은 현재 삶을 위한 에너지를 얻는다. 그들은 이 에너지를 추가적인 재결정 작업에 더 사용할 수도 있다. 여기서 "충분하다"라는 단어를 상실에 대한 그들의 슬픔이 끝났다는 의미로 사용한 것은 아니다. 슬픔은, 비록 정지된 슬픔일지라도, 오랫동안 지속될 수 있다. 그것은 내담자가 치료와 삶에서 다른 일들을 하는 동안 지속될 수 있다. 재결정치료자들은 이 슬픔이 때때로 다시 나타날 수 있다는 것을 인식해야 한다. 이런 일이 일어났을 때, 자연스러운 애도 과정을 격려하고 개인이 지속할 수 있도록 지지와 확신을 주는 것이 대응책이다.

    재결정치료자들에게는 내담자들이 얼어붙은 슬픔을 풀도록 하는 많은 방법들이 있다. 어떤 내담자들은 상실을 다루기 위해 치료를 받으러 온다. 때때로 내담자들은 어린 시절의 기억에 접근할 때 미해결된 슬픔과 접촉한다. 그들은 재결정 작업을 더 진행하기 전에 누군가 또는 중요한 것과 작별 인사를 나누고 싶어 한다는 것을 깨닫는다. 재결정치료자와 내담자들은 현재 순간에 작업을 하면서 미해결된 이별을 인식한다. 사람들은 슬픔과 비애의 감정을 경험하고 현재에서 자유로워진다. 누군가가 자신의 현재 경험을 인식하는 한, 미해결된 작별을 느끼고 작별 인사를 마무리할 기회를 가질 것이다.

죽음 외에도 이별을 고해야 하는 상실은 무수히 많다. 특별한 주의가 필요한 경우로는 자살, 영아 돌연사, 이혼 등으로 누군가를 잃는 경우이다. 이러한 종류의 문제에 대해 많은 지역사회에서 특별한 프로그램과 지지 집단이 존재하며 치료에 중요한 보조 수단이 될 수 있다. 사람들이 종종 의미 있다고 인식하지 못하는 다른 종류의 상실들이 있다. 이들 중 일부는 이상이나 꿈의 상실, 신체 또는 신체 기능의 상실(노화), 환상의 자녀나 손자(불임 부부의 경우 등)의 상실을 포함한다. 작별의식은 이러한 가시적이지 않은 상실 경험에도 유용할 수 있다.

문화적 이슈는 상실에 대한 반응으로 중요하다. 애도 풍습, 특정 상실의 중요성, 감정 표현의 정도, 애도 기간의 길이는 문화마다 다르다. 정통 유대인들은 온 가족이 함께하는 애도 전통을 가지고 있다. 유럽계 전통을 지닌 미국 시골 출신들은 종종 상실, 특히 죽음 뒤에 대규모 가족 모임을 이어서 하는 경우가 많다. 원가족과 멀리 떨어져 살다 보면 대가족 의식과 모임을 놓침으로써 애도 과정이 더 어려워진다. 조지(George)는 시카고의 폴란드계 사람들이 많이 사는 지역에서 자랐고 이탈리아인 아내와 함께 살기 위해 다른 주로 이사했다. 그는 가족이 그녀를 절대 받아들이지 않을 것이라고 느꼈고 그는 자유와 자신의 삶을 찾고 싶었다. 그의 아버지가 돌아가셨을 때 그는 큰 고통을 느꼈다. 그의 아버지를 잃은 것 외에도, 시카고에 머물렀더라면 그를 지지했을 폴란드 가족과 이웃의 친밀감을 그리워했다. 그는 치료를 하면서 가족을 대신할 방법을 찾아내며 애도 작업을 이어 갔다.

치료와 작별하기

치료를 시작한 이유가 치료를 끝내기 위해서라고 말하기는 쉽다. 하지만, 실제 치료를 떠나는 것은 어렵다. 집단치료에서 환자들은 자신이 받아들여지고, 희망적이며, 긍정적인 스트로크가 많고, 자신이 원하는 대로 변화하는 환경에 익숙해졌다.

1975년 굴딩 부부와 함께 마돈나 산에서 보낸 10월의 경험은 특별했다. 그곳에서 보낸 한 달은 정말 경이로웠다. 아직도 따뜻함, 탁월한 훈련, 보살핌, 훌륭한 치료, 유쾌한 사람들, 그곳의 아름다운 장소에 대한 기억이 있다. 심지어 한 달 동안 친밀해진 두 명과 함께 공항으로 갔다. 정말 멋진 여행이었다. 집에 돌아왔을 때, 나는 한동안 기분이 고양되어 있다가 우울해졌다. 배우자와 직장이 있는 현실로 돌아오는 데 시간이 좀 걸렸다. 나는 마돈나 산에서의 경험을 애도하고 있었다. 나의 "한 달"을 잃었다. 그 후로 10월은 '한 달'에 대한 아쉬움을 달래는 기념일이었다.

치료를 떠나는 것은 상실이기 때문에 주의를 기울여야 한다. 개인 또는 가족 재결정치료의 종결은 내담자와 치료자가 함께 계획하는 것이 가장 바람직하다. 기간이 정해진 집단에서는 종결 연습이나 종결식 등으로 마지막을 계획해야 한다. 이 내용은 이전 회기에서 사전에 준비되어야 한다. 종결 시점이 정해지지 않은 집단에서는 내담자가 치료를 끝내기 3주 전에 미리 알린다는 원칙을 회기 초기에 고지한다. 이 고지는 치료자뿐만 아니라 집단 내의 사람들도 내담자에게 작별 인사를 할 기회를 제공한다. 비록 많은 내담자들이 나중에 다시 집단으로 돌아오지만 이번은 끝이 난다. 현재 떠나는 것은 끝, 즉 상실이다. 나는 내담자들에게 작별 인사를 어떻게 할 것인지 결정하고 계획을 세우기를 요청한다. 마지막 회기에서 나는 그들의 계획이 최선임을 확인하고 그들은 계획한 대로 작별할 수 있는 기회를 가진다. 이것은 다른 집단 구성원들에게도 그들의 상실에 대처할 수 있는 기회를 준다. 그들은 인생에서 중요한 부분을 공유한 집단 구성원을 떠나보내는 것이다. 이렇게 하는 이유 중 하나는 이를 통해 그들의 인생에서 상실과 어떻게 작별하는지를 가르치는 것이다. 그리고 나서 그들은 작별 인사를 하며 현재에 머무를 수 있게 된다.

　말하지 못한 작별 인사를 붙잡고 있는 에너지를 놓아주는 일은 매우 강력한 경험이다. 사람들은 더 가볍고, 더 자유롭고, 즐겁고, 활기차고, 중심이 잡힌다고 보고한다. 작별 인사를 하지 않은 채 살아간다는 것은 과거와 과거의 슬픈 사건을 기준으로 삶을 사는 것을 의미한다. 작별 인사를 한다는 것은 현재를 자유롭게 사는 것을 의미한다. 가끔 내담자들은 다시 태어난 것처럼 느낀다고 보고하기도 한다. 마치 그들은 어린아이처럼, 상실에 얽매이지 않고, 다른 사람들의 애정 어린 관심을 받으며 세상에 존재할 준비가 되어 있다.

참고문헌

Colgrove, M., Bloomfield, H. H., and McWilliams, P. (1976). *How to Survive the Loss of a Love.* New York: Bantam.

Goulding, M. M., and Goulding, R. L. (1979). *Changing Lives through Redecision Therapy.* New York: BrunnerlMazel.

_____ (1989). *Not to Worry!* New York: William Morrow.

Lindemann, E. (1979). *Beyond Grief: Studies in Crisis Intervention.* New York: Jason Aronson.

Valente, S. M., and McIntyre, L. (1996). Responding therapeutically to bereavement and grief. *Nursing and Allied Healthweek Dallas/Fort Worth*, April 22, pp. 5-6.

재결정치료의 핵심인
본연의 아이에 대한 접근

벤 조인스 *Vann S. Joines, Ph.D*

나는 이십 년 이상 재결정치료의 전문가이자 수련감독자로서 재결정 과정의 촉진과 단축 요소에 대해 계속 호기심을 가져 왔다. 굴딩 부부에게 수련을 받고 수년간 그들의 작업을 지켜보면서 그들이 내담자를 도울 때 사용하는 기법은 그들의 본연의 아이 자아 상태에 접촉하는 것임을 알게 되었다. 내담자가 그들의 본연의 아이 자아 상태에 있을 때 치료 과정은 매우 빠르고 쉽게 진행된다. 내가 굴딩 부부의 작업을 지켜보고, 치료를 하며, 재결정 과정에서 다른 치료자들을 훈련시키면서 나는 내담자가 그들의 본연의 아이 자아 상태에 접촉하고 머무르게 하는 것이 재결정치료의 핵심임을 확신하게 되었다.

본연의 아이

태아기에 문제가 발생하지 않는 한, 우리는 존재의 핵심인 본연의 자발적인 아이로 세상에 나온다. 우리의 자발성(spontaneity)에 환경적 지지가 있는 한 우리는 긍정성을 가진다. 우리 곁에 있는 양육자 또는 주변 사람은 우리의 행동에서 위협을 느낄 때 지지를 철회한다. 우리의 자발성에 대한 주위의 지지가 철회된다면, 우리는 취약하다고 느낀다. 그리하여 주위의 지지가 있는 자발성은 흥미롭지만, 주위의 지지가 없는 자발성은 위험하게 느껴진다. 어린 시절 주위의 지지가 철회되었을 때 무슨 일이 일어났는지 설명하는 유일한 방법은 우리의 감정이나 욕구 그리고 행동에 뭔가 잘못된 것이 있다고 스스로 결론 내리는 것이다. 주변 사람들의 지지를 다시 얻기 위해, 우리는 특정한 감정, 욕구, 그리고 행동으로 자발적이고 본연의 부분을 억제하기로 결정한다. 그 결과 환경적 지지를 얻는 방식으로 우리의 행동을 조정하지만 동시에 자신 안의 중요한 부분을 포기하게 된다. 우리가 더 이상 주변 사람들에게 위협을 느끼게 하는 방식으로 행동하지 않기 때문에, 그들은 우리를 다시 돌보기 시작하거나, 적어도 우리를 위협하는 것을 중단한다. 그때부터 우리는 이전에 환경적 지지가 철회되었던 행동을 생각할 때마다 취약함을 느낀다. 게다가, 우리는 원래 상황에서 경험한 취약한 감정으로부터 자신을 보호하기 위해 지금 자발적인 방식으로 행동할 수 없는 이유를 정당화하기 위해 노력하는 경향이 있다. 우리의 생존의 대가는 비슷한 상황에서 우리 자신의 중요한 부분, 즉 본연의 아이 자아 상태를 포기하는 것이었다.

안전한 환경 조성하기

내담자가 이전에 포기했거나 억눌렀던 본연의 아이에 접근하고 그것을 되찾는데 도움을 주기 위해, 재결정치료자는 자발적이고 취약하다고 느끼는 행동을 실험해 볼 수 있는 안전한 "양육 환경"(McNeel 1977)을 조성한다. 양육 환경을 만드는 것은 치료자가 내담자와 효과적으로 접촉하고 내담자의 장점을 찾아 긍정적 스트로킹에 초점을 맞추기 때문에 내담자가 상담실 문을 들어서는 순간부터 시작된다. 예를 들면, 초기 면담에서 내담자에게 자신에 대해 가장 좋아하는 점이 무엇인지 질문하는 것이다. 재결정치료자는 내담자의 강점과 건강성에 대해 스트로크를 제공한다(McNeel 1977). 치료자는 본연의 아이 쪽에 서서 내담자가 어린 시절 겪은 "과거의 부당함에 대한 분노"를 표현할 때 비판단적인 보호를 제공함으로써 지지한다(McNeel 1977, p. 431). 또한 치료자는 내담자 자신에 대한 내적 괴롭힘을 막고 내담자가 자신의 편이 될 내면적인 양육적 부모(Nurturing Parent)를 구축하는 데 도움을 준다. 예를 들어, 내담자가 자신이 얼마나 끔찍한지에 대해 말할 때 치료자는 "당신은 정말 자신에게 가혹하군요."라고 말할 수 있다. 치료자는 또한 내담자에게, 누군가로부터 부정적인 반응을 받았던 상황 속의 어린 시절의 자신을 떠올려 보도록 요청할 수 있다. 그리고 어른 자아 상태의 관점에서 단지 그도 정상적인 본연의 아이였다는 것을 알게 한다. 치료자는 본연의 아이를 모델로 삼고 장난기, 유머, 그리고 즐거움을 사용해서 내담자를 본연의 아이로 이동하게 함으로써 안전함을 느끼고, 변화 과정을 즐기도록 한다. 비밀보장, 안전성, 보호에 대한 명시적인 절차적 규칙은 분명한 경계를 설정하기 위해 제공된다.

내담자에게 힘 부여하기

대부분의 내담자들은 초기에는 자신을 피해자처럼 느끼며 치료를 받으러 온다. 왜냐하면 그들은 어린 시절 그들에게 일어나는 일을 막을 힘이 없어 무력감을 느꼈고, 어느 정도 그들의 자발성을 포기해야만 했으며 주위 사람들이 원하는 것에 맞추었기 때문이다. 문제는 그들이 여전히 세상과 자신을 순응적인 아이의 눈으로 보는 데 있다. 재결정치료자의 목표는 내담자들이 삶과 환경의 희생자가 아니라 살아남기 위해 어린 시절 그들이 포기했던 힘과 자율성을 주장하는 강하고 자율적인 존재임을 깨닫도록 돕는 것이다. 이 목표를 가지고, 치료자는 내담자들이 어떻게 힘과 책임을 포기하는지 그들의 언어와 행동을 주의 깊게 살핀다(McNeel 1977). 예를 들어, 내담자가 "X가 내게 일어났다"(대신 "내가 X를 했다"), "나는 할 수 없다" (대신 "하지 않겠다"), "네가 나를 화나게 한다" (대신 "나는 당신에게 화가 났다"). 힘을 포기하는 또 다른 예는 매우 조용한 목소리로 말하는 것이다. 내담자가 그들의 힘과 책임을 자각하도록 돕기 위해, 치료자는 그들이 스스로를 수동적 피해자로 경험하는 대신에 목소리를 높이고, 대명사인 "나"와 능동사를 사용하게 해서 스스로에 대한 책임이 자신에게 있다는 것을 알 수 있도록 돕는다. 왜냐하면 그들은 궁극적으로 그들이 결정한 결과를 감당할 유일한 사람들이기 때문이다. 재결정에서 강조하는 것은 내담자가 그들의 삶을 책임질 수 있도록 돕는 것이다. 치료자와 내담자 사이의 모든 교류는 내담자의 본연의 아이의 자율성과 순응적인 아이의 각본(생존을 위해 어린 시절에 결정한 인생 계획) 중 하나를 강화할 것이기 때문에 모든 의사소통에 주의를 기울인다(Berne 1977).

개인의 내적 스트로크 패턴과 에너지 사용

개인이 순응적 아이 자아 상태에 있을 때, 그들은 폐쇄된 에너지 체계 안에 있다. 이 때, 아이 자아 상태의 행동은 자신의 본연의 아이의 욕구보다 내면의 부모 자아 상태의 욕구를 돌보는 데 사용된다. 내면의 부모는 그 행동으로 아이에게 스트로크를 준다. 발달적으로 이 과정은 어린 시절에 시작된다. 부모가 그들의 내면의 아이 자아 상태를 위협하는 자녀들의 어떤 행동도 마주치지 않는 한 그들은 자녀들을 돌보기 위해 세 가지 자아 상태(부모, 성인, 아이)를 모두 사용한다. 그 결과 그들의 자녀들은 본연의 아이 자아 상태에서 자유로움을 느꼈고, 자발적이며 무조건적인 사랑과 지지를 느꼈다. 하지만, 부모들이 그들 내면의 아이 자아 상태를 위협하는 자녀들의 행동을 만날 때, 부모들은 그들의 에너지를 부모와 어른 자아 상태에서 철회하고 아이 자아 상태로 이동하여 경쟁적인 입장을 취한다. 예를 들어, 안전하지 못하다고 느낀 보충수업 강사가 장난을 친 13살 소년을 댄스 수업에서 쫓아냈고, 소년의 어머니는 그녀가 지역 사회에서 경험할 당혹감을 두려워해서 아들을 창피해했다. 이러한 상황에서 자녀들은 부모의 아이 자아 상태와의 경쟁에서 살아남을 방법이 없음을 경험하였고, 그래서 부모의 아이를 달래기 위해 행동을 조정했다. 13살 소년은 절대 엄마를 실망시키지 않고 수치심을 경험하지 않게 하기 위해 완벽해지기로 결심했다. 그 후 부모님의 아이 자아 상태는 더 이상 위협받지 않았고, 부모들은 그들의 에너지를 다시 부모와 성인의 자아 상태로 옮겨 그들의 자녀를 돌보았다. 유일한 문제는 돌봄이 더 이상 무조건적인 것이 아니라 대가를 치른다는 것이다. 부모는 사실상 "내가 너를 돌볼 테니, 너는 내가 위협을 느끼지 않는 방식으로 행동해야 한다." 라고 말하는 것과 다름없다. 장난기를 포기한 13세 소년은 그후 내내 우울했다. 나를 만나러 온 40대의 그는 비록 매우 성공했음에도 스스로를 실패자처럼 느꼈고, 주변 모두에게 책임감을 느꼈다. 일을 멈추지 않았고, 삶에 기쁨이 없었다. 좋은 소식은 초기 장면을 다시 작업하면서 그가 한 회기 만에 변화했다는 것이다. 13살의 긍정성을 되찾고, 어머니의 실망에 대한 책임을 그녀에게 되돌려주었으며, 본연의 아이를 회복해 장난기를 되찾았다.

개인이 순응적 아이 자아 상태에 있을 때, 내적 스트로킹은 순응적 아이에서 내면의 부모로 갔다가 다시 순응적 아이로 돌아오는 폐쇄적이고 제한적인 에너지 흐름을 가진다. 그 결과는 불안, 우울, 신체화 불평, 행동화 등이고, 그것은 즐거운 교류를 대체하는 스트로크의 원천이 된다. 본연의 아이 자아 상태에 있을 때, 특정 유형의 행동에 의존하지 않는 개방적이고 자발적인 에너지 흐름을 성격 구조 전체에 경험할 것이다. 그 결과는 자발적이고 자율적인 행동이다. 폐쇄적이고 제한적인 에너지 흐름을 유지하면서 부모와 살아남는 법을 배웠기 때문에 부모에게 했던 것과 같은 형태로 치료자와의 관계를 가지려고 할 것이다. 따라서 본연의 아이 자아 상태로 전환하기에 안전하다고 확신할 수 있을 때까지 치료자로부터 동일한 유형의 스트로킹을 유도하는 순응적 아이의 방식으로 행동할 것이다. 예를 들자면, 내담자가 지나치게 순종적일 수도 있고, 반항적이거나, 무력하게 행동하거나, 조심스럽거나 의심 많은 태도를 보일 수 있다. 그것은 내담자의 초기 경험과 그에 따른 신뢰 경험에 좌우되며 본연의 아이의 행동으로 이동하기 위해 안전을 느끼는 데 필요한 시간은 매우 다양하다. 치료자가 자신의 본연의 아이 자아 상태에 있을 수 있는 능력과 자신과 내담자를 둘 다 긍정으로 보는 태도에서 작업한다면 이 과정이 상당히 촉진될 것이다. 치료자가 내담자와 명확하고 의미 있는 계약 협상을 하는 것 역시 필수적인 안정감 형성의 중요한 부분이다.

계약

재결정치료를 처음 배울 때, 사람들은 모든 치료가 재결정을 수반해야 한다고 생각하는 경우가 많다. 그러나 재결정에 필요한 조건을 만드는 데는 많은 사전 작업이 필요하다. 첫 번째 단계는 내담자와 명확한 계약을 체결하는 것이다(Goulding and Goulding 1979). 그런데 계약을 체결하기 위해서 때로는 다루어야 할 추가적인 요소가 있다. 내담자가 변화를 원하는 것이 명확하지 않거나 변화가 가능하다는 것에 확신이 없거나 심지어 무엇이 문제인지 깨닫지 못할 수도 있다. 때로는 내담자가 집을 떠나기 전에 배우자와 다퉜거나 사무실에서 처리하지 못한 일에 대해 생각하느라 심리적으로 치료자와 같은 공간에 없을 수도 있다. 또 다른 어려움은 내담자의 감정과 욕구를 진정으로 염려해 줄 타인에 대한 신뢰가 없을 수도 있다.

재결정치료자는 내담자가 진정 현재에 있는지, 가능한 한 치료자와 충분히 접촉하는지를 확인하면서 시작한다. 다음으로, 치료자는 내담자가 겪고 있는 문제를 구별하고 해결 가능한 형태로 구조화한다. 때때로 내담자는 무엇이 문제인지 확실히 알지 못해서 문제를 확인하는 데 어느 정도 도움이 필요하다. 때로는, 내담자는 문제를 해결할 수 없는 방법으로 규정하기도 한다. 해결할 수 없는 문제의 예는 다음과 같다. 다른 사람을 바꾸거나 누군가를 기쁘게 하기 위해 변화를 시도하는 것이다. 이런 경우 내담자가 해결 가능한 방식으로 문제를 재구조화하는 데 도움이 필요하다.

내담자가 온전히 지금 이 순간에서 치료자와 접촉하고, 문제가 무엇인지, 해결할 수 있는 방식으로 구조화되어 있는지, 그리고 충분한 신뢰가 형성되었는지가 분명해지면 다음은 문제를 해결하기 위해 내담자가 무엇을 바꾸고 싶은지가 과제가 된다. 종종 내담자는 그가 의식하지 못하는 채로 그의 능력, 치료자의 능력과 또는 문제해결 가능성을 평가절하할 것이다. 내담자가 문제를 표현하는 방식은 사회적 수준에서 하나의 메시지를 전달할 수 있지만 심리적 수준에서 다른 의미를 암시할 수 있다. 예를 들면, "저는 제 불안을 해결하고 싶은 것 같아요." 이것의 심리적 함의는 치료자가 내담자에게 이것이 내담자에게 필요한 일이라고 설득해야 한다는 것이다. 문제를 명확히 하고 심리적 수준을 사회적 수준과 합치하도록 만들기 위해서 치료자는 "확실한가요?"라고 물어볼 수 있다. 거의 예외 없이 "생각한다"라고 말하는 내담자는 '중요한 사람이 되지 마라'는 명령이나 그가 원하는 것에 대해 '확고한 입장을 취하지 말라'는 명령을 가지고 있다. 이와 같이 심리적 수준이 사회적 수준과 일치하지 않는다면 행동의 결과는 심리적 수준(Berne 1964)에서 결정된다. 그리고 결국 내담자의 인식 속에는 변화에 대한 책임은 치료자에게 있다.

내담자와 계약을 체결할 때 내담자가 원하는 것(본연의 아이)을 알아내는 것 뿐 아니라 그에게 이로울 것(양육적 부모)이라고 생각하는 것을 아는 것도 중요하다. 그리고 현실적인 요소(어른)를 고려해야 한다. 세 자아 상태 모두에서 정보를 얻기 위해 질문을 던진다. 예를 들어, "오늘 당신 자신에 대해 바꾸고 싶은 게 무엇인가요?" "그게 당신에게 어떻게 도움이 될까요?" "그것을 달성하기 위해 당신은 무엇을 해야 하나요?" 게다가 행동적으로 더 구체적인 계약일수록 그것이 달성되었을 때 양측 모두 확인이 더 쉬울 것이다. 예를 들어, "당신이 변화했다는 것을 우리가 알려면 당신은 무엇을 다르게 할까요?" 계약은 또한 치료 과정이 상호 동의와 협력에 기반한 것임을 분명히 하며, 치료자와 내담자가 함께 구체적인 행동방침에 합의하는 것이다. 명확한 계약 협상은 "나에게 뭔가 해 주세요(Do Me Something)"와 같은 심리 게임을 중단하고, 안전과 희망, 그리고 치료의 성공 가능성을 증가시킨다.

임패스 명료화

명확한 계약 협상이 체결되면, 두 번째 단계는 임패스를 명확히 하는 것이다. 임패스는 게슈탈트 치료에서 유래한 용어로, 자기(self)의 두 부분 사이의 내적 갈등을 나타낸다. 한 부분은 자발적인 본연의 아이 쪽으로 이동하길 원하고 있고, 다른 부분은 생존을 위해 어린 시절에 발달한 방어적인 순응적 아이로 이동하길 원한다. 두 가지 욕구는 긍정적이지만 일반적으로 개인은 한쪽을 긍정적으로 구별하고 나머지는 부정적인 것으로 인식한다. 여기서 핵심은 내담자가 보호적 측면의 긍정적인 의도를 인식하고 현재 자신을 보호하기 위해 가지고 있는 추가적인 자원을 인지하는 데 도움을 준다. 임패스를 명확히 하는 것은 내담자가 양 측면을 인정하고 경험할 수 있도록 도와줘서 각각을 선택하고 통제하는 것을 경험하게 한다. 내담자는 임패스 상태의 양 측면을 경험함으로써, 이전에는 어린 시절에 생존 목적임을 깨닫지 못한 채 부정적으로 느끼고 제거하려고 했던 자신을 이해하고 가치있게 생각할 수 있게 된다.

예를 들어, 어떤 사람은 두려움을 느끼는 자신의 일부를 없애고 싶을 수 있다. 그는 자발적으로 분노를 느끼고 표현하기를 원하고, 학대하는 사람들과 경계를 설정하고 싶지만, 어린 시절 그가 그렇게 했을 때 혹독한 체벌을 받았고 생명에 위협을 느꼈다. 그래서 자신을 보호하기 위해 두려움을 느끼며 조용히 있는 법을 배웠다. 분노를 표현하지 않는 것이 그가 어린 시절에 살아남을 수 있는 전략이었다. 그가 이 두려워하는 부분이 수행했던 목적을 경험하고, 그 부분을 인정하고 소중히 여길 수 있게 되면, 자신을 보호하는 같은 목적을 달성하기 위해 현재 가용한 다른 자원이 무엇인지 식별할 수 있게 된다. 예를 들면, 그는 지금 스스로를 지킬 수 있고 누구도 그를 해치게 할 수 없는 그의 능력을 경험할 수 있다. 내적으로 자신과 싸우지 않고 양측이 서로 대립하기보다는 협력하는 자세로 이동할 수 있다. 두려움을 느끼는 그의 일부의 욕구가 충족됨에 따라, 그는 두려워하지 않게 되고, 분노를 느낄 수 있으며, 현재에 적절한 한계를 설정할 수 있다.

어른 자아 상태 활성화하기

내담자가 방어적인 순응적 아이 자아 상태나 비판적 부모 자아 상태에 있을 때, 어른 자아 상태를 활성화하는 것은 매우 어렵다. 어른 자아 상태를 사용하기 위해, 치료자는 먼저 그들이 본연의 아이나 양육적 부모로 에너지를 전환하도록 도와야 한다. 일단 그들의 에너지를 본연의 아이나 양육적인 부모로 옮기면 성인 자아 상태를 활성화하는 것은 쉬운 일이다. 이러한 방식으로 내담자가 본연의 아이 또는 양육적 부모와 지속적으로 접촉할 수 있도록 함으로써, 치료자는 내담자의 어른 자아 상태에 쉽게 접근하여 명료한 사고, 문제 해결, 재결정을 도울 수 있다.

내담자가 본연의 아이 자아 상태와 계속 접촉할 수 있도록 치료자가 취할 수 있는 몇 가지 방법은 다음과 같다. 치료자가 조심스럽게 내담자를 추적해서 매 단계마다 함께하며, 내담자가 현재에 있음을 확인하게 하는 것이다. 내담자가 현재 자신의 감정에 머무를 수 있도록 속도, 호흡 및 주의 분산을 관찰하여 모니터링한다. 내담자가 감정에서 벗어날 때 그 사실을 언급하면서 다시 그 감정에 머무르도록 데려오는 것이 중요하다. 내담자가 그의 본연의 아이 자아 상태와 접촉을 유지하는 또 다른 중요한 방법은 치료자 자신이 본연의 아이 상태로 작업하는 것인데, 자신의 감정과 접촉하고, 유머를 사용하며, 장난스럽고 유연한 태도를 갖는 것이다. 치료자는 정서적으로 내담자에게 가용할 수 있어야 하고, 한 발을 내담자의 세상에 둬서 내담자의 입장에서 무엇을 느끼는지에 대해 정서적으로 연결되어 공감할 수 있어야 한다. 치료자는 또한 객관성을 유지하도록 한 발은 외부에 둬야 한다. 이처럼 양쪽에 한 발씩 두고 있으면, 치료자는 동시에 두 가지 관점에서 상황을 경험하고 단계별로 수행해야 하는 작업이 무엇인지 파악할 수 있다.

반항적 아이 자아 상태 스트로킹 하기

때때로 내담자는 순응적 아이 자아 상태에 단단히 고정되어 거기서 벗어나기를 완강히 거부할 수 있다. 자신의 에너지를 본연의 아이 자아 상태의 위치로 직접 이동시키는 것은 불가능할 수 있지만 그가 순응적 아이 자아 상태 위치에 있는 것이 얼마나 잘한 일인지에 대해 스트로킹을 함으로써 우회적으로 그의 에너지를 반항적(rebellious) 아이 자아 상태로 이동시킬 수 있다. 반항적 아이 자아 상태가 스트로크를 받으면, 웃기 시작하고 본연의 아이 자아 상태로 자연스럽게 에너지를 이동하게 된다. 예를 들면, 내담자가 질문에 직접 대답하지 않고 치료자가 추가적인 질문을 계속하도록 요구하는 각진 교류(tangential way) 방식으로 응답하는 것이 해당된다. 이럴 때 치료자는 장난스럽게 이렇게 말할 수 있다. "당신은 제 질문에 대답하지 않는 데 대단히 능숙하시군요!" 내담자는 웃음을 터뜨리는 경우가 많고 그 후에는 직접 대답할 수 있다.

때로는 내담자가 에너지를 전환하는 데 시간이 오래 걸릴 수 있다. 예를 들어, 치료자가 긍정적인 방향으로 나아가려고 개입할 때, 내담자는 오히려 부정적인 방향으로 나아가려는 경우가 있다. 이때, 치료자는 내담자가 얼마나 현재 입장을 잘 유지해 왔는지를 인정하고 그 입장을 쉽게 포기 하지 말라고 암시함으로써 변화하지 않도록 설득하는 데 일정한 시간을 들여야 할지도 모른다. 그가 태도를 바꾸고자 할 때 처리해야 할 여러 어려움을 이야기하는 것도 유용하다. 이처럼 내담자에게 주의를 주거나 낙담시키는 경우 치료자가 저항적인 위치를 차지하고 그 결과 내담자가 그의 에너지를 자유롭게 하고 긍정적인 방향으로 움직일 수 있도록 한다.

재결정 작업

임패스의 양면을 충분히 경험할 수 있도록 내담자를 도운 뒤, 세 번째 단계는 재결정을 촉진하는 것이다. 내담자가 재결정을 하도록 돕는 과정은 다소 역설적이다. 재결정은 지금은 내담자에게 다소간 제약을 가하는 아동기에 내린 초기 결정을 충분히 자각하고 경험하도록 도움으로써 촉진된다. 내담자들은 종종 그들이 어린 시절 스스로를 돌보기 위해 내린 그 결정들의 중요성을 깨닫지 못한다. 초기 결정을 인식시키기 위해 치료자는 내담자가 현재 겪고 있는 문제의 구체적인 예시를 요청한다. 그런 다음 치료자는 내담자에게 마치 지금 일어나고 있는 상황인 것처럼 무엇을 느끼고 있는지, 상대방에게 무엇이라고 말하는지, 자신에게 무엇을 말하는지, 그리고 자신의 운명에 대해 무슨 말을 하는지 등에 대한 보고를 요청한다. 치료자는 그 상황이 익숙한지 그리고 누구와 그 위치에 있었는지 등에 대해 묻는다. 초기 장면을 마치 지금 일어난 일인 것처럼 묘사할 것을 요청한다. 치료자는 초기 장면과 내담자가 받은 메시지에 귀 기울이면서 내담자가 메시지에 대한 반응으로 결정한 것이 무엇인지 질문한다. 내담자가 초기 결정을 보고할 때 초기 장면에 등장한 사람들에게 직접 말하도록 요청하고, 그 다음 일어날 일에 대해 내담자가 가지는 상상을 말할 것을 요청한다. 내담자가 내린 결정과 그 결정에 대한 상상을 충분히 경험하고 소유하게 되면 어린 시절 자신의 영리함과 창의력에 대해 힘과 만족감을 경험하기 시작한다. 내담자는 피해자로 느끼는 것을 멈추고 자신의 자율성을 경험하기 시작하는데 그것은 그의 에너지가 순응적 아이에서 본연의 아이로 이동하기 때문이다. 역설적인 부분은 재결정이 본연의 아이 자아 상태에 의해 자발적으로 이루어진다는 것이다. 그녀가 내린 초기 결정을 충분히 경험하고 소유하며, 그것이 자신이 처한 상황에서 자신을 돌보는 데 얼마나 영리하고 유용한지를 깨닫는 과정에서 일어난다. 다시 말하지만 치료자의 유머, 장난기, 그리고 본연의 아이 에너지는 내담자가 자신의 본연의 아이의 에너지에 접근하고 유지하는 데 매우 유용하다.

사례:
20분의 회기 동안 뱀 공포증 치료하기

최근의 집단 마라톤에서, 나는 뱀 공포증을 치료하기 위해 계약을 맺은 여인과 작업을 했다. 60대인 그녀는 어렸을 때부터 뱀 공포증을 가지고 있었다. 뱀이나 뱀의 사진을 볼 때마다 겁에 질렸다. 그녀의 본연의 아이 에너지에 접근함으로써 그녀는 공포증을 한 회기 만에 해결할 수 있었다.

치료자: 당신은 언제 공포증을 처음 경험했습니까?
내담자: 아마 4~5세일 겁니다.
치료자: 당신은 어디에 있고 무슨 일이 일어나고 있습니까?
내담자: 사실, 어머니가 항상 말씀하셨어요...어머니는 뱀 공포증을 가지고 있었어요. 뱀을 매우 무서워하셔서 매번 "들판에 들어갈 때 조심해! 뱀이 거기 있을지도 몰라!" 그리고 "시골에 갈 때는 주의해라, 거기 뱀이 있을 거야!" 제가 어릴 때 우리 동네에는 뱀 가게 같은 게 있었어요. 일종의 한약이나 한약재를 팔고 있었는데 창가에 많은 뱀들이 있었어요. 중국인들은 뱀이 남자의 정력을 증가시킨다고 믿었기 때문에 뱀을 말리고 가루를 만들어서 약을 만들어 파는

그런 종류의 가게예요. 그래서 어머니는 그 앞을 지날 때마다 매우 조심스럽고 불안해했어요. 그녀는 항상 도로의 반대쪽을 택해서 다녔어요. 어머니는 저를 데리고 그냥 뛰었어요! [손으로 달리는 동작] 그래서 저는 뱀이 저를 물지도 않았고, 그런 경험도 없었지만, 뱀이 너무 무서워요.

치료자: 제가 듣기로는 어머니의 두려움이네요. 그녀가 당신에게 두려움을 전달했는데, 당신은 그것을 어머니에게 되돌려주고 싶습니까?

내담자: 네, 그러고 싶습니다.

치료자: 좋아요, 여기에 [내담자 앞에] 의자를 놓고 어머니에게 이 모든 것이 무슨 일인지 질문해 보는 건 어떠세요?

내담자: 어머니한테 물어보라구요?

치료자: 네… 왜 엄마가 뱀 가게를 무서워하는지.

내담자: [의자에 앉아 있는 어머니의 모습을 상상하며] 어머니, 왜 그렇게 뱀을 무서워하세요? 너무 무서워하시잖아요. 뱀이 어머니를 물었거나 다른 어떤 경험을 했나요?

치료자: 이제 바꿔 앉으세요. [내담자는 의자를 바꿔 앉는다.]

내담자: [어머니로] 오, 아니야, 하지만 정말… [코를 찡그리며] 난 그냥… 뱀을 좋아하지 않아… 모양[그녀의 손으로 길쭉한 모양을 만들며]과 움직이는 모습이… [떨면서] 견딜 수 없어!

치료자: 그런 생각을 어떻게 하게 되었는지 따님에게 말해 보세요.

내담자: [어머니로] 글쎄, 기억할 수 없지만, 내가 아이였을 때 한 번은 잠시 산 쪽에 살았었는데, 그 지역은 뱀들이 많은 곳이었어. 몇몇 남자 사촌들이… 뱀을 내 침대에 넣어 놨어. [불안해 보이고 숨을 아주 얕게 쉰다.] 나는 너무 놀랐고 무서웠는데 그게 내가 기억하는 전부야…. 그때 이후 뱀을 본 적이 없어…. 오…. 오. [오싹오싹] 오래전 일이야. 아주 오래전 일. 그러나 나는 여전히 그걸 기억하고 뱀을 무서워해.

치료자: "나는 그 이후로 계속 나를 겁주면서 살아왔어!" [내담자가 치료자

를 의아하다는 듯이 쳐다본다.] 어머니 역할로 딸에게 말씀하세요. "그 이후로 나는 계속 나를 겁주며 살아왔어."

내담자: [어머니로서] 아, 네, 그 이후로 나는 계속 나를 겁주면서 살아왔어.

치료자: 당신은 당신 자신이 될 준비가 되었습니까?

내담자: [끄덕이며 의자를 바꾸어 앉음]

치료자: 그럼, 당신이 어머니께 뭐라고 말하고 싶은가요?

내담자: 어렸을 때? 아니면 지금?

치료자: 지금이요.

내담자: 말해 줘서 고마워요. 오랫동안 그 이야기를 잊고 있었어요. 하지만 내가 여기에 앉았을 때[다른 의자를 가리키며], 아주 오래전에 어머니가 나에게 그렇게 말한 것을 기억해요. [어머니에게] 말해 줘서 기뻐요... 그리고 그것은 어머니의 경험이고 저는 아무런 경험이 없어요. 그리고 어머니가 나를 보호하면서 무섭게 했죠. 일부는 독사지만, 독이 없는 뱀들도 많아요.

치료자: 당신이 사는 곳에 독사가 있습니까?

내담자: 네.

치료자: 얼마나 많나요?

내담자: 한 종류예요.

치료자: 어떻게 생겼는지 아세요?

내담자: 네. [설명함] 하지만 도시에는 뱀이 없어요... 단지 시골이나 산에 갈 때 매우 조심해야 해요.

치료자: 5살 때, 당신의 어머니가 이 이야기를 했을 때, 당신은 무엇을 느꼈나요?

내담자: 너무 겁이 났던 것 같아요. [불안한 목소리]…. 그리고 같은 일이 제게 일어날까 봐요. 운 좋게도 그 일은 일어나지 않았어요. [웃음] 하지만 아직도 저는 그 모양과 움직이는 모습을 견딜 수 없어요. 저는 동물원에서도 뱀을 볼 수 없거든요.

치료자: 좋아요, 홀라춤 아시죠? [그녀는 앞서 이것을 언급함]

내담자: 네?

치료자: 하와이안 춤을 추나요?

내담자: 네. [웃음]

치료자: 좋아요. 저는 당신이 저쪽 구석에서 작은 뱀이 풀잎 스커트를 입고 훌라춤을 추며 기어 오는 것을 상상하기를 바라요. [그녀는 웃기 시작하고, 나와 집단도 함께 웃는다. 그리고 그녀는 두 손을 모으고 5살짜리 아이처럼 즐거운 표정을 짓는다.] 바닥을 가로질러 훌라춤을 추는 것을 보세요. [그녀, 나, 그리고 집단은 더 크게 웃었고 그녀는 계속해서 즐거워 보인다.]

내담자: 오! 화환을 걸고 풀잎 치마를 입었어요! [웃으며 훌라춤을 추고, 그리고 일어나서 환상 속의 뱀과 함께 훌라를 추기 시작한다. 모두 함께 웃고 즐거워함. 그리고 그녀도 스스로 즐긴다. 그리고 나서 그녀는 뱀을 가리키며 웃는다.] 멋지네요! 감사해요.

치료자: 천만에요! [웃음]

내담자: 좋아요, 만약 내가 겁이 난다면, 나는 이 뱀이 춤추는 것을 떠올릴 거예요. [웃으며 계속해서 훌라 동작을 한다.]

치료자: 네, 그러니 언제든 뱀을 볼 때마다, 치마를 입은 이 뱀을 상상하세요. [그녀와 함께 웃는다.]

내담자: 오. 좋아요. [웃음]

치료자: 엄마의 두려움은 엄마에게 돌려주고 당신은 뱀이 훌라춤을 추는 것을 즐기면 되겠지요.

내담자: 네! 그래서, 제 두려움을 다시 당신께 돌려드릴게요! [어머니께 드리는 동작] 하지만 어쨌든 감사해요. [웃음 그리고 나와 그룹은 그녀와 함께 웃는다.]

치료자: 잘했어요!

내담자: 감사합니다.

치료자: 그래서 당신이 뱀을 보게 되면 당신에게 무언가를 가르쳐 줄지도 몰라요! [웃음]

이 작업을 한 후에, 나는 내담자에게 화환과 풀잎 치마를 입은 뱀이 훌라춤을 추는 그림을 그릴 것을 요청했다. 그녀는 동의했고 나중에 그 그림을 많은 유머와 장난기 가득한 분위기 속에서 집단과 공유했다. 또한 다음 날 집단 구성원 중 한 명이 그녀에게 장난감 뱀을 가져다주었는데, 그것은 매우 진짜처럼 보였고 풀잎 스커트를 입고 있었다. 그녀는 거리낌 없이 뱀을 들어서 가지고 놀았고, 웃으면서 집단원들에게 보여 주었다. 그녀는 그날 내내 그것을 가지고 있었다. 다음 단계는 살아 있는 뱀을 보기 위해 동물원에 가는 것이다.

재결정 과정의 두 가지 중요한 부분은 재결정을 고정하고 새 행동을 지지하며 스트로킹을 주는 것이다. 뱀이 풀잎 스커트를 입고 훌라춤을 추는 것과 같이 심상을 이용하는 것은 재결정을 고정시키는 것이다. 그것은 본연의 아이 자아 상태가 재결정을 고수하는 방법이다. 아이의 반응은 두려워하는 게 아니라 웃는 것이다. 웃음과 장난에 동참하는 집단은 뱀을 편안하게 느끼고 일반적으로 뱀에 대한 공포 반응보다는 성인 자아 상태를 이용해 독사와 일반 뱀을 구별해 내는 새로운 행동을 지지하고 스트로크를 준다. 궁극적인 목표는 삶에서 새로운 행동을 시행하는 것이다.

이 사례는 유머와 장난기를 사용하여 본연의 아이 자아 상태에 접근해서 치료 과정의 속도를 높이고 즐겁게 변화를 만들어 내는 방법을 잘 보여 준다. 본연의 아이 자아 상태는 힘, 창의력, 그리고 자발성의 근원이다. 그러므로, 치료에서 변화를 위한 진정한 힘은 본연의 아이 자아 상태에 있다. 내담자가 그들의 본연의 아이 자아 상태의 에너지에 접근하고 유지하도록 우리가 도울 때 그들은 변화를 위한 힘을 얻는다. 내담자가 그들의 에너지를 순응적 아이 자아 상태에서 본연의 아이 자아 상태로 옮길 때 현재의 자신을 위해 필요한 것을 선택할 자율성과 자유를 경험한다. 그들은 더 이상 피해자처럼 느끼지 않고, 그들의 삶을 감당할 능력을 경험한다. 본연의 아이 자아 상태에 접근하는 것이 재결정치료의 핵심이다.

참고문헌

Berne, E. (1964). *Games People Play*. New York: Grove.

_____ (1972). *What Do You Say After You Say Hello?* New York: Grove.

Goulding, R. and Goulding, M. (1979). *Changing Lives through Redecision Therapy*. New York: BrunnerlMazel.

McNee1, J. (1977). The seven components of redecision therapy. In *Transactional Analysis After Eric Berne: Teaching and Practices of Three TA Schools*, ed. G. Barnes, pp. 425-441. New York: Harper & Row.

제 2 부

실제

집단에서 재결정치료 적용

유진 커풋 *Eugene M. kerfoot, Ph.D*

서론

재결정치료는 30년 전 단기 집단치료(group therapy)의 새로운 기법으로 고안되었다. 개인 작업을 중심으로 이루어지기에, 개인치료에서도 효과적으로 사용되지만, 재결정 집단 틀 안에서 사용될 때 가장 강력하다.

이 접근법의 중요성은 집단 리더의 행동과 결과에 관한 초기 연구(Lieberman et al. 1973)에서 입증되었다. 밥 굴딩이 이끄는 교류분석 집단은 혁신적 절차를 사용했는데 집행 기능을 적절히 사용하고, 정서적 자극과 시기적절한 인지적 피드백이 결합되어 있다. 어빙 얄롬(Irving Yalom)은 최근 굴딩의 집단이 이 연구에서 가장 높은 치료 효과를 거두었다고 보고했다(Yalom 1992).

초기부터 굴딩 부부는 성격에 대한 매우 간결하고도 포괄적 이론인 교류분석을 바탕으로, 게슈탈트 치료 및 다른 치료 모델에서 가져온 경험적 방법을 결합하여 체계적이고 창의적으로 새로운 개념과 절차를 추가했다. 그 결과 최신의 단기치료법으로 평가받는 독특하고 강력한 접근 방식을 만들어 냈다.

재결정 집단 참여

선정

선별(screening) 및 선정(selection)은 집단 참여를 위한 과정을 시작하는 절차이다. 이 절차는 일반적으로 치료자와 잠재적 내담자 간의 일 회 이상의 대면 접촉을 포함한다. 그래서 양측 모두 치료적 관계가 어떤 모습일지 알 수 있다. 치료자는 병력, 치료 경험, 그리고 가족 구성 등 배경 정보를 수집한다. 이 때 비밀보장의 원칙과 예외 사항, 내담자의 권리, 치료 절차, 비용 지불, 출석, 행동의 한계와 같은 사전 동의 문제, 즉 감정 표현과 억제의 가치와 폭력이나 폭력의 위협에 대한 금지 사이의 구별 등의 문제를 논의하는 것이 중요하다.

치료자는 초기 호소사항을 듣고 내담자가 우선 제안할 수 있는 해법에 대해 숙고한다. 전체적인 목표는 내담자가 재결정 집단 참여 여부를 정보에 입각해 결정 내릴 수 있도록 하고 치료자는 참여 추천 여부를 결정한다. 이 문제들에 합의하면 치료 동맹이 공식적으로 시작된다.

배제 기준

대부분의 사람들은 집단 작업의 혜택을 받을 수 있기 때문에 면접 절차는 이 특정한 형태의 집단치료가 내담자가 원하는 것을 제공하는지 여부를 내담자 스스로 결정하는 자기-선택 과정이다.

배제 기준은 단순하고, 합리적이며, 유연하다. 알코올 중독자, 약물 남용자, 소시오패스, 심각한 뇌 손상을 가진 사람, 만성적 정신장애이거나 자살 고위험자 같은 비교적 소수의 사람들은 대부분 외래 환자 집단에 적합하지 않다. 이 중 일부는 효과적인 자살 금지, 타살 금지, 또는 정신 이상 금지 계약과 같이 잘 정의되고 표적화된 치료 방식 개발 등 적절한 준비를 통해 잘 적응할 수 있다(Goulding & Goulding 1979). 다른 사람들은 그들의 특수한 요구에 맞춘 낮 병원이나 입원 환자 집단과 같은 조치가 필요할 수 있다.

여행자와 여행사

재결정 작업이 얼마나 독특한지를 잠재적 내담자에게 설명하는 것은 일반적인 동맹을 구축하는 것 이상으로 중요하다. 재결정치료자는 일종의 여행사이고 내담자는 곧 여행을 떠날 여행자이다. 내담자는 목적지를 선택할 독점적인 권한이 있다는 사실을 알아야 하고, 여행사는 내담자가 이미 멀리 떠날 충분한 힘과 자원을 가졌으리라 믿는다. 여행사의 일은 여행을 원활하게 하는 것이고, 목적지를 선택하지는 않지만 여행수단, 경로, 그리고 가능한 지름길뿐 아니라 잠재적인 위험과 장애물을 잘 알고 있기에 전체 여행하는 동안 안내자로서 함께한다.

집단의 차원

집단 접근법은 세 가지 차원 또는 수준으로 설명할 수 있다. 자기 변화 또는 개인 내 차원, 집단의 역동 차원, 개인 간 또는 대인관계의 차원이다. 이후 본문에서 이러한 차원에 재결정치료를 적용하는 방법에 대해 논의하고 다른 모델과 비교할 것이다.

또한 집단치료의 이 세 가지 차원을 더 폭넓은 체계적 관점으로 통합하는 재결정치료자들이(Joines 1977, Kerfoot 1995, McClendon and Kadis 1983) 점차 증가하고 있다는 점에 주목해야 한다.

치료 절차

개인 내 작업

재결정치료는 본질적으로 집단 내에서 행해지는 개인의 자기 변화작업이다. 재결정치료는 한 번에 한 사람씩 진행되는 것으로 구조화되어 있고 일반적으로 약 30분 정도 지속되는 개별 에피소드로 진행된다. 내담자는 일반적으로 완전한 재결정 성공, 계약 명료화와 같은 부분적 완성, 그리고, 임패스 상태 중 하나의 결과를 가진다. 이러한 지점 중 하나에서 내담자나 리더에 의해 작업이 종료되고, 다음 집단원이 차례로 작업을 이어 간다. 개별 작업의 반복되는 에피소드는 집단에서 일어나는 주요 작업 유형이다.

집단원이 임패스에 처할 때, 치료자는 작업을 중단한다. 이것은 임상적 판단이 필요하지만, 거의 대부분 명확하게 판단할 수 있다. 당연히, 가장 바람직한 종료 시점은 재결정이 이루어진 뒤다. 두 번째로 적절한 종료 시점은 내담자가 임패스 상태에 빠져 있어 더 이상 진행이 어려운 경우이다.

한 집단원이 개별 작업을 수행하는 동안 나머지 집단원은 일반적으로 관찰자 역할을 하는데, 이후 강화와 변화된 행동을 연습할 기회를 제공하는 등의 중요한 역할을 하게 된다(Gladfelter 1992). 관찰을 통해 집단원들은 변화가 단순한 인지적 활동 이상이라는 것과 재결정은 자유로운 아이 자아 상태로부터 비롯된 기본적인 감정적 요소들이 포함되어 있다는 것을 학습한다.

샘의 초기 호소문제는 "화가 나요. 쉴 새 없이 일만 하고 재미가 없어요."였다. 적절한 계약 명료화 작업 후 치료자는 "당신이 어렸을 때, 일을 많이 해서 화가 나고 재미가 없었던 장면이 있었나요?" 초기 장면에서, 샘은 즐기지 못하는 것이 삶의 방식이 되어 버린 결정을 떠올렸다. 그 작업은 그의 삶을 더 즐기기 위해 경험적이고 감정적으로 충만한 재결정으로 절정에 달했고, 뒤이어 집단원들과의 교류에서 변화에 대한 실험과 연습이 이어졌다. 예를 들자면, 그는 약간 주저하면서 톰에게 점심 식사를 함께하자고 제안했다. 놀랍게도 작업을 통해 보다 적극적이 된 톰은 흔쾌히 수락해서 두 사람은 오전 집단 회기를 마친 뒤 정기적으로 함께 점심 식사를 하기 시작했다.

재결정 작업은 한때 문제 해결책이었던 초기 결정이 현재 삶에서 문제가 되는 이유가 예전 해결책이 다양한 이유로 현재 삶에서는 더 이상 작동하지 않기 때문이라는 것을 보여 준다(Kerfoot 1985). 예를 들자면, 샘은 "쉴 새 없이 일한다는 것은 더 이상 내게 맞지 않아요. 만약! 지금 변하지 않는다면, 저는 녹초가 될 거예요."

집단 특성 및 역동

비온(Bion 1960)이 주장한 집단 이론의 기본 가정은 집단 역동을 반영하며, 이러한 집단 역동성은 분석적 접근(Kauff 1993)과 대상관계에 기반한 집단치료자들이(Rutan and Alonso 1978) 개별 치료와 더불어 집단 자체를 치료해야 할 대상으로 간주하게 만들었다. 정신역동적 접근은 장기적인 치료를 지향하는 경향이 있고, 변화에 대한 통찰과 준비라는 치료 목표는 풍부한 집단 역동의 주제를 통해 달성할 수 있다.

그런데, 재결정치료에서 집단은 내담자가 아니다. 치료의 주요 목표는 자기 변화이고, 문제에 대한 적극적 책임을 지는 내담자가 직접 수행하는 작업이다.

재결정치료와 정신역동적 절차

에릭 번(1966)은 교류분석 이론의 관점에서 정신분석을 전이와 역전이가 교차 교류로 인식되는 구조분석의 한 형태로 설명했다. 재결정치료자는 교류분석에 초점을 맞추지 않고, 정신역동 치료자들처럼 해석이나 전이, 역전이, 투사적 동일시 같은 구성요소를 사용하지도 않는다. 재결정치료의 자기 변화 절차는 개인의 투사를 그들의 내적 자기 체계에서 게슈탈트적 대화를 통해 해결한다(Kerfoot 1995).

수(Sue)의 계약은 사람들로부터 고립되어 외롭게 있는 대신 좀 더 개방적인 사람이 되는 것이었다. 그녀가 "다른 집단원인 마릴린이 저를 좋아하지 않는 것 같아요."라고 말했을 때, 치료자는 그녀에게 마릴린의 이미지를 말해 보라고 요청했다. 그녀의 머릿속의 마릴린의 이미지가 어머니를 많이 닮았다는 건 놀랄 일이 아니다. 이것은 수가 자신의 외로움을 해결하게 되는 초기 장면 작업으로 이어졌다.

수련 집단에서 어느 초보 리더가 꿈 작업을 하며 북을 설명하고 있는 동료 내담자에게 다음과 같이 질문했다. "그 북이 어머니일지도 모른다고 생각하세요?" 그러자 내담자가 채 대답하기도 전에 옆 방에서 휴식을 취하고 있던 밥 굴딩의 큰 목소리가 울렸다. "그가 북이 되게 놔두라구!"라고 한 것은 모든 걸 말해 준다. 다시 말하지만, 치료자의 촉진은 내담자의 행동에 대한 해석이나 분석에 기초하지 않으며, 재결정의 관점에서 보면 내담자의 작업에 대한 침해로 간주될 수 있다.

대인 관계 수준

재결정치료는 교류에 대한 이해를 바탕으로 대인 간 작업을 촉진한다. 그것은 앞서 설명한 샘과 톰의 작업처럼 서로 원하는 행동을 발전시키기 위한 변화계약이나 집단원 간 상호 협상한 합의를 포함한다.

자기 변화 및 관계 변화

대인 간 작업은 개인작업과 개인 내 작업과는 다른 체계의 수준에서 이뤄지고, 종종 개인의 변화에 기인하여 다음 단계로 이어진다. 관계 작업은 집단 내에서 기본적인 재결정을 연습할 수 있는 기회를 제공하기에 이러한 작업은 또한 지속적인 변화에 도움을 주는 데 중요하다.

루이즈(Louise)는 남편 빌(Bill)이 그녀를 사랑하지 않는다고 불평하며 함께 집단에 참여했다. 둘 다 더 가까워지기를 원했고, 친밀감이 관계 계약의 목표가 되었다. 루이즈는 근본적인 수준에서 자신이 사랑스럽지 않다고 믿었고, 그것이 초기 결정이었음이 뒤늦게 밝혀졌다. 그녀가 빌과의 관계에서 자신의 역할을 온전히 수행하기 전에 부분적으로 초기 장면 작업에서 자신을 사랑하고 받아들이는 자기 변화계약을 체결하는 것이 중요했다. 물론 빌도 자신의 감정을 경험하고 표현하는 문제를 중심으로 자기 변화와 관계 작업이 필요했다. 이들의 분리된 자기 변화 작업은 관계 작업보다 더 기본적인 수준이었고, 둘 다 자기 작업을 먼저 했기에 관계 수준 작업을 통해 만족스럽게 작업을 마칠 수 있었다.

집단 내 가치: 규범

재결정 이론가들과 얄롬(Yalom 1985)과 같은 대인관계 이론가들은 개방성, 신뢰, 자기 공개와 같은 바람직한 가치나 규범이 집단 작업에 유용하다는 데 동의한다. 재결정 집단에서 책임감과 타인의 변화에 대한 적극적인 지지가 특별한 가치가 있으며, 이러한 행동에 대한 공식적인 기대나 강요는 없지만, 이러한 치료에 사용되는 절차와 자기 효능감에 대한 강조는 강력한 모델링 경험이 될 수 있다. 그리고 집단원은 자신의 방식으로 그러한 행동을 발전시키는 것을 선택한다. 재결정 작업을 위해 변화를 위한 환경의 조성이 중요하며(Goulding 1972), 지지적 규범은 그러한 환경의 개발과 유지에 분명히 중요한 역할을 한다.

바람직한 규범은 다른 모든 행동과 마찬가지로 개인의 행동으로부터 비롯된다. 그리고 행동을 결정하는 데 있어 내담자와 치료자의 잠재력은 과소평가되거나 사람들이 특정한 방식으로 행동하게 만든다고 여겨지는 외부 요인 탓으로 돌리지 않는다.

지금 여기

집단원들이 현재, 지금 여기에서 다른 집단원과의 실제 교류와 자기 내부 체계 안에서의 내적 교류 둘 다에 주의를 집중하는 것은 매우 중요하다. 집단원들은 다른 곳에서 일어난 사건들을 마치 지금 여기에서 일어나는 것처럼 다루는 법과 과거의 경험을 같은 방식으로 다루는 법을 배운다. 예를 들어, 다른 집단원을 화제에 올리는 대신 서로에게 직접 말하고, 그리고 참석하지 않는 사람들에 대한 험담 대신, 심상을 사용하여 직접 내부 표상과 이야기한다. 이런 행동은 치료 작업을 용이하게 하고 부정을 직면하는 데 유용하다.

부정

가장 중요한 작업 중 하나는 내담자가 감정, 생각, 그리고 행동에 대한 책임을 부정함으로써 치료 목표를 무산시키려 할 때 발생한다. 부정은 "당신이 나를 느끼게 했다.", "생각이 났다." 또는 "노력하겠다."와 같은 말 속에 반영된다. 치료자들은 자율성을 강화하기 위해 부정과 직면한다. 예를 들자면, "내가 조(Joe) 삼촌에게 화난 걸 말할 수 없어요."라고 할 때, 치료자는 조 삼촌을 눈앞에 떠올리며 "내가 느끼는 감정을 말하지 않을 것이다."라고 말하도록 요청할 수 있다. 밥 굴딩은 가끔 장난스럽고 강력한 개입으로 도중에 종을 울렸는데 그것은 직면의 신호였다.

변화에 스트로킹, 무변화에 스트로킹 금지

스트로크는 자극과 동기부여의 강력한 원천이며 스트로크를 주고받는 것은 심리적 안녕에 필수적이다. 사람들이 말하거나 행하는 모든 것은 인정 값을 가지고 있으며, 특히 적절한 긍정적 스트로크는 중요한 치료 활동이다. 긍정적 스트로크는 미소나 인정의 말에서부터 박수, 포옹 또는 응원에 이르기까지 다양하다. 스트로크는 변화를 지지하며 성공적으로 작업을 마쳤을 때 주어지는데, 재결정 직후에 주어질 때 가장 효과적이다. 집단 리더들은 스트로크의 모델이 되는데, "잘했어요"와 같은 언어적 스트로크나 누군가에게 주는 포옹과 같은 스트로크는 특히 중요하다.

그런데 어떤 식으로든 신체 접촉이나 주목받기를 원치 않는 사람들도 있다. 그들이 원치 않는 인정을 강요하지 않음으로써 모두의 경계와 선호를 존중하는 것은 대단히 중요하다. 그렇긴 하지만, 시간이 지남에 따라 말수가 적은 사람들조차 결국 더 적극적으로 스트로크를 하게 된다. 그리고 스트로크를 주는 것은 자신에게서 시작되기 때문에, 자신이 작업을 마친 것에 대해 스스로 스트로크를 주는 것도 중요하다.

작업이 끝난 뒤 스트로크가 금지될 때가 있는데 불완전하게 끝나거나 임패스 상태로 끝나거나, 누군가가 상처를 받거나 슬퍼하는 것으로 끝이 날 때와 같이 불편함을 느낄 때이다. 첫째, 내담자들이 감정을 감당할 수 있는 능력을 받아들이고 발휘하는 것이 중요하다. 내담자의 불편함에 대응하지 않는 것은 가혹하고 무례하게 보일 수 있다. 하지만 임상 결과에 따르면, 이러한 경우 스트로크를 보류하는 것은 일관되게 긍정적이다. 왜냐하면 임패스 상태에 있는 누군가에게 스트로크를 주는 것은 기본 수준에서 무변화를 지지하는 것으로 경험될 가능성이 높기 때문이다.

라켓

임패스에 수반되는 불편한 감정은 전형적인 특질을 가지는데 때로는 이를 라켓이라 부른다(Goulding and Goulding 1979). 라켓 감정은 초기 결정을 형성하고 유지하는 데 중요한 역할을 하며 재결정 작업의 일환으로 이를 구별하고 해결하는 것이 중요하다. 물론, 실제 치료 작업의 맥락 밖에서 라켓 감정은 일상적 어려움이나 삶의 위기 상황을 경험할 때 집단원과 리더가 서로 지지하는 것이 적절하다.

장면

대체로 작업은 치료자와 내담자가 설정하는 장면이라 불리는 무대 같은 드라마에서 일어난다. 현재 장면, 최근 장면, 초기 장면, 심상 장면, 그리고 조합된 장면이 있다. 자아 상태는 조직화되지 않은 자극의 일부가 아닌 일관된 경험 패턴이어서, 자기 체계 내에서 명령을 주고받으며 결정을 하는 자아 상태 구성요소를 활용하여 구성하는 드라마는 능동적인 자기변화 작업을 구성하는 데 직관적으로 적절한 방법이다.

집단 리더

단일 또는 공동 리더

재결정 집단은 단일 리더인 경우도 있지만 공동 리더(co-leaders)도 치료에 이점이 많다. 공동 리더는 평등한 관계의 모델이 되며, 한 사람은 다른 사람의 보조가 아니며 다양한 방식으로 서로를 보완한다. 현재 활동하지 않는 리더는 집단에서 무슨 일이 일어나고 있는지 자유롭게 볼 수 있으며 치료 대화에 대해 초연한 방식으로 들을 수 있다. 리더는 언제든지 역할을 바꿀 수 있으며 능동적인 리더십을 인계하거나 공유하거나 다시 맡을 수 있다.

프리드먼(Friedman 1989)은 많은 집단 접근 방식 중에서 공동 치료의 인기에 주목했다. 그리고 공동 치료 관계가 충분히 작동하지 않을 때 발생할 수 있는 다양한 어려움에 대해서 짚었다.

재결정 모델은 건강한 협력에 적합한데, 이는 전이, 역전이, 또는 투사적 동일시와 같은 주관적 치료 개입보다 내담자의 계약이 주요 지침이기 때문이다. 게다가, 재결정 훈련은 공동 리더십 모델에 상당한 주의를 기울이며 동료 집단 작업을 강조한다. 수련생들은 개인적 문제와 공동 치료의 절차적 문제를 다루는 방법을 초기부터 반복해서 배운다.

굴딩 부부와 같이 고도로 숙련된 공동 치료자의 작업을 통해 협업의 이점이 명확하게 드러난다. 또한 치료자들이 의견 불일치와 갈등을 건강하게 표현하고 치료 과정에 가치를 더하는 방법으로 해결하는 것을 보는 것은 내담자들에게도 유용하다. 마지막으로, 공동 치료는 고무적이고 시너지 효과가 있는 작업이며, 놀랍게도 재미있기도 하고, 리더들이 깨어 있고 새로워지도록 돕는다.

영속적 변화

재결정치료는 병리학이나 질병을 다루는 것이 아니다. 재결정치료의 목표는 변화에 대한 통찰이나 준비가 아니다. 재결정은 내면에서 스스로를 변화시킬 힘을 경험한 내담자들이 실행에 옮기는 적극적인 변화에 관한 것이다. 재결정은 현실이며 단지 시작에 불과하다. 일단 재결정을 하면 자동적으로 변화가 유지될 거라고 생각하는 것은 현명하지 않다. 심지어 재결정을 하는 자유로운 아이 자아 상태의 핵심적이고 강한 생명력조차 영구성을 보장하기에 충분치 않고 새로운 습관과 기술을 유지하는 마법도 없다. 변화를 지속시키기 위해서 실험과 연습을 통해 새로운 행동 패턴에 재결정을 통합해야 한다.

오래전 에픽테투스(Epictetus)는 "규칙적인 달리기는 우리를 더 나은 선수로 만든다"(Lebell 1995, p.112)라고 말했다. 연습은 어린 시절 자전거 타기나 줄넘기를 배울 때처럼 거의 같은 이유로 효과가 있다. 어린아이 같은 자유로운 자기에서 시작된 새로운 행동은 바람직하고 달성 가능하며 자율성을 지지하기 때문이다. 재결정 메시지는 다음과 같다. 당신이 바꾸고 싶은 것을 지금 바꾸세요. 그리고 꾸준히 연습하세요.

집단 적용

재결정 집단 작업은 다양한 내담자와 다양한 환경에서 수행되며 다양한 형식을 사용한다. 다음은 집단치료의 다양한 적용을 설명하는 예시이다.

진행 중인 집단

진행 중인 집단은 개방적이고 편리하며 진입과 탈퇴가 용이하다. 이런 집단들은 보통 주 1회 만나서 변화할 반복적인 기회가 있고 집단 내에서 적절한 시간 동안 충분히 연습하고 실현할 수 있다.

시간 제한 워크숍 및 마라톤

워크숍과 마라톤은 단기 집중적 심층 작업으로, 다수의 사람들에게는 선호되는 치료이고 나머지 사람들에게는 진행 중인 치료에 유용한 보조적 수단이다(Goulding 1977). 며칠간 함께 숙박하며 진행되는 거주형 워크숍은 잠재적 차원이 추가되는데, 이것은 집단 회기 밖에서 변화를 연습할 자연스러운 기회가 주어지기 때문이다. 진행 중인 집단의 일반적 차원에 더하여 집중 워크숍에는 또 다른 중요한 구성요소가 있다. 그것은 집중치료 경험을 유의미하게 마무리할 수 있게 하는 구조화된 종결인데, 이는 성취된 사항을 검토하고, 미해결 과제를 확인하며 가족과 친구들의 관계 속에서 재결정을 수행하기 위한 구체적인 계획을 수립한다. 마지막으로, 다른 참가자들과 작별인사를 나누는 과정은 지난 일을 정서적으로 마무리할 수 있도록 허용하여 미래로 온전히 나아가도록 돕는다.

가족 집단

루스 맥클랜든(Ruth McClendon)과 레스 카디스(Les Kadis)는 일반적인 체계 이론의 원리에 기초하여 가족치료에 대한 포괄적이며 이론적이고 방법론적인 접근법을 개발하였다(1983). 가족치료 모델은 세 단계가 있는데 초기 평가와 진단 단계, 그 다음은 각본분석과 재결정 작업 단계, 세 번째이자 마지막 단계로 새로운 가족 체계의 재통합 단계이다.

소년범들에 대한 개입

많은 제도적 프로그램들이 소년범 치료를 위해 고안되었다. 폴 맥코믹(Paul McCormick)이 개발한 것은 이 중 가장 철저한 것으로 캘리포니아 소년원에 수용된 비행 청소년들을 위한 소집단치료 프로그램이었다. 이 프로그램과 연계하여 맥코믹(1971)은 진단과 치료 계획을 위해 각본 검사 목록을 포함한 진단을 위한 다양한 방법을 설계했다.

오클라호마주 공공 복지부 산하의 소년 보호시설에서 수용된 비행 청소년들을 위해 2단계 집단치료 프로그램이 개발되었다(Kerfoot 1969). 매월 1회 진행되는 가족 집단 회기는 가족 내 관계 문제에 집중되었다. 이러한 활동은 수용자들이 참여하는 주간 소집단 회기와 결합되어 자기 변화 문제에 초점을 맞추었다. 두 종류의 작업이 모두 유용한데, 이 둘을 결합하여 사용한 것은 개별로 사용한 것보다 더 나은 결과가 산출되었다.

부부 집단

엘린 베이더(Ellyn Bader)와 피트 피어슨(Pete Pearson)은 포괄적인 치료 접근법의 일부로 재결정 작업을 사용한 창의적이고 효과적인 부부 치료 프로그램을 만들었다(1988). 이 프로그램은 인간의 발달 단계를 부부관계 발달에 합치되는 인지 단계와 연결하는 행동 발달모형을 기반으로 한다.

대학원 교육의 치료 훈련/실습

지난 몇 년 동안, 재결정과 교류분석의 원리를 통합한 최소 두 개의 프로그램이 학계에서 개발되었다. 레슬러(Lessler 1977)가 남동부연구소에서 하나의 프로그램을 개발했고, 1990년에 존 글래드펠터와 본 저자가 심리학 과정에 등록된 대학원생들을 위한 집단치료 훈련 프로그램을 개발해서 필딩 연구소의 심리 프로그램을 개발했다.

이 교류분석/재결정 교육 프로그램(TART)은 집단과 가족치료를 위한 서부연구소의 수련 원칙과 방법을 사용하여 설계되었으며 학교 환경에 맞게 조정된 것이다. 예를 들면, 개인 및 직업적 변화를 위한 계약은 역량 또는 능력의 측면에서 정의되어 학생들의 성장과 효과성을 평가하기 위한 역량 기반 평가 절차도 개발되었다.

경영 자문

경영 컨설턴트(Kerfoot 1995)는 갈등 해결, 직업 발달, 조직의 효과성, 팀 구축 등 다양한 경영 이슈를 다루기 위해 교류분석 이론과 재결정 집단 기법과 이론을 적용했다. 리처드슨(Richardson 1992)은 특히 관리/경영문제를 해결할 때 조직 내 인적 요소에 주의를 기울였다.

참고문헌

Bader, E., and Pearson, P. T. (1988). *In Quest of the Mythical Mate: A Developmental Approach to Diagnosis and Treatment in Couples Therapy*. New York: BrunnerlMazel.

Berne, E. (1966). *Principles of Group Treatment*. New York: Random House.

Bion, W. R. (1960). *Experiences in Groups*. New York: Basic Books.

Friedman, W. (1989). *Practical Group Therapy*. San Francisco: Jossey/Bass.

Gladfelter, J. (1992). Redecision therapy. *International Journal of Group Psychotherapy* 42(3): 319-333.

Goulding, M. (1992). *Sweet Love Remembered*. San Francisco: TA Press.

Goulding, M., and Goulding, R. (1979). *Changing Lives through Redecision Therapy*. New York: BrunnerlMazel.

Goulding, R. (1972). New directions in transactional analysis: creating an environment for redecision and change. In *Progress in Group and Family Therapy,* ed. C. Sager and H. Kaplan, pp.105-134. New York: BrunnerlMazel.

―――― (1977). No magic at Mt. Madonna: redecisions in marathon therapy. In *Transactional Analysis After Eric Berne*, ed. G. Barnes, pp. 77-94. New York: Harper & Row.

Joines, V. S. (1977). An integrated systems perspective. In *Transactional Analysis After Eric Berne*, ed. G. Barnes, pp. 257-269. New York: Harper & Row.

Kauff, P. (1993). The contribution of analytic group therapy to the psychoanalytic process. In *Group Therapy in Clinical Practice*, ed. A. Alonso and H. E. Swiller, pp. 3-28.

Washington, DC: American Psychiatric Press.

Kerfoot, E. (1969). *Effects of institutionalization on children*. Paper presented at The Department of Institutions, Social and Rehabilitative Services Conference on Groups, Tecumseh, OK, June.

_____ (1985). *The undefined self*. Paper presented at the Interna-tional Redecision Conference, Asilomar, CA, May.

Kerfoot, G. (1995). Self systems and relationship systems: achieving lasting change. *Transactional Analysis Journal* 25: 316-318.

Lebell, S. (1994). *Epictetus,* The Art of Living. New York: HarperCollins.

Lessler, K. (1977). A graduate program in psychotherapy. In *Transactional Analysis After Eric Berne,* ed. G. Barnes, pp. 146-158. New York: Harper & Row.

Lieberman, A. M., Yalom, I. D., and Miles, M. B. (1973). *Encounter Groups:* First Facts. New York: Basic Books.

McClendon, R., and Kadis, L. (1983). *Chocolate Pudding*. New York: Science and Behavior Books.

McCormick, P. (1971). *Guide for the Use ofthe Lift Script Questionnaire*. San Francisco: Transactional Publications.

Richardson, G. (1992). *The human element: success or failure of a merger*. Paper presented at the International Air Transport Association Meeting, Brussels, Belgium, May.

Rutan, J. S., and Alonso, A. (1978). Some guidelines for group therapists. *Group* 4: 40-50.

Yalom, I. D. (1985). *The Theory and Practice ofGroup Psychotherapy*, 3rd ed. New York: Basic Books.

_____ (1992). Memorial service for Robert Goulding. American Group Psychotherapy Association Conference, New York City, February 20.

9

우울증 치료

커티스 스틸 & 낸시 포트 스틸
Curtis A. Steele, M.D. Nancy Porter-Steele, Ph.D

기본 건강

기원전 5세기 히포크라테스는 건강은 자연스러운 상태이고 질병은 일탈이라고 가르쳤다. 재결정치료 역시 건강은 자연스러운 상태이고, 치유는 정상적인 과정이며, 치료자의 역할은 치유의 장애물을 제거하는 것으로 본다.

많은 경우 우울한 경향은 재결정치료를 통해 치료되어 왔다. 우울한 내담자를 만났을 때, 전문가들은 신체적으로나 정신적으로 그 사람의 기본적인 구조에 원인이 있으며, 그 사람을 지지하는 것 외에는 할 수 있는 것이 없다고 가정하는 경우가 많다. 그들은 병리를 기본적인 성격의 결함으로 가정하고 타고난 건강성은 보지 못하는 경우가 많다. 이 과정에서 일종의 우월의식이 발생하고 이는 엘리트적 사고로 이어지기 쉽다. "나는 괜찮고, 당신은 괜찮지 않아요. 하지만 당신이 내 치료 계획을 따른다면 당신도 괜찮아질 수 있어요." 그러나 재결정치료자들의 경험은 사람은 근본적으로 건강하다는 견해를 반복해서 입증한다. 이러한 기본적인 건강성은 내담자들이 우울증(depression)에서 벗어날 수 있도록 심리 치료 과정에 사용되어 도움을 줄 수 있다.

우울증 진단과 개입에 대한 고려 사항

우리가 우울증이라고 부르는 것은 단일 질환이 아니다. 뇌와 행동에 대해 점점 더 많은 것들이 밝혀지고 있으며, 생물학적 치료법도 특정 유형의 우울증 환자를 치료하는데 큰 진전을 이루어왔다. 누군가 우울을 호소할 때, 나는 항상 "그게 무슨 뜻입니까?"라고 묻는다. 우울이라는 단어는 여러 가지 다른 의미일 수 있기 때문이다.

우울증은 그 자체로 양극성 장애, 주요 우울장애, 또는 기분부전 장애 같은 질환이거나 감염, 진단되지 않은 악성 종양, 내분비 문제, 알레르기, 환경 과민성, 명백하거나 은밀히 지속되는 알코올 의존(alcoholism), 스트레스 관련 문제 또는 표현되지 못한 애도 등 다른 문제나 질병의 증상일 수 있다. 가능한 원인이 매우 다양하기 때문에, 첫 번째 상담에서 도출한 가정을 따르지 않고, 처음부터 신중한 평가를 통해 어떤 문제를 겪고 있는지 파악하고, 추가 경험과 진단 증거가 나오면 그 평가를 수정할 준비를 하는 것이 매우 중요하다.

심리치료자를 찾아오는 많은 사람들은, 자발적이든 의뢰되어 오든, 기분부전 장애(dysthymic disorder)를 가지고 있다. 이전에는 이를 "신경증적 우울증"이라 불렀다. 재결정치료의 관점에서, 이것은 어린 시절의 결정에서 비롯된 것으로 이해된다. 다른 관점에서는 다양한 내인성 및 외인성 원인에서 발생하는 것으로 간주되어 왔다. 많은 심리 치료자들은 이들에게는 항우울제 치료가 적절하지도 않고 비효과적이라고 생각했다. 그러나, 선택적 세로토닌 재흡수 억제제(SSRIs)라는 신약의 출현은 그러한 관점을 바꾸게 했다. 이러한 약물로, 한 사람의 가용 에너지를 증가시키고 기분을 고양시켜 우리가 단독으로 심리 치료를 사용했을 때보다 더 빠르고 효과적으로 생각하고, 느끼고, 행동하는 습관적인 패턴을 바꿀 수 있다. 약물 복용을 거부하는 기분부전 장애를 가진 사람들은 심리 치료가 도움이 되지만, 종종 치료자와 환자 모두에게 더 많은 노력과 시간을 요구한다. 비의료 재결정치료자는 가능한 진단에 개방적이고 항우울제 사용에 능숙한 의사와 협력하는 것이 매우 중요하다. 다음은 우울증 진단과 치료의 복잡성을 보여 주는 사례이다.

26세의 교사인 카렌(Karen)은 만성적인 우울감을 다루기 위해 집단치료를 신청했다. 초기 평가는 전형적인 기분부전의 양상을 나타냈다. 그녀는 치료 집단에 들어갔고 매 회기마다 성실히 작업했지만 호전되지 않았다. 그러던 중 어느 주말에 갑자기 조증 증상이 나타나 실제로 양극성 장애(bipolar disorder)임이 명백해졌다. 리튬을 복용한 후에 그녀의 조증과 우울증은 호전되어 더 이상 심리치료가 필요치 않다는 데 상호 동의했다. 이후 4년간 추적 관찰한 결과 이 사실이 확인되었다.

경험 많은 심리치료자 샘(Sam)은 지속적인 우울한 기분과 낮은 에너지로 항우울제 치료를 요청했다. 의사는 그의 무기력증에 대한 의학적 이유를 찾을 수 없었다. 그는 약물에 반응하지 않았고 계속해서 기분이 저하되었다. 몇 달이 지난 뒤 그는 삼키는 데 어려움을 느꼈고 식도에 악성 종양이 발견되었다. 가끔 일어나는 일이지만 우울한 감정 뒤에는 숨겨진 악성 종양이 존재한다.

36세의 환경 디자이너인 메리(Mary)는 만성적인 우울을 보고했고, 간헐적으로 기분전환용 약물을 남용했으며, 술집에서 만난 남자들과 충동적인 성관계, 자해와 약물 과다복용으로 인한 주기적인 극심한 자살 시도 이력이 있었다. 자해 충동이 너무 강해서 그녀는 무력감을 느꼈다. 그러나 플루옥세틴(프로작)을 2주 동안 복용한 후에 이 행동을 통제하고, 심리치료에 모두 참여해서, 어린 시절의 초기 결정을 확인하고 바꿀 수 있었다. 이전에는, 강한 충동에 사로잡혀, 심리치료를 받을 수 없었고, 수년간의 노력에도 불구하고 아무것도 변하지 않았다. 이제 그녀는 재결정치료로 만족스러운 결과를 얻어 성공적으로 일할 수 있게 되었다. 이러한 사례는 우울증의 평가와 치료에 폭넓은 관점이 필요함을 시사한다. 이 사례들은 재결정치료가 삶의 질과 방향을 바꾸는 데 도움이 되는 가장 강력한 단일 기법임을 평가절하하는 것이 아니다. 다른 치료법과 마찬가지로 적절하게 사용해야 한다.

자기 책임, 습관적 나쁜 감정, 그리고 초기 결정

이 책의 앞 부분에서 보았듯이, 재결정치료는 환자 자신이 힘을 가지고 있다고 본다. 만약 내가 우울하다면, 나의 힘을 사용하여 스스로를 우울하게 만드는 것일지도 모른다. 그렇다면, 나는 우울증을 습관적인 패턴으로 받아들이고, 나의 사고, 타인과의 상호작용, 몸의 자세, 목소리 톤 등 내 모든 능력을 몇 번이고 우울증을 반복하는 과정에 사용하고 있는 셈이다. 물론, 내 어른 자아 상태의 자각은 없었다! 나는 결코 의도적으로 그런 고통을 만들지는 않을 것이다.

그렇다면, 어떻게 이런 습관이 생겼을까? 지난 20여 년간 우리의 임상 경험은 굴딩 부부가 우리에게 가르쳐 준 것을 검증했다. 습관적인 감정으로서의 우울은 아마도 "존재하지 마라"는 명령/결정을 나타내는 것이다. 다음 사례를 살펴보자.

노마(Norma)는 고학력의 30대 후반의 여성이었다. 그녀는 기술 분야의 좋은 직업을 가졌다. 최근 결혼생활은 파경을 맞았는데 그녀는 오히려 안도감을 느꼈다. 그동안 힘들었고 개선의 가능성이 전혀 보이지 않았기 때문이다. 자녀들은 잘 지내는 것처럼 보여서 걱정하지 않았다. 그럼에도 불구하고, 노마는 자주 우울해졌고, 마치 진흙으로 만든 사람처럼 하루하루를 힘겹게 끌고 갔다.

치료 과정에서, 그녀는 자기 자신을 우울하게 만드는 행동을 포기하기로 계약을 맺었다. 그 과정에서, 그녀는 자신의 우울증에 대한 책임이 남에게 있는 것이 아니라 자신에게 있다는 사실을 받아들였다.

치료자는 노마와 함께 우울에 빠진 과정을 탐색했는데, 그녀의 일과 성공에 대한 태도, 지지 체계, 그리고 다른 최근 이슈들을 찾았지만 반응성 우울증, 적응 장애, 신체적 질환, 조울증 등을 암시하는 어떠한 징후도 발견되지 않았다. 게다가, 노마는 수년간 계속해서 우울함을 느꼈다고 보고했다. 굴딩 부부의 관점에 따라, 치료자는 "존재하지 마라"는 명령을 의심했고 "습관적 감정 추적하기"(following the habit feelings back)라는 메리 굴딩의 기법을 사용하기로 했다(Goulding 1973).

치료자: 최근에 우울했던 때는 언제입니까? 지금 일어나고 있는 것처럼 현재 시제로 얘기해 주세요. 당신은 어디에 있나요? 누구와 함께 있습니까?

노마는 최근의 경험을 얘기했다. 그녀가 현재의 감각에서 벗어나면, 치료자는 그녀에게 현재 시제를 유지하고 감각적인 세부 사항을 설명하라고 상기시켰다. 그렇게 해서 둘 다 그 이야기로부터 최대한 많은 것을 배울 수 있도록 했다. 노마는 그녀가 우울을 만들어 내는 직접적인 경험, 신체 느낌과 생각에 깊이 빠져들었다.

치료자: 이제, 그런 감정과 생각에 집중하면서, 시간을 거슬러 가 보세요. 아마도 5년 전, 또는 10년 전, 어쩌면 십 대이거나, 아니면 좀 더 이전일 수도 있어요. 어떤 장면이든 떠올려 보세요.

많은 내담자들이 초기 장면에 도달하기 전에 4~6장면을 거쳐 점진적으로 초기 기억으로 이동한다. 노마는 곧 바로 어린 시절의 장면으로 들어갔기 때문에 더 간결하게 설명할 수 있어 노마의 사례를 선택했다.

노마: 저는 네 살이고, 삼촌 집 마당에 있어요. 기분이 좋지 않아서 혼자 마당을 거닐고 있어요. 엄마는 항상 제게 화가 나 있고, 아빠는 내게 아무 말도 하지 않아서 어떻게 해야 할지 모르겠어요. 나는 죽는 게 나을지도 모른다고 생각해요. 아주 잠깐이지만, 그들이 죽은 나를 내려다보며 미안해하면 모든 것이 괜찮아질 것 같은 상상을 했어요.

이것은 전형적인 초기 결정 장면으로, 이 경우 결정은 존재하지 않기, 즉 신체적으로 살지 않겠다는 결정이다. 아이에게 죽는다는 것은 현실적으로 아이가 해결할 수 없는 압도적인 문제를 해결하는 방법이다. 아이가 마법적 사고를 사용하는 것은 정상적이고 건강한 일이다. 그래서 4세의 노마는 자신이 죽으면 부모님이나 누군가가 문제를 이해하고 모든 것을 해결할 것이며, 결국 모두가 행복해질 것이라고 생각한 것이다.

　아이는 죽음의 최종성을 이해하지 못한다. 아이들의 마술적 사고는 동화 속 논리와 같다. 이것은 아이에게 문제가 있다는 것을 의미하는 것이 아니다. 사실, 죽기로 한 결정, 자살 또는 아이의 특정 버전이 무엇이든 간에, 이것은 문제를 해결하고 모든 것과 모든 사람이 무사하기를 바라는 기본적인 건강한 바람의 표현이다. 하지만, 결정을 내렸기 때문에, 아이는 더 기분이 나빠진다. 마법 같은 생각에도 불구하고 자기 파괴성에 대한 직관적인 이해가 작동하기 때문이다.

　젠(Jen)은 최근 집단치료에서, 우울증 치료작업을 하던 중 그녀가 7세 때 큰 구덩이를 파면서 "나는 이 구덩이에서 절대 나오지 않겠다"라고 결심했던 장면을 재경험했다. 젠 역시 그녀가 죽으면 부모가 태도를 바꿀 것이라고 기대했다.

　때때로 아이는 동정심으로 죽음에 대한 결정을 내린다. "나는 엄마(또는 아빠나 다른 사람)에게 짐이야. 내가 그들 곁에서 사라지면 그들은 훨씬 더 행복해질 거야."

　존(John)은 그가 가지고 있던 반복적인 자살 충동으로 인해 치료실을 찾았다. 그는 충동을 실행에 옮기지는 않았지만 그것은 끊임없이 고통스럽고 두렵게 만들었다. 그는 나쁜 감정을 기억할 수 있는 가장 어린 시절로 돌아가도록 요청받았다. 그가 4세 때 술 취한 부모님이 부엌에서 격렬하게 다투는 모습을 현재 시제로 묘사했다. 그는 울면서 부모님을 멈추게 하려고 노력했지만, 아무 소용이 없었다. 그는 자신이 문제라고 결정했고, 만약 그가 태어나지 않았다면 엄마는 행복할 것이고 아빠와 잘 지냈을 것이라고 생각했다. 그는 문제의 해결책으로 자신을 없애는 사고와 감정의 패턴을 시작했다. 상황이 나빠지면 그는 목숨을 끊는 것이 해결책이라는 방식으로 생각했다. 그는 자신의 패턴에 대한 어린 시절의 기원을 인식했고, 치료자는 현재 그의 엄마가 행복한지 질문했다. "아니요, 어머니는 이혼했어요, 아이들 모두 다 컸는데도 어머니는 여전히 불행해요." 그때 어느 집단원이 어머니 고통의 원인은 존이 아니라고 지적했다. 그는 이제 자신이 문제의 원인이 아니라는 것을 알게 되었고, 그가 태어나지 않았더라도 어머니는 아마도 불행했을 것이라는 데 동의했다. 존은 갑자기 자신이 문제가 아니라는 것을 깨달았고 그의 얼굴 표정은 환하게 바뀌었다. 그는 어떤 문제가 발생하더라도 자살하지 않을 것이라고 결심했다. 그 한 시간 동안 그는 변화했고, 그 후 오랫동안 그를 괴롭혔던 우울한 감정과 자살 충동에서 벗어났다.

초기 결정은 순응적 아이 자아 상태에 저장되기 때문에, 성인이 된 내담자의 어른 자아 상태는 보통 이를 인식하지 못한다. 처음 그것을 알게 되었을 때 비논리적이라고 생각한다. 부모 자아 상태는 "바보같이 굴지 마. 그럴 이유가 없어."라며 전반적인 상황을 무시하는 경향이 있다. 우리는 종종 초기 결정 뒤에 있는 좋은 의도를 돌아보는 데 시간을 보낸다. 초기 결정은 근본적으로 문제를 해결하려는 건강한 바람이지만, 그러한 문제에 효과적으로 대처하기에 너무 어렸기 때문에 대처방법을 몰랐을 수도 있다.

노마가 "존재하지 마라."는 명령에 대해 재결정한 지 20년이 지났다. 그리고 그녀는 그 이후로 우울해하지 않았다. 젠의 재결정은 시간의 검증을 거치지 않았고 우리는 그녀가 처리해야 할 명령이 더 있다고 생각한다. 우리의 경험에 의하면 "존재하지 마라"는 초기 결정을 내린 사람은 보통 몇 개의 명령을 더 가진다. "존재하지 마라"에 대한 재결정은 큰 안도감을 준다. 하지만 완전한 안도감은 다른 명령을 재결정할 때 이루어질 수 있다.

다수의 초기 결정들

우울증을 다루면서 "존재하지 마라"는 명령 외에도 초기 결정의 세 가지 영역을 발견하게 된다.

"느끼지 마라(감정을 표현하지 마라)." 여기에는 특히 분노가 있다. 게다가 분노 표현이 금지될 때, 종종 개인의 욕구와 바람에 대한 자각도 금지된다.

"분리하지 마라(성장하지 마라, 어른이 되지 마라. 너 자신에 대해 생각하지 마라, 너의 욕구 말고 내 욕구에 관심을 기울여라)."
"성공하지 마라."

찰스(Charles)는 성공한 치료자였음에도 불구하고 자신에 대한 확신이 없고, 동료들과 지나치게 경쟁적이었으며 특히 일이 잘 풀릴 때 우울해졌다. 치료 과정에서 그는 아버지와 직면하게 되었는데, 어린 찰스는 아무리 해도 일을 잘할 수 없었다. 이제부터 그는 자신을 위해 무언가를 할 것이고 자신의 성공에 대한 판단은 자신이 하리라 결심했다. 스스로를 우울하게 하는 만성적이고 반복적인 패턴은 어느 순간 사라졌고, 몇 달 후 그의 친구가 지적할 때까지 본인도 알아채지 못했다.

우울증의 이면에는 어떤 명령들이 있을 수 있다. 습관적인 복통에서부터 공황과 우울증을 포함하여 습관성 과민성에 이르기까지 아이는 다양한 요인에 따라 특정한 고통을 선택한다. 우리가 굴딩 부부에게 훈련을 받을 때, 굴딩 부부는 다음과 같은 몇 가지를 지적했다.

역할 모델 모방하기(나는 삼촌을 닮았어, 또는 내가 좋아하는 이야기의 여주인공 같아).
가족 내에서 선택되지 않은 역할 떠맡기(엄마는 화를 내는 유일한 사람. 언니는 두려워하는 사람. 아버지는 위축된 사람. 그래서 나는 우울한 사람이 될 수 있어).
지속적으로 관심 끌기(내가 우울할 때, 누군가 나를 위로하려고 노력한다. 그렇지 않으면 그들은 아무도 나에게 관심을 주지 않아).
마법의 힘 사용하기(내가 우울할 때, 내 기분을 누구도 더 나쁘게 만들 수 없으니 보호받고 있어).

위의 예에서 우울증 대신 선택한 것은, 다른 감정이나 신체 증상일 수 있다.
특정 명령이 반드시 습관적인 나쁜 감정을 정하는 결정적인 요소는 아니다. 우리는 내담자가 우울할 때 특히 어떤 명령이 존재할 가능성이 있다고 여기지만, 이것들 외에도 다른 명령이 있을 수 있다고 강조한다. 치료자는 특정 내담자가 어떤 명령을 받아들였는지, 그리고 그러한 명령에 대한 자신의 결정이 무엇이었는지를 알기 위해 열린 마음을 유지해야 한다.

도피구 폐쇄

우울증은 종종 "존재하지 마라"는 명령과 연관되기 때문에 재결정 과정은 도피구를 폐쇄하는 작업을 수반한다. 이는 이 책의 앞부분에서 덴튼 로버츠(Denton Roberts)가 "자살 금지 계약"이라고 언급한 방식 중 하나이다. 우리는 해리 보이드(Harry Boyd 1980)의 사례를 따라 이 작업을 수행하는 양식을 개발했다. 해리는 치료 초기에 자기 파괴적인 선택사항을 제거하기를 원했고, 그 과정을 교육할 때 선택사항에 덜 집착하도록 극적인 요소를 제거할 것을 강조했다. 비록 우울증이 우리가 작업하고 있는 주된 문제가 아니더라도, 우리는 보통 처음 내담자를 만난 후 몇 회기 내에 도피구 폐쇄에 대한 체크리스트를 반드시 검토한다. 방법은 다음과 같다.

치료자: 저는 당신과 함께 표준 체크리스트를 살펴볼 것입니다. 자, 한 번에 하나씩 여섯 개의 문장을 읽어 드릴 거예요. 각 문장을 들은 후 다시 한번 각 문장을 큰 소리로 반복해 주세요. 그러면 당신 성격의 각 부분이 그 말을 듣고 반응할 수 있습니다. 가장 중요한 건 이 문장을 큰 소리로 말할 때 당신의 내적 경험에 주의를 기울이는 것입니다. 그것은 신체의 감각, 감정, 단어, 소리, 또는 이미지일 수 있습니다. 어떤 반응이든, 그 문장이 지금 당신에게 얼마나 진실한지 알게 할 수 있어요. 저에게 "그것은 100% 사실이다." 또는 "그것은 약 25% 정도 진실이다."와 같이 백분율로 대답해 주세요. 이것에 대해서는 추후 더 자세히 설명하겠습니다.

첫 번째 진술: 나는 고의든 우연이든 자살하지 않을 것이고, 다른 사람이 나를 죽이도록 하지 않겠다.

내담자는 큰 소리로 진술을 반복한다. 때때로 내담자는 진술과 관련하여 할 말이 많을 때도 있지만, 때로는 그렇지 않을 때도 있다. 간혹 '느끼지 마라'가 중요한 명령인 내담자는 모든 진술에 대해 100%라고 신속하게 보고할 것이다. 만약 이것이 실제로 정확하지 않다면, 치료자는 보통 비언어적 불일치나 감정 억압의 단서들을 알아차릴 수 있다. 치료자는 내담자가 말한 각 진술에 대한 백분율을 차트에 기록한다.

치료자: 두 번째 진술: 내가 아무리 화가 나더라도 누구를 죽이거나 신체적으로 해치지 않겠다.
세 번째 진술: 의식적이든 비의식적이든, 누구에게 무엇을 증명하기 위해 내 생명을 단축시키지 않겠다.
네 번째 진술: 의식적이든 비의식적이든, 나를 병들게 하지 않겠다.

다음 진술은 쉽게 오해할 수 있어서 설명이 필요하다. "말도 안 되는 미친 생각이나 감정이 생길 때 나는 행동으로 옮기지 않겠다." 이 문장에서 "미친"이란 단어는 이상하거나 약간 부적절하다는 뜻으로 쓰이는 말이 아니다. 이 경우는 너무 무책임해서 누군가가 당신의 삶을 대신 책임지거나 당신을 병원에 입원시켜야 할 정도를 의미한다. 그리고 우리가 "내가 미친 생각이나 감정이 있을 때"라고 말하는 이유는 인간의 마음은 어떤 생각이나 느낌도 가질 수 있고, 그것 자체는 문제가 되지 않기 때문이다. 중요한 것은 그런 생각이나 감정을 우리가 어떻게 다루느냐이다.

그래서, 다섯 번째 진술은, 미친 생각이나 감정이 들 때, 그것을 행동으로 옮기지 않겠다. 마지막으로 여섯 번째 진술은, 의식적이든 비의식적이든, 내 삶이 외롭게 끝나도록 만들지 않겠다.

우리는 종종 아이가 도망가서 은둔자가 되거나 생존할 수 없는 방식의 결정을 내린 경우를 발견한다. 직관적으로, 아이는 그런 식으로 살아남을 수 없다는 것을 알고 있으며, 그것은 죽는 것과 같다. "존재하지 마라"는 버전의 결정을 가진 사람들은 특히 건강하고 친밀한 관계를 허용하지 않을 가능성이 크다. 이 경우에는 "친밀해지지 마라"는 결정을 재결정하는 것만으로는 충분하지 않으며 반드시 도피구를 폐쇄해야 한다.

내담자가 여섯 가지 진술을 모두 거치고 각 진술에 대해 지금의 자신에게 얼마나 진실한지 알게 한 후, 도피구(escape hatch)의 개념을 설명한다. 이것은 아이들이 스트레스 상황에서 문제를 해결하기 위해 내리는 결정이며, 도피구라는 명칭은 아이에게 벗어나는 길처럼 보이기 때문에 붙은 것이라고 설명한다. 사람들은 이를 직관적으로 인식하는데 이것은 아이 자아 상태에게 익숙하다. 그들의 성인 자아 상태는 이 방법이 실제로 어떤 것도 해결하지 못할 것이라고 인식한다. 때때로 어른 자아 상태가 활성화되어 있지 않거나 혼란스러워져 있기 때문에, 재결정 작업을 수행하기 전에 어른 자아 상태를 활성화시키고 현실을 명확히 인식시키는 작업이 필요하다.

여섯 가지 진술 중 일부에 대해 진실성이 90% 이상으로 높을 경우, 그 문장을 다시 한번 말하면서 성격의 모든 부분이 100% 동의하도록 요청할 수 있다. 어떤 사람들은 쉽고 빠르게 도피구를 폐쇄하고 안도감을 느낀다. 우리는 자살과 관련된 문제를 가장 먼저 마무리하는 것이 다른 것보다 우선이어야 한다는 것에 절대적으로 동의한다.

어쨌든, 우리는 내담자와 함께하는 모든 작업의 성공을 위한 필수적 준비단계로 도피구 폐쇄를 꼽는다. 만일 내가 여전히, 문제를 해결하기 위한 계획 중에 내 것이든 타인의 것이든 간에 죽음과 관련된 요소를 포함하고 있다면 치료에서 무엇을 바꾸더라도 언젠가는 비참해질 것이기 때문이다.

문제가 분명해지면 벤 조인스가 앞 장에서 강조했듯이, 재결정을 내리는 방법은 본연의 아이에 접근하여 본연의 아이가 새로운 결정을 위해 원래의 결정을 기꺼이 포기한다는 것을 확인하는 것이다.

노마는 습관적인 감정을 추적하다가, 그녀가 결정을 내린 초기 장면을 발견했다. 치료자는 빈 의자 기법을 사용하여 두 개의 의자에 각각 어머니와 아버지를 앉게 했다. 그녀는 본연의 아이 자아 상태에서 시작하여, 어른 자아 상태와 치료자의 모든 자아 상태의 지지를 받으며, 투사된 부모들에게 무슨 일이 있더라도 자살하지 않을 것이라고 선언했다.

젠은 "언제부터 이런 감정을 느꼈습니까?"라는 치료자의 질문에 즉각적으로 반응하여 자신의 초기 장면을 떠올렸다. 초기 결정이 인식되었을 때, 젠은 치료자의 제안으로 현재 그녀의 어른 자아 상태와 부모 자아 상태를 활용하여 아이 자아 상태와 함께 눈 위의 구덩이로 다시 들어가는 상상을 했다. 아이 자아 상태를 안고 있는 느낌이 들도록 팔 모양을 취했다. 그녀는 자신의 아이 자아 상태에게, "넌 멋진 꼬마 숙녀야. 네가 죽더라도 구덩이에 남아 일을 해결하려고 오랫동안 노력해 온 걸 알아. 이제는 더 이상 그렇게 할 필요가 없다는 것을 알기 바랄게. 네가 스스로를 살리는 데 동의하기 바랄게."라고 말했다. 재결정을 굳히기 위해 치료자는 젠이 그녀의 부모님을 그녀 앞에 투사해서 그들에게 "당신이 변하지 않더라도 저는 자살하지 않을 겁니다."라고 말하도록 했다. 그녀는 기꺼이 그렇게 했다!

최근에 우리가 많이 사용한 기법은 아이 자아 상태에 쉽게 접근할 수 있는 사람들에겐 기쁜 일이다. 계약을 체결하고 재결정할 초기 결정을 명확히 한 후, 우리는 내담자에게 말한다. "당신이 한때 어릴 적 모습이던 어린아이들을 당신 주위에 모두 모으세요. 아직 뒤집지도 못하는 작은 아기를 상상하세요. 그리고 막 침대 위에서 꿈틀대기 시작하는 어린아이, 그 다음 앉기 시작하는 아이…" 우리는 계속해서 발달 단계 순서대로 따라간다. 학교에 입학할 무렵이면, "1학년생, 2학년생 등, 그리고 청소년기까지요. 실제로 그들을 볼 필요는 없지만, 그들이 모두 모였다는 느낌이 들면, 저에게 알려 주세요. 자, 모두에게 인사를 하고, 함께 있어서 기쁘다고 말해 주세요." 몇몇 내담자들에게 이것은 큰 저항을 불러일으킨다. "전혀 기쁘지 않아요."라고 말하는 경우, 우리는 당장 그 사람에게 맞지 않는 방법을 선택한 것에 대해 사과하고 다른 방법으로 옮겨야 한다. 하지만, 내담자가 아이들에게 그들이 여기 있어서 기쁘다고 말하면, 그 다음 단계는 내담자가 "어른이 된 내가 너희에게 말하고 있어. 네가 정말 어렸을 때 나는 곁에 없었지만, 지금 여기에 있어. 이제 어른이고, 많은 능력을 가지고 있어. 이제부터 너희를 돌볼 것이고, 어른이 된 만큼 우리의 삶이나 건강을 해칠 만한 어떤 것도 하지 않을 거야."

"아이들"에게 이에 반응할 기회를 준 후에, 내담자는 이어 "무슨 일이 있더라도 우리의 생명이나 건강을 위협하는 일은 하지 않을 것이라는 데 동의해 주기 바랄게."라고 덧붙인다.

치료자는 내담자에게 얼마나 다양한 아이들이 반응하는지 알아보고, 특히 반대하는 아이가 있는지 탐색하도록 요청한다. "아이"가 이의를 제기할 때, 내담자는 아이가 목소리를 내 준 것에 감사하며 "네가 이의 제기한 것에는 어떤 좋은 의도가 있지? 반대를 통해 어떤 긍정적인 일을 하고 싶은 거니?"라고 질문한다.

각 개인의 창의성은 매우 다양하여 많은 가능성이 있다. 치료자의 역할은 내담자가 투사된 각각의 아이 자아 상태와 협상하여 좋은 목적을 달성할 수 있도록 안내하는 것이다. 그리하여, 과거에 파괴적이었으나 선의였던 방법 대신 현재에도 만족할 수 있는 방법을 사용하여 모든 긍정적 목적이 충족될 수 있도록 한다. 다른 여러 아이 자아 상태가 이의를 제기할 때 이 작업은 여러 회기에 걸쳐 연장될 수 있다.

각각의 작업이 끝날 때, 더 할 일이 남아 있는지 여부와 상관없이 내담자는 경험에 현실감을 더하도록 실제로 양팔을 뻗어서 모든 "아이들"을 다시 모은다.

우울증과 관련된 재결정 과정에 대한 기타 의견

"존재하지 마라"는 명령이 자주 나타난다는 점을 제외하면, 우울증 환자를 대상으로 하는 재결정 작업은 불안, 분노, 혼란, 또는 신체적 증상이 습관적으로 나타나는 내담자들의 재결정 작업과 다르지 않다. 다른 종류의 증상과 마찬가지로, 치료자는 내담자가 현실과 연결될 때까지 자기 책임과 힘을 인식할 수 있도록 끈질기게 개입한다. 계속 나쁜 감정을 느끼는 것에 대한 강화가 없고(습관적인 감정, 증상에 대해 "불쌍해라"와 같은 반응이 없음), 내담자의 자기 비판에 대한 지지도 하지 않는다. 내담자가 보여 주는 모든 건강한 활동과 현재의 감정에 대해서는 일관되게 강화한다. 고통스러운 습관적 감정을 포기한다는 계약을 체결한다. 고통 자체는 초기 결정을 발견하는 단서로 사용된다. 치료자의 안내와 격려로, 내담자는 본연의 아이가 예전의 결정을 버리고 새로운 건강한 결정을 선언할 수 있는 상황을 만든다. 그 후 사람의 타고난 직관적 과정에 결정이 통합될 수 있도록 최소 24시간 동안 주지화를 피한다. 기분이 좋아지는 것 그 자체가 큰 보상이며, 좋아진 기분은 치료자와 집단원들로부터 축하받고 강화된다.

대부분의 내담자들은 아이 자아 상태뿐 아니라 부모 자아 상태에 대한 작업이 필요하다. 때때로 아이 자아 상태에서 재결정이 성공적으로 이루어졌더라도 부모 자아 상태가 아이 자아 상태를 평가절하하는 경우도 있다. 일부 내담자들은 좋은 부모 자아 상태가 결여되어 있고, 그들이 부모를 통합하기 전까지 길을 잃은 아이처럼 느낄 수 있다. 우리는 뮤리엘 제임스(Muriel james 1974, 1981)의 자기 재양육(self-reparenting)과 같은 작업과 내적 부모를 치유하는 새로운 작업(Porter-Steele and Steele 1994)을 참고한다.

사례

가정의학과 의사인 베넷(Bennett)은 베개 밑에 장전된 권총을 둘 정도로 심한 우울증과 자살충동을 겪고 있었다. 때때로 그는 클립을 제거하고 머리를 겨누는 연습을 하곤 했다. 그는 서서히 진행되는 신경계 질환을 앓고 있었는데, 결국 불구가 될 것을 알고 있었다. 그의 결혼생활은 소란스럽고 비참했다. 그의 자녀들도 불행했고 말썽을 피웠다. 그는 휠체어 신세를 지거나 다른 사람들에게 의존하기 전에 자살할 것이라고 단호하게 주장했다.

치료 집단에서 베넷은 자신의 결정을 전적으로 이성적인 것으로 보았기에 자살 금지 동의를 매우 꺼렸다. 격렬한 치료적 직면 후에 그는 하루씩 살기로 결정을 내렸다. 그 결과 다소 기분이 나아진 그는 자살 충동에 대한 어린 시절의 기원을 기꺼이 탐색했다. 치료자는 베넷에게 우울한 감정을 따라 떠오르는 가장 최초의 장면으로 돌아가기를 요청했다. 베넷은 한 살이던 때로 돌아가서 엄마와 함께 기차를 타고 있는 기억에 도달했다. 그는 옆자리에 있는 색색의 사탕이 담긴 작은 플라스틱 상자를 보았다. 그리고 엄마가 사라졌다! 그는 낯선 사람들 무리에 둘러싸여 겁에 질렸다.

베넷은 공황 상태를 견딜 수 없었다. "어떻게 할 것인지 결정하셨나요?"라고 치료자가 물었다.

"나는 죽을 거예요. 어떻게 해야 할지 모르겠지만, 나는 그래야만 해요. 나는 이것을 참을 수 없어요. 나는 다시는 이토록 끔찍한 기분을 느끼지 않겠어요."

"이제 어른 자아 상태로 돌아오세요. 베넷, 방금 당신이 한 살밖에 되지 않았을 때 자살을 결정했다는 것을 발견했어요. 이제 그 결정을 바꿀 준비가 되었습니까?"

베넷은 잠시 멈칫했다. "안돼요! 저는 다른 사람들에게 의존하기 전에 스스로 목숨을 끊을 거예요."

잠시 숙고 끝에, 치료자는 이렇게 대답했다. "베넷, 당신은 한 살짜리 아이가 내린 결정에 의해 스스로 목숨을 끊는 쪽으로 살아왔어요. 지금 당신이 초기 결정을 바꾼다고 해서 나중에 성인으로서 새로운 결정을 내릴 수 없다는 뜻은 아닙니다. 문제는 당신이 겁에 질린 한 살짜리 아이에게 계속해서 당신의 생사를 맡겨 둘 결정을 할 것인가 하는 것입니다."

베넷은 아기의 통제를 받고 싶지 않았고, 즉각적으로 재결정을 진행하면서 그의 신경 질환이 충분히 심각해질 경우 죽음에 대한 결정을 내릴 수 있는 권리를 가지고 있지만, 그것은 성인의 결정이라는 점을 강조했다. 몇 주 후에 그는 우리에게 "제가 지금 자살에 대해 생각하는 유일한 순간은 제가 더 이상 자살에 대해 생각하지 않고 있다는 것을 깨달을 때뿐입니다!"라고 말했다.

그건 십여 년도 더 된 일이었다. 베넷의 신경질환은 끔찍한 피해를 입혔다. 그는 점점 마비되었고, 많은 신체기능을 상실했다. 그럼에도 그는 우울하거나 자살 충동을 느끼지 않았다. 그는 힘든 이혼을 겪었고, 그의 자녀 중 일부가 인생에서 심각한 실수를 하는 것을 지켜봤다. 그는 장애를 가지고도 활기차고 에너지가 넘치는 여성과 재혼했다. 그는 신체적 제약으로 이전의 활동을 못하게 되자 다른 방식으로 계속 일할 수 있도록 작업 환경을 수정했다. 그는 큰 병을 앓고 난 후 오래 요양을 했고, 그 시간을 종교 공부에 쏟았다. 그의 지역 공동체는 그를 존중했다. 그는 지금도 우리와 연락을 유지하고 있고, 인간 정신의 모든 차원에서 감동적인 영감을 주고 있다.

참고문헌

Boyd, H.S., and Cowles-Boyd, L. (1980). Blocking tragic scripts. *Transactional Analysis Journal* 10(3): 227-229.

Goulding, M. (1973). Personal communication.

James, M. (1974). Self-reparenting theory and process. *Transactional Analysis Journal* 4(3): 32-39.

_____ (1981). *Breaking Free: Self-Reparenting for a New Life*. New York: Addison-Wesley.

Porter-Steele, N., and Steele, C. A. (1994). Healing the inner parent: bringing the wisdom of the ancestors into psychotherapy. In *Social Systems & TA. The Maastricht Papers. Selections from the 20th EATA Conference*, ed. P. Lapworth, pp. 138-142. Maastricht: European Association for Transactional Analysis.

10
공황장애와 광장공포증 치료

딘 야노프 *Dean S. Janoff, Ph.D.*

서론

공황장애(panic disorder)와 재결정치료에 대해 이 장을 집필하게 된 것이 특권이라 할 수 있는 두 가지 이유가 있다. 첫째, 정서적 안전, 위험 및 불안과 관련하여 어린아이들이 내리는 심리적 결정의 중요성에 대해 알려진 바가 너무 적다. 이 결정은 미묘한 방식의 지각으로 아동의 정체성에 정교하게 엮여서, 이 후 그의 삶에서 행동, 감정, 이미지, 그리고 신념을 통해 관찰될 수 있다. 정서적이고 신체적인 안전에 관한 이러한 초기 학습은 나중에 중요한 생리적 각성을 지각하고 대처하는 방식에 영향을 준다. 공황장애의 발병은 개인의 몸, 신체 감각, 안전의 경계, 그리고 신체적이고 정서적인 안정감에 대한 개인의 가장 깊은 수준의 사고와 감정에 밀접하게 연결된다.

둘째, 정신건강 전문가 집단에서도 불안장애 치료의 적절한 초점에 대한 논쟁이 지속되고 있다. 특히, 대부분의 임상 연구는 공황 증상을 줄이는 데 초점을 맞춘 항정신성 약물 및/또는 인지-행동적 접근법을 사용하는 것을 지지한다(Mattick et al. 1990, National Institute of Health 1991). 그러나 특정 행동 변화를 위한 공황장애 치료 프로그램의 중요한 부분으로 초기 아동기 갈등의 해결을 포함하는 접근의 임상적 근거는 거의 없다(National Institute of Mental Health 1993, Roy-Byrne and Katon 1987). 더욱이, 전문가들과 대중들 사이에서 일반적인 심리 치료는 다른 맥락에서 유익하지만 공황발작에 대한 최적 요법은 아니라는 인식이 확산되고 있다 (Andrews et al. 1994). 안타깝게도, 전문가와 대중 모두 재결정치료법에 대해 잘 알지 못한다. 재결정치료는 초기 정서 및 인지 학습을 기반으로 한 오래된 부적응적인 신념 및 감정뿐 아니라 신체적 증상에 대한 경험을 변화시키는 것을 돕는 단기 해결 중심의 접근법이다. 다음 사례는 공황발작과 광장공포증을 수반한 공황장애의 발달 과정을 보여 준다.

공황장애의 발달: 패티의 사례

패티(Patti)는 우정, 여행, 모험 등 인생에서 가장 즐거웠던 것들에 관해서는 여느 친구들과 크게 다르지 않았다. 그녀는 총명했고, 성공적으로 대학 과정을 마쳤으며 매우 호감 가는 청년과 데이트를 하고 있었다. 그녀는 남자친구인 스테판(Stephan)과 함께 여름 내내 유럽 여행을 갈 계획이 있었다. 그러던 중 첫 공황발작이 일어났다.

패티는 스테판과 함께 그녀의 부모님을 방문하기 위해 운전 중이었다. 그녀는 남자친구에게 부모님을 소개하기 위해 여러 말을 하던 중 속이 불편해지기 시작했다. 그녀는 처음에 아무 말도 하지 않았지만, 교통이 혼잡했고 더 이상 운전에 집중할 수 없을 것 같다는 걱정이 점점 커졌다. 그녀의 머릿속은 부모님 생각에서 시작해 메스꺼움, 운전에 어려움에 이르기까지 여러 생각이 오가기 시작했다. 마침내 스테판이 물었다. "패티, 괜찮아? 창백하고 겁에 질린 것 같아." 사실이었다. 패티는 지금 매우 겁에 질려 있었다! 그녀는 자신이 미칠 것 같은 공포를 느끼며 고속도로에 차를 세우면서 "걱정하지 마. 난 괜찮아. 잠시 멈추면 될 거야."라고 말했다. 그러나 패티는 사실 점점 더 겁이 나고 불편한 기분이 들었다. 심장이 두근거리기 시작했고, 얼굴은 상기되었으며, 손과 발이 저리고, 숨을 쉴 수 없는 것처럼 느꼈다. 결국, 패티는 크게 흐느끼며 당장 병원에 가지 않으면 죽을지도 모른다고 필사적으로 소리쳤다. 스테판은 즉시 가장 가까운 전화기가 있는 곳까지 운전해서 구급차를 불렀다.

3시간 반 후, 패티와 스테판은 응급실에서 젊은 당직 의사의 진찰 결과를 듣고 있었다. "당신은 방금 공황발작을 겪은 것 같습니다. 심장과 폐는 정상이고 뇌파 이상은 없습니다. 사실상 건강에 이상은 없습니다. 제가 드린 약은 진정효과가 있어 수면을 도와줄 것입니다. 더 이상 문제가 없을 테니 걱정하지 마세요. 필요하다면 학교 상담사와 상담하는 것이 좋겠어요." 스테판은 안도했지만, 패티는 병원을 떠나면서 남은 주말 내내 앞으로의 건강에 대해 걱정했다.

위에서 설명한 불안 또는 공황발작은 3백만 명 이상의 미국인들에게 잘 알려져 있다. 미국 국립정신건강연구소(The National Institute of Mental Health, 1993)에 의하면, 전체 인구의 약 1.6%가 공황장애를 겪고 있거나 평생 한 번은 공황장애를 겪게 될 것이라고 추정한다(Regier and Robbins 1991). 한 달 기준으로 약 100만 명이 공황장애를 겪고 있으며, 여성이 남성보다 발병 가능성이 두 배나 더 높다(Regier et al. 1988). 공황장애를 가진 사람들은 예기치 못한 반복되는 극심한 공포 에피소드를 경험하는데, 이는 심계항진, 호흡 곤란, 흉통, 떨림, 또는 감각 이상(저림)과 같은 이유 없는 일련의 신체 증상을 동반한다. 좋은 소식은 공황장애는 치료가 가능한 정신장애라는 것이다. 그러나 공황장애로 진단되지 않거나 오진되거나 정확하게 진단되더라도 제대로 치료되지 않는 경우가 많다(ADAA Reporter 1993, NIMH 1993).

진단과 치료 외에도 공황장애와 광장공포증(agoraphobia)의 병인은 상당한 연구와 논쟁의 대상이 되어 왔다(Pasnau and Brystritsky 1990, Taylor and Arnow 1988). 대부분의 전문가들은 공황장애의 발병을 설명하기 위한 "기여 요인"(contributing factors) 모델에 동의하고 있다. 주요 요인은 유전적 소인, 생화학적 불균형, 어린 시절 외상 경험, 그리고 특정 장소, 상황 또는 내부 감각에 대한 과잉 자율신경계 각성과 짝지어진 조건화이다(National Institute of Health 1991).

오늘날 공황장애의 병인에서 위의 요소들 중 일부 또는 전부의 정확한 영향력을 적절하게 측정할 수 있는 방법은 없다. 그러나, 우리는 공황장애와 광장공포증의 발달에 심리적인 요인이 존재한다는 것을 알고 있다(Barlow 1988). 이러한 심리적 요인은 1) 위험, 신체 기능, 질병 및 자신의 삶을 긍정적인 방법으로 예측하고 통제하는 능력에 대한 부적응적 신념을 초래하는 생애 초기 경험으로 주로 가족 내에서 발생한다. 2) 공황발작의 유발 또는 반응으로써 신체 감각 또는 상황적 사건에 대한 즉각적이거나 최근의 잘못된 해석에 기인한다.

호랑이의 눈: 높은 불안, 공포, 그리고 회피

앞에서 설명한 패티의 공황발작에서 그녀의 신체는 마치 호랑이에게 공격을 받는 것처럼 실제 위험에 처한 듯이 생리적으로 반응했다. 하지만 그 호랑이 혹은 진짜 위험은 어디에 있었을까? 패티는 자신이 위험에 처해 있다고 상상함으로써 소위 "투쟁 혹은 도피"(fight or flight)의 생리적 반응을 이끌어 냈다. 이 위험 반응 메커니즘은 위기에 대한 자동적이고 포괄적인 생리적 반응으로 작동한다. 다행히도, 이 위험 반응은 의식적인 노력 없이 빠르게 일어나며 많은 중요한 변화를 초래한다. 이 과정은 뇌하수체에서 분비되는 다양한 호르몬(ACTH, ADH, TSH)과 뇌의 기저부 부위의 구조들과 시상하부에서 전달되는 신경 자극에 의해 조절된다. 호르몬과 신경 인자들의 결합 효과는 물리적인 위험과 손상에 대비하여 방어할 수 있도록 생리적으로 준비시키는 것이다. 교감신경계의 이러한 높은 수준의 활동은 신진대사, 근육 긴장, 혈압, 골격근으로 가는 혈류량을 증가시키고, 유지와 면역 체계 등의 장기적 보호 기능에 에너지를 감소시키는데 이 모든 것은 위험을 피하거나 벗어나기 위한 노력의 일환이다.

호랑이의 공격을 지각하거나 예측하는 것 또한 투쟁-도피 반응체계를 자극한다. 위험을 예측하는 이러한 능력은 몇 가지 중요한 방식으로 우리에게 불리하게 작용할 수 있다. 첫째, 위험하지 않은 사건이나 상황을 위험으로 잘못 귀속시킬 수 있다. 이러한 경우, "코너를 도는 자동차가 내는 굉음을 들었고 심장이 튀어나올 뻔 했다"는 것처럼, 실제로는 관리할 위험이 없음에도 투쟁-도피 반응체계가 작동된다. 둘째, 이러한 중요한 생리적 반응(투쟁-도피)은 다양한 일상적인 상황과 쉽게 조건화되거나 연합될 수 있다. 예를 들어, 시끄러운 소음, 사람들로 가득 찬 방, 넓은 공간, 고속도로에서 운전, 대인 갈등 또는 체온 상승 등이 있다. 셋째, 이러한 유형의 조건화가 일어나면 두려움에 떠는 상황을 실제로 보거나 상상만 해도 투쟁-도피 반응이 촉발될 수 있다. 사실, 삶에서 우리가 겪는 대부분의 "위험한 상황"은 문자 그대로 신체적으로 임박한 위험이 아니라 대부분 심리적인 위협(예를 들어, 죽음에 대한 두려움, 질식, 정신 혼미, 당황스러움)이다. 마지막으로, 조건화된 공포와 관련된 중요한 문제는 많은 사람들이 원치 않는 경험을 피하거나 벗어나려고 필사적으로 노력한다는 것이다. 지속적인 회피나 광장공포증은 공황장애로 인한 실제 피해로 개인의 안전에 대한 감각이 점점 더 제한되어 문자 그대로 집 밖에 나가지 못할 정도로 일상활동이 제한될 수 있다.

공황과 고소공포증에 대한 재결정치료를 설명하기에 앞서 패티의 경우 공황장애가 어떻게 발병했는지에 대한 이야기를 마치도록 하겠다. 패티의 두 번째 공황발작은 첫 공황발작 이후 3개월이 지나서 일어났다. 이번에는 쇼핑몰에서 전화로 스테판과 다툰 직후 일어났다. 그녀와 스테판은 주말 동안 부모님 댁에서 지낸 이후 사이가 좋지 않았다. 최근 몇 차례 말다툼으로 상당히 화가 났지만 공황발작이 나타나지 않았다. 그런데 갑자기 죽거나 정신을 잃을 것 같은 증상이 찾아왔다. 패티는 급히 지역 응급실로 갔고 신체적으로 아무 문제도 없다는 말을 다시 들었다. 이번에는 지속성이 더 강한 항불안제를 처방받았다. 좌절감과 두려움을 느낀 그녀는 의사가 원인이 무엇인지 말하지 않았지만 자신에게 정말로 문제가 있다는 것을 느끼며 병원을 떠났다.

그 후 12개월은 패티의 머릿속에 흐릿한 기억으로 남아 있다. 그녀와 스테판은 몇 차례 더 크게 다퉜고 마침내 헤어지기로 결정했다. 패티는 매주 공황발작을 일으키다가 매일 공황발작을 일으키는 단계에 이르렀다. 그녀의 학업 성적은 눈에 띄게 나빠졌고 심지어 가장 가까운 친구들마저 멀어지기 시작했다. 그녀의 불안 증상은 항상 존재하는 것처럼 보였다. 가슴 답답함, 불규칙한 심박수, 감각 이상, 피로감, 그리고 언제 어디서 "공황발작"을 겪을지 모른다는 끝없는 걱정으로 인한 좌절감, 그 결과 패티의 자존감은 곤두박질쳤고 자신에 대해 점점 더 수치심을 느겼으며, 이것은 고립감을 심화시키고 더 큰 수치심을 초래했다. 마침내, 패티는 그녀가 감정적으로 화가 날 것 같은 상황이나 불안 또는 공황을 유발할 수 있다고 생각하는 상황을 피하기 시작했다.

1년이 채 안되는 시간에 패티는 자신의 건강, 미래, 의사, 또는 친구들에 대한 신뢰를 잃게 되었다. 가족들은 그녀에게 문제가 있다는 것을 걱정했지만, 그녀가 왜 사소한 것에도 걱정을 멈출 수 없는지에 대해서는 이해할 수 없었다. 패티의 삶은 산산조각 난 것처럼 느껴졌고, 그녀는 그 이유를 알 수 없었는 데다 더 중요하게는 다시 온전해지기 위해 무엇을 해야 할지 전혀 알지 못했다. 그녀는 이후 2년을 의료전문가를 찾아다니며 보냈다. 심지어 8개월 동안의 개인 상담에서도 그녀의 일상적인 공황발작에는 거의 변화가 없었다.

패티의 상황은 공황장애 발병 이후 다양한 해결책을 시도하는 전형적인 공황장애 환자의 모습이다. 패티가 필요한 도움을 받기까지는 3년 반 이상의 고통의 시간이 있었다. 그러던 중 그녀는 지역 병원에서 공황장애에 대한 공개 강연에 참석했는데 그것이 그녀가 저자와 함께 치료를 시작하게 된 계기가 되었다. 그녀의 치료는 상세한 임상 평가(Barlow and Craske 1988)와 공황장애에 대한 구체적인 교육으로 시작되었다. 이 교육에는 불안의 생리적 기제, 신체 감각, 사고, 이미지, 그리고 감정 사이의 연관성, 그리고 정서적 및 신체적 안녕에 대한 믿음이 어떻게 어린 시절 가족 간 교류에서 형성되는지에 대한 이해가 포함되어 있다. 또한 패티는 공황 치료를 위해 적절한 약물의 사용 가능성에 대한 건강 검진 및 평가를 위해 의뢰되었다.

가족 : 안전, 위험 및 신체 감각에 대한 초기 결정

패티의 재결정 작업은 두 번째 회기에서 시작되었다.

치료자: 당신 자신에 대해 무엇을 바꾸고 싶습니까?
패티: 다시 안전함을 느끼고 싶어요.

치료자: 만약 당신이 다시 안전하다고 느낀다면 어떻게 달라질 것 같은가요?

패티: 지금처럼 긴장감으로 속이 답답하거나 손이 저리는 느낌이 들지 않을 거예요. 더 편안하고 집중할 수 있을 것 같아요.

치료자: 어렸을 때 안전하지 않다고 느꼈던 기억이 있으세요?

패티는 망설임 없이 저녁 식사 자리에서의 전형적인 가족 간 상호작용을 묘사하기 시작했고, 그 과정에서 공포, 불안, 통제력 상실에 관한 그녀의 초기 학습의 중요한 정보가 드러났다.

치료자: 이 가족 장면을 처음부터 시작해서 마치 지금 일어나고 있는 것처럼, 현재 시제로 설명하세요.

패티: 저는 부모님과 남매들과 함께 저녁 식탁에 앉아 있습니다. 저는 벌써 긴장하고 있어요. 매일 밤 그렇듯이 말이죠. 다른 사람들도 긴장한 것처럼 보이지만, 아무도 그것에 대해 말하지 않습니다. 아버지와 어머니는 지금 이야기를 하고 계세요. 아버지는 화가 잔뜩 난 것처럼 보이고 어머니는 화난 목소리로 다투기 시작해요.

치료자: 그들이 언쟁을 시작하면 당신은 무엇을 경험하고 있습니까?

패티: 저는 무섭고, 불안하고, 안전하지 않다고 느껴요. 그들은 언쟁을 하다 점점 더 크게 소리 지르고 있어요. 아버지는 폭발해서 어머니 얼굴에 거칠게 주먹을 휘두르면서 달려들어요. 저는 그만 멈추라고 소리칩니다. 심장은 뛰고 피는 머리로 몰리고 믿을 수 없을 정도로 무서워요. 어머니는 화장실에 뛰어들어가 문을 잠궈요. 엄마가 흐느끼는 소리가 크게 들려요. 저는 아버지를 두려움과 경멸이 섞인 눈으로 쳐다봅니다. 그는 제게 소리칩니다. "뭘 보고 있는 거야? 한 대 맞기 전에 여기서 당장 나가!" 저는 무섭고 부끄러운 마음에 울면서 침실로 뛰어가요.

치료자: 네, 그리고 지금 당신의 침실에서, 당신은 무엇을 하고 무슨 생각

을 하고 있습니까?

패티: 저는 침대에 앉아서, 제 몸을 감싸안고 살짝 흔들어요. 울면서 가족이 끔찍하다고 생각하고 있어요. 공허해요. 배가 아파요. 저는 제 남동생과 여동생이 안전하기를 바라요. 저는 두려움에 떨고 있어요. 한참 후에야 지쳐서 잠들어요.

패티는 이제 자발적으로 새로운 장면으로 뛰어든다. 다음 날 아침 가족과 함께 아침 식탁에 앉아 있다.

패티: 모두 평소처럼 각자 자리에 앉아 있어요. 아버지의 얼굴과 어머니의 목소리에 긴장감이 감돌고 있어요. 아무도 감히 어젯밤의 전쟁을 말할 수 없어요. 배가 당기는 것 같아요. 심장은 뛰고, 손도 저려요. 식탁을 둘러보다가 더 이상 참을 수 없어 떠나도 되는지 물어요. 배가 너무 아프고 토할 것 같다고 말하고 제 방으로 가요. 학교에 가고 싶지 않아요.

치료자: 당신은 지금 매우 슬퍼 보입니다.

패티: 네, 어느 부모님께도 사랑받지 못하는 것 같아 저는 너무 창피하고 부끄러워요.
[흐느끼기 시작] 저는 미래가 너무 걱정되요. 어쩌면 이게 다 제 잘못일지도 몰라요!

패티는 가족의 식사 장면에서 묘사된 경험으로부터 자신의 신체 감각에 대해 무엇을 배웠을까? 첫째, 패티는 두려움과 불안으로 인한 강한 신체 감각이 절망감과 부모로부터 사랑받지 못한다는 감정으로 이어진다는 것을 알게 되었다. 둘째, 그녀는 위협을 받거나 위험에 처했다고 느낄 때마다 지속적으로 자신에 대한 나쁜 감정이 뒤따른다는 것을 알게 되었다. 마지막으로, 그녀는 감정과 강한 신체 감각은 부정하거나 최소한 절대 이야기해서는 안된다는 것을 배웠다.

이러한 초기 아동기 학습(즉, 결정)이 어떻게 패티가 가족 속에서 살아남는 것을 도왔는지 상상해 보라. 패티의 가족은 강렬한 감정 뒤에 종종 언어적 위협이나 분노가 뒤따른다는 것을 아는 것이 도움이 되었다. 이 지식은 다음에 다가올 것에 대한 대비를 할 수 있게 했다. 그러나, 강한 감정 표현과 부정적인 결과 사이에 항상 연관성이 있다는 결정은 나중에 그녀의 인생에서 문제를 일으킬 수 있었고, 실제 문제가 되었다. 게다가, 아이들은 종종 그들 스스로 부모님의 감정과 갈등에 대한 책임을 떠맡는다("나는 나쁜가 봐" vs "나의 부모님은 화를 잘 내는 사람들"). 수많은 비슷한 가족들의 교류를 여러 번 겪은 후에, 패티는 그녀가 행복한 사람이 되어서는 안되며 친밀감은 갈등, 불안, 통제력의 상실로 이어진다고 결정했다.

초기 결정이라는 지뢰밭: 위험, 두려움, 불안에 대한 인지 발달

원래 적응적이었던 부정적인 아동기 결정은 이후 특정 사건에 의해 활성화되는 심리적 지뢰밭이 된다. 그 사건들은 직간접적으로 초기 아동기 경험을 연상시킨다. 광장공포증을 동반한 공황장애에는 위험, 공포, 신체 감각에 관한 초기 결정이 특히 중요하다. 예를 들어, 패티는 그녀의 가족 안에서 경험한 격렬하고 예측불가능한 감정 폭발에 근거하여, 세상은 그녀에게 안전하지 않다고 결정했다. 그녀는 중간 정도의 신체적인 감각(예를 들어, 심장이 더 빨리 뛰거나, 가슴, 목, 어깨 근육이 긴장되고, 호흡이 가빠지거나, 얼얼한 감각)이 느껴질 때마다, 위험이 바로 코앞에 와 있다는 것을 학습했다. 설화에 따르면, 호랑이의 눈이 가까이에 와 있다고 생각한 것이다! 위험에 대한 이 같은 해석과 경험의 순환이 반복된다면, 우리는 공황발작 및/또는 높은 수준의 불안 예측 상태가 생길 수 있다. 마찬가지로, 아이들은 세상에서 그들의 상대적인 자기 효능감에 대해 결정을 내린다(Bandura 1977). 매우 낮은 자기 효능감은 이후 삶에서 신체 감각이 최소한으로 느껴져도 부적절함, 자기 의심, 위험 또는 불안감에 대한 생각을 불러일으켜 견디지 못하게 될 수도 있다.

순응적 아이가 가진 공황발작, 예기 불안, 광장공포증 회피의 발달에 대한 이해

만약 한 살짜리 아기의 노는 모습을 본 적이 있다면, 에릭 번(1961)이 말하는 자유로운 아이를 목격한 것이다. 이 나이의 아이들은 자신과 다른 존재가 되어야 한다고 생각하지 않는다. 그들은 자신들의 감정을 제한 없이 자유롭게 표현한다. 아이가 자라면서, 부모, 친척, 교사, 그리고 주변 사람들로부터 사회화 과정을 시작한다. 이 시기에 번은 순응적 아이가 나타난다고 보았다. 이 순응적 아이는 경쟁이 치열한 세상에서 살아남는 방법을 이해하기 시작한다. 패티의 경우, 그녀의 순응적 아이는 부모의 갈등과 관련하여 자신에 대해 내린 부정적인 결정들에 대한 해결책을 발견했다. 이러한 해결책들은 부모가 양육과 친밀에 대한 진정한 욕구를 충족시키지 못한다는 사실에 적응하는 것을 도왔다. "부모님이 내 욕구를 무시하는 걸로 봐선 내게 뭔가 문제가 있는 게 분명해."라며 자신을 비난함으로써 패티는 더 나은, 더 사랑스러운 아이가 되려고 노력하는 행동을 할 수 있었다. 사실상, 그녀의 부모님이 서로 친밀한 관계를 유지할 준비가 되어 있지도 않았고, 그들의 아이들에게 충분한 정서적 지지를 제공하지도 못했다는 것을 깨닫는 것은 패티가 이해하기에 너무 복잡하고 벅찬 일이었다. 또는 패티의 "자유로운 아이"는 "당신은 저에게 정말 관심이 없네요." 또는 "당신에게 정말 화가 났어요."와 같은 사실을 불쑥 말해서 분명히 강력한 비판과 신체적 처벌의 위협을 받았을 것이다. 그래서 패티는 자신의 가정에서 살아남기 위한 방법을 찾기 위해 점점 더 그녀의 "순응적 아이"에 의존했다.

불안과 초기 아동기 결정이 빚어낸 독성 혼합물

굴딩 부부(1979)는 외상 및/또는 역기능적인 가족 상호작용을 통해 형성된 전형적인 유아기의 부정적 결정을 목록화했다. 다음의 명령과 대항명령은 불안에 대처하는 개인의 능력에 중요한 역할을 한다. 명령의 예로는 "존재하지 마라", "중요한 사람이 되지 마라", "성공하지 마라", "너 자신이 되지 마라", "제정신이 아니거나 건강하지 마라", "소속되지 마라" 등이 있다. 그리고 대항명령의 예로는 "강해져라", "완벽해라", "나를 기쁘게 해라", "내가 느끼는 대로 느껴라", "더 열심히 일해라" 등이 있다. 위의 모든 메시지는 불안을 조성하는 상황에 아이가 직면했을 때 강화될 수 있다. 사실, 아이들이 새롭거나 갈등 상황을 마주하게 되면, 자신에 대한 많은 중요한 믿음(결정)을 환기시키는 정상적인 불안감이 발생한다. 자신에 대한 강한 부정적인 믿음(예: "성공하지 마라")과 결합된 불안 또는 두려움의 감정은 쉽게 자기 의심이 증가하고, 불안이 증폭되어 궁극적으로 통제할 수 없는 두려움으로 이어질지도 모른다. 위험이나 두려움이 증가한다는 감정이나 사고는 교감 신경계(투쟁-도피 반응)를 자극하여, 불안, 두려움 및 부정적인 믿음 또는 결정을 촉발한다.

위와 같은 일련의 부정적인 생각과 감정이 연속해서 일어날 때, 정상적인 사건을 위험으로 잘못 귀인해서, 실제로는 자기 통제나 건강에 대한 내적인 감각을 위협하는 발달 경로가 굳어진다. 내부 신체적 감각(예: 심박수 증가)은 신체적 감각뿐 아니라 위험이라는 결론(예: "심근 경색인가 봐요")으로 이어질 수도 있지만, 승진과 같은 외부 사건으로 인해 "나는 성공할 수 없어"라고 말하는 내면의 음성(명령)을 유발하여 공황에 빠질 수 있다. 시간이 지남에 따라 다양한 정상적인 사건을 위험으로 잘못 귀속시키면 자신의 지각을 정확하게 사용할 수 있는 능력이 약화된다.

예기 불안과 광장공포증 회피에서 사라지는 자유로운 아이

앞서 언급했듯이, 순응적 아이는 어린 시절의 충격적 경험에서 살아남기 위한 방법을 찾기 위해 열심히 노력한다. 자유로운 아이가 보이는 분노발작이나 두려움과 분노의 정당한 표현은 정서적 친밀감이 아닌 더 큰 학대를 유발할 수 있다. 순응적 아이는 더 열심히 일하거나, 탈출하거나, 옛 감정과 믿음을 자극하는 상황을 완전히 회피(인식이 거의 없거나 전혀 없는)함으로써 초기의 부정적인 결정에서 살아남을 방법을 찾기 시작한다. 불안은 회피 또는 도피 행동의 매개체이다. 순응적 아이는 위험을 예측하기 시작하고(불안 예감) 탈출 또는 회피 반응을 시작하는 방법을 능숙하게 배운다. 순응적 아이에게 위험의 주요 단서는 교감 신경계의 활성화, 즉 심박수 증가, 근육 긴장 등의 신체반응이다. 한편, 자유로운 아이는 공포스러운 경험에 대한 자연스러운 대처 반응이 지지받지 못한다는 것을 알게 되면서 사라지기 시작한다. 예를 들어, 패티의 부모는 저녁 식사 자리에서 패티가 긴장에 대해 자연스럽게 반응했을 때 무시하거나 처벌했다. 그녀의 순응적 아이는 다음번에 아픈 척하며 그 상황에서 탈출하는 방법을 알아냈다. 이러한 해결책은 어린 시절에는 매우 영리하지만, 안타깝게도, 나중에 어른이 되어서는 실제 문제로 이어지게 된다.

공황장애를 가진 내담자와 변화 계약 체결하기

"오늘 당신 자신에 대해 무엇을 바꾸고 싶나요?"는 재결정치료자가 제기하는 질문이다. 보통 공황장애를 가진 내담자는 "공황발작을 멈추고 싶습니다."라고 대답한다. 그러나 더 자세히 질문을 하면 내담자가 이전에 시도했던 해결책에 도망과 회피 행동이 모두 포함되어 있음이 드러난다. 따라서 공황발작 멈추기라는 변화와 공황발작을 피하거나 도망가려는 시도인 다른 모든 행동을 구별할 필요가 있다. 예를 들어, 내담자는 공황이 예상되는 특정 도로에서 운전을 피함으로써 공황 상태를 멈추려고 했을 수 있다. 그리고 공황이 시작될 때 도로에서 빠져나갈 출구를 찾아서 탈출 시도를 했을 수 있다. 그러나 이 두 가지 시도된 해결책 모두 문제를 다시 강화시킨다는 공통점이 있다. 지속적인 변화는 교감 신경계 각성이 실제 위험과 항상 연결되어 있다는 믿음을 재결정하는 것을 의미한다.

재결정 모델에서 변화는 공황발작을 더 이상 두려워하지 않게 되었을 때 사라진다는 점에서 역설적이다. 교감신경계 각성으로 심박수 증가, 손바닥 땀, 저림, 가슴 답답함 등의 현상이 계속될 수 있지만 이러한 감각을 기꺼이 견딜 수 있다면, 더 이상 공황에 빠질 필요가 없다. 예를 들어, 특정 도로에서 운전, 엘리베이터 탑승, 원거리 여행 등의 특정 상황은 고전적 조건형성을 통해 생리적인 반응을 계속 이끌어 낼 수 있다. 파블로프(Pavlov 1927)의 개 실험에서 조건 반응을 소거하는 데 시간이 걸린다는 것을 오래전에 보여 주었다. 결국, 실제 또는 예상되는 공황발작이 없다면, 오래된 감각도 사라질 것이다. 공황장애 환자들 대부분이 그들의 마음 어딘가에서 이것이 사실이라는 것을 알고 있지만 불안이 지속되는 이유는 무엇일까?

공황발작을 완전히 멈추기 위해서는 많은 환자들이 안전, 위험, 신체적 감각에 관한 그들의 어린 시절의 결정에 직면하고 재결정할 필요가 있다. 따라서, 변화를 위한 치료 계약은 불안과 친구가 되려는 노력(불편한 감각을 참는 법을 배우는 것 vs 피하거나 탈출하는 법을 배우는 것)을 넘어 긍정적이고, 유능하며, 강력하고, 가치 있는 자기개념을 지지하는 재결정을 완료해야 한다. 만일 이런 재결정 작업 없이 불안 관리 전략을 사용한다면, 현재에 대한 자기 두려움과 미래에 대한 불안감이 지속적으로 자신을 잠식하는 결과를 초래할 수 있다.

재결정치료자는 내담자가 변화를 위한 실행 가능한 계약을 맺도록 평가하고 안내해야 한다. 재결정은 내담자가 앞으로 어떻게 다르게 생각하고, 느끼고, 또는 행동할 것인지에 대해 결정하는 것이다. 계약에는 1) 불편한 신체 감각, 사고 및 이미지를 견디는 것에 대한 약속 2) "나는 상상되는 비현실적인 위험과 그로 인한 두려움 및 불안으로부터 벗어날 자격이 있다."와 같이 자신에 대한 가치 있는 감각을 증진하기 위해 필요한 모든 재결정에 대한 헌신이 포함되어야 한다. 재결정치료자는 변화를 위한 적절한 치료 계약이 체결되면 교육, 감각 인식 훈련, 게슈탈트 의자 기법(Pearls 1969) 및 다양한 실험을 활용하여 내담자가 목표를 실현할 수 있도록 도울 것이다.

재결정하기:
심상과 기억을 통해 자유로운 아이에게 접근하기

재결정을 완성하는 것은 어른 자아 상태와 자유로운 아이 자아 상태의 작업을 통해서이다(Stewart and Joines 1987). 변화를 위한 결정은 현재 성인 세계에서 적절할 뿐 아니라 자유로운 아이의 요구도 충족시켜야 한다. 치료 회기 중 내담자가 불안과 부정적인 자기인식이 동시에 존재하는 어린 시절 장면을 떠올려 다시 재연함으로써 완성된다. 패티의 사례에서는 어린 시절 폭력적인 분노가 상당한 두려움, 불안, 그리고 부정적인 자기인식을 불러일으키는 여러 장면들을 떠올리도록 요청받았다. 앞서 설명한 치료 회기에서 패티는 부모님의 갈등에 대해 그녀의 진정한 감정을 전달하는 대화 장면을 구성했다.

치료자: 패티, 어머니와 아버지가 이 두 의자에 앉아 있다고 상상하세요. 그들에게 당신이 어떻게 느끼는지 말해 주세요.

패티: [그들이 "존재"하고 있는 것에 적응한 뒤 계속해서 흐느끼며] 저 자신이 형편없게 느껴져요. 두렵고, 어떻게 살아야 할지 모르겠어요! [큰 소리로 울부짖음] 온몸이 떨려요.

치료자: 지금 두 사람에게 당신이 원하는 것을 말하세요.

패티: 서로 때리지 말고 날 좀 도와주세요. 날 겁주지 말고 안아 주세요. [울면서 태아처럼 웅크림]

치료자: [잠시 멈춤] 패티, 부모님을 보세요. 부모님은 어떻게 반응하나요?

패티: 모르겠어요. 좀 혼란스럽고 겁먹은 것 같아요.

치료자: 네, 그들이 지금 당장 당신을 도우려고 하나요?

패티: 아니요, 그들은 저나 그들 자신에 대해 정말 아무것도 모르는 것 같아요. [부모 쪽으로 몸을 돌리고 목과 얼굴 근육을 긴장시킴]

치료자: 지금 몸에서 무엇을 느끼십니까?

패티: 긴장되고, 심장이 빠르게 뛰고 있어요. 더워요. 절망적이어서 화나고 슬퍼요.

치료자: [잠시 멈춤] 패티, 이리 와서 제 옆에 서 보세요. [치료자와 패티 둘 다 의자 밖에 섬- 패티가 어른 자아 상태를 활성화할 수 있도록 함] 이 어린 소녀가 지금 얼마나 힘든지 말해 주세요.

패티: 부모님이 그녀를 사랑하지 않는 것 같아 그녀는 정말 기분이 좋지 않아요.

치료자: 네, 그 아이는 그렇게 생각합니다. 그리고 부모님의 폭력을 두려워합니다. 그렇지요?

패티: 맞아요! 그 아이는 그들이 싸우고 서로 소리치는 것을 막을 방법을 몰라요.

치료자: 그런데 정말 그녀가 싸움을 멈출 수 있다고 생각하나요?

패티: 아니요. 그 아이는 그들의 문제를 해결할 수 없어요.

치료자: 그녀가 정말로 스스로 느끼는 것만큼 나쁘다고 생각하나요?

패티: 아니요, 절대 아니에요! 그녀는 지금 이 가족에 갇혀 있을 뿐이에요. 그녀가 이런 상황에서도 꽤 잘 대처하고 있어요.

치료자: 그녀는 대처 능력이 뛰어납니다! 사실, 저는 당신이 인정하는 것보다 더 그녀가 뛰어나다고 생각합니다

패티: [미소 짓기 시작] 네, 정말 대단해요!

이 대화에서 패티는 그녀가 얼마나 부모의 분노에 겁을 먹었는지와 부모님의 관심과 사랑이 얼마나 절실했는지를 표현했다. 패티는 그녀의 부모님 모두 무력하다고 느꼈고, 변화할 준비가 되어 있지 않다는 것을 깨달았다. 어린 시절 장면에서 작업을 하고 난 뒤, 패티는 부모님과 그녀 자신에 대해 새로운 결정을 내릴 준비가 되었다. 그녀의 재결정은 "나는 있는 그대로 사랑스럽다", "나의 두려움과 불안은 나의 신체적이고 정서적인 안전에 대한 실제 위협 때문이었다", "나는 현재 나의 신체적인 또는 정서적인 안전을 위협하는 사람과 함께 살지 않겠다", "강력한 신체적 감각은 재미있고 즐거울 수 있다", "나는 그때 완전히 안전하지 않았지만 지금은 안전하다!"가 포함되어 있다.

과거에서 현재로:
재결정 작업이 성인 생활의 불안에 미치는 영향

패티의 부모, 그녀 자신, 그리고 주변 세상에 대한 입장은 중요하게 변화했다. 그녀는 더 많은 힘을 부여받았고 더 이상 불안을 억제하지 않고 살 자격이 있다고 느꼈다. 그녀는 이제 게슈탈트 자각 훈련(Janoff 1996b)과 현재 삶의 불안을 이해하고 관리하기 위한 많은 중요한 인지 행동 기법(Barlow and Craske 1988)의 혜택을 받을 준비가 되었다. 이후 치료 회기에서, 그녀는 자신의 신체 감각이 위험하지 않음("여기는 호랑이가 없다!")을 알 수 있다는 확신을 갖게 되었고, 이것은 그녀가 공황발작에 대해 생각하는 방식을 바꿨다. "저는 제가 공황상태일 때 조차 실제로 위험 상황은 아니었다는 것을 이제 알 수 있습니다. 오히려, 제가 얼마나 통제 불능인지에 대한 낡은 감정과 사고가 제 자신을 겁먹게 했고, 그것은 또한 제 두려움과 불안을 증폭시켰습니다." 패티는 "제가 불안 발작을 겪더라도 당황하는 모습은 상상도 할 수 없을 겁니다. 저는 분명히 불편하겠지만, 살아남을 것입니다!"라고 끝을 맺었다.

현재 경험의 맥락에서 재결정 고정하기

패티가 재결정 작업을 마친 후 그녀는 새로운 방식으로 신체 감각을 경험하는 방법을 배울 준비가 되었다. 이전에는 필사적으로 피하려고 했던 바로 그 신체 감각을 자극하는 점진적 노출(graduated exposure) 훈련을 하도록 요청받았다. 과호흡, 의자에 앉아 빙글빙글 돌기, 불이 꺼진 작고 밀폐된 옷장에 앉아 있기 등은 훌륭한 노출 훈련이었다. 처음에 그녀는 발생 가능한 위험에 대한 과거의 생각뿐만 아니라 상당한 양의 생리적 각성(심장 박수 증가, 호흡 곤란, 손발 저림, 체온 상승, 배, 목과 어깨 근육의 긴장)을 느꼈다. 그리고 그녀는 각 훈련에 대해 정확히 무엇을 기대해야 하는지에 대해서도 배웠다. 패티는 훈련을 반복할수록 두려움과 생리적 각성이 줄어들고, 힘과 숙달감이 증가하면서 각 활동을 견디기 시작했다.

그녀는 신체 감각이 어떻게 두려운 사고를 촉발하는지와 불편감이 항상 실제 위험의 표시는 아니라는 것을 금방 이해했다.

초기 노출 훈련은 상담실에서 진행되었는데 그곳에서 패티의 지속적인 생각, 감정, 그리고 감각이 주의 깊게 관찰될 수 있었다. 그녀 자신, 그녀의 몸, 그리고 그녀의 많은 장점들에 대한 인식은 연습을 수행하면서 비약적으로 성장했다. 그 다음, 패티는 치료 회기 사이에 다른 맥락에서 새로운 학습을 연습하도록 안내 받았다. 먼저, 패티는 그녀가 이전의 논쟁으로 상처받고 화가 나서 몇 달 동안 피하고 있던 가까운 친구에게 자신의 감정을 말하기로 했다. 패티는 대면하면서 "불안하고, 두근거리고, 온몸이 답답하다"는 느낌을 보고했다. 그런데, 이제 그녀가 아끼는 사람과 정서적 위험 상황에서도 강한 신체 감각을 견딜 수 있다는 것을 알았다. 그 다음 주, 패티는 그녀의 부모님을 방문하기 위해 집으로 갔다. 그녀는 다양한 불편한 신체적 감각과 감정을 전반적으로 느낄 것으로 예측했다. 그녀의 예상은 옳았다! 속상했던 가족 행사에 대한 그녀의 기억들과 부모님과의 계속되는 상호작용 모두 강한 감정과 심상을 불러일으켰다. 패티는 방문 동안 그녀의 오래된 부정적인 자아상이 배경에 도사리고 있다고 보고했다. "저는 저와 제 과거, 그리고 부모님에 대해 결정한 것을 기억하면서 불편한 감정의 파도를 계속 넘었어요. 하루가 끝날 무렵 지치긴 했지만 공황에 빠지지는 않았어요."

이런 계획된 경험들을 통해 패티는 실제 삶에서 재결정과 신체적 감각을 새롭게 경험하는 새로운 기술을 정착시켰다. 패티는 매일의 과정에서 그녀의 감정과 감각들이 얼마나 자주 바뀌었는지를 알아차렸다. 13회기의 치료가 끝났을 때, 패티는 두 달 동안 공황이 없었다. 8개월 뒤 추수 상담에서도, 패티는 공황발작이 없었고 그녀의 진전과 최근에 시작된 새로운 관계에 대해 매우 기대하고 있었다.

결론

앞서 설명한 패티의 사례와 유사한 많은 사례에서 다양한 요인이 치료의 전반적인 성공에 기여했는데 그 요소는 공황장애에 대한 정확한 정보, 불안의 생리학과 공황과 유사한 증상의 생리적 원인에 대한 교육, 적절한 약물 치료, 통제의 심리적인 문제, 상대적인 안전감, 그리고 유아기 결정의 기원에 대한 치료적인 집중, 그리고 신체 감각, 인식, 그리고 미묘한 회피 행동을 관찰하는 데 있어서 매우 구체적인 인식 훈련이다. 이 장의 목표는 공황장애를 치료하는 맥락에서 재결정치료의 적용을 강조하는 것이었다. 한 랍비는 치킨 스프의 약효에 대해 질문을 받았을 때 "치킨 스프는 병을 낫게 하는 것이 아니라 환자를 낫게 한다"고 말한 적이 있다고 한다. 굴딩 부부(1978)는 "힘은 환자에게 있다"를 저술할 때 랍비의 지혜를 이해하고 있었다. 재결정치료는 내담자가 자신의 힘, 존엄성, 그리고 자기 가치를 되찾도록 돕는다. 병을 고치는 것은 치료가 아니라 환자 자신이다. 많은 환자들이 공황장애를 "치료" 받기 위해 전문적인 도움을 구한다. 그들의 무력감은 극심하다. 재결정치료는 사람들이 생각하고, 느끼고, 행동하는 방식을 새로운 결정으로 맞설 수 있도록 돕는다. 어느 내담자가 공황을 극복한 후 이렇게 표현했다. '호랑이를 고양이로 바꾸고 있어요".

참고문헌

ADAA Reporter (1993). HARP study shows medical problems, under-use of behavioral treatment. *Anxiety Disorders Association of America*, IV(1).

Andrews, G., Crino, R., Lampe, L., et al. (1994). *The Treatment of Anxiety Disorders: Clinician's Guide and Patient Manuals*. New York: Cambridge University Press.

Bandura, A. (1977). Self-efficacy: toward a unifying theory of behavioural change. *Psychological Review* 84: 191-215.

Barlow, D. H. (1988). *Anxiety and Its Disorders: The Nature and Treatment of Anxiety and Panic*. New York: Guilford.

Barlow, D. H., and Craske, M. G. (1988). *Mastery of Your Anxiety and Panic*. Albany, NY: Graywind.

Berne, E. (1961). *Transactional Analysis in Psychotherapy*. New York: Grove.

Goulding, R., and Goulding, M. (1978). *The Power is in the Patient*. San Francisco: TA Press.

_____ (1979). *Changing Lives through Redecision Therapy*. New York: Brnner/Mazel.

Janoff, D. S. (1996a). *Group treatment of panic disorder and agoraphobia*. Workshop presented at American Group Psychotherapy Association annual meeting, San

Francisco, CA.

_____ (1996b). *Integrating gestalt and cognitive-behavioral therapy for p-anic disorder and agoraphobia.* Workshop presented at Anxiety Disorders Association of America annual meeting, Orlando, FL.

Mattick, R. P., Andrews, G., Hadzi-Pavlovic, D., and Christensen, H. (1990). Treatment of panic disorder and agoraphobia: an integrative review. *Journal of Nervous and Mental Disorders* 178: 567-576.

National Institute of Mental Health (1993). *Panic Disorder in the Medical Setting.* (NIH Publication No. 93-3482.) Washington, DC: U.S. Government Printing Office.

National Institutes of Health (1991). *Treatment of panic disorder.* (NIH consensus development conference statement), vol. 9, no. 2. Bethesda, MD: National Institutes of Health.

Pasnau, R. 0., and Bystritsky, A. (1990). An overview of anxiety disorders. *Bulletin of the Menninger Clinic* 54: 977-986.

Pavlov, I. P. (1927). *Conditioned Reflexes,* trans. G. V. Anrep. London: Oxford University Press.

Perls, F. (1973). *The Gestalt Approach and Eyewitness to Therapy.* Palo Alto, CA: Science and Behavior Books.

Regier, D. A., Boyd, J. H., and Burke, J. D. (1988). One-month prevalence of mental disorders in the United States. *Archives of General Psychiatry* 45: 977-986.

Regier, D. A., and Robins, L. N. (1991). *The NIMH Epidemiologic Catchment Area Study.* New York: Free Press.

Roy-Byrne, P. P., and Katon, W. (1987). An update on the treatment of anxiety disorders. *Hospital and Community Psychiatry* 38: 835-843.

Stewart, I., and Joines, V. (1987). *T.A. Today: A New Introduction of Transactional Analysis.* England: Lifespace.

Taylor, C. B., and Arnow, B. (1988). *The Nature and Treatment of Anxiety Disorders.* London: Collier-Macmillan.

… 11

섭식장애 치료

린다 카미클 *Linda Carmicle, Ph.D*

서론

현대 여성들은 비극적이게도 여성미와 마른 몸을 동일시하는 신념 체계의 희생양이 되어 왔다. 서구 문화에서 많은 여성들이 사회가 요구하는 완벽한 몸매에 맞추기 위해 폭식 행동을 받아들였다. 여대생의 13% 이상이 폭식증을 겪는 것으로 추정된다(Goldfarb et al. 1985). 1994년 피트니스 강사를 대상으로 한 설문조사에 따르면 여성 응답자의 3분의 1과 남성 응답자의 10분의 1이 섭식장애(eating disorder)를 겪고 있는 것으로 보고되었다(Stedman 1996). 폭식증(bulimia)은 생리적, 심리적으로 위험한 결과를 초래하는 치명적인 질환이다. 폭식증은 수세기 동안 여성에게 영향을 미쳐 왔지만 1980년이 되어서야 *정신질환 진단 및 통계 편람(Diagnostic and Statistical Manual, DSM)*에 정의되었다. 폭식증의 진단과 치료에 대한 전문 문헌은 여전히 부족하며, 남성 폭식증에 대한 정보는 거의 없다.

현재 보건의료 환경은 단기치료법에 대한 지식을 요구한다. 재결정치료는 이 생명을 위협하는 질병을 치료하는 데 효과적인 방법이다. 이 치료법은 초기 결정을 다루고 환자가 현재에서 변화할 수 있도록 돕는다. 재결정치료는 정서적인 측면과 인지적인 측면을 모두 다루기 때문에 빠르고 매우 생산적이다.

나는 폭식 행동의 심리적, 사회적 원인에 대해 오랫동안 관심을 가져 왔다. 섭식장애에 대한 관심은 임상 현장에서 생겨났는데, 이들 중 일부는 우울이나 불안의 문제를 안고 치료를 받으러 왔지만 치료가 진행되는 동안 외모와 체중에 대한 과도한 집착이 나타났고, 결국 폭식 행동이 밝혀졌다.

"그냥 기분이 나아지고 싶다"고 말하는 우울하고 완벽주의적인 젊은 여성들이 실제로 내가 폭식증 치료를 전문으로 한다는 것을 알고 나를 치료자로 선택하는 일이 종종 있다. 나는 환자와 그 가족들이 섭식장애의 위험성에 대해 알고 있다고 생각한다. 지난 3~4년 사이에는 폭식증 치료를 위해 오는 환자들도 있었다. 남성에서 보고된 사례는 극히 적은데(Brown well and Foreyt 1986), 섭식장애 내담자와 함께 일한 10년 동안 나는 단지 세 명의 남성 폭식증 환자를 보았다. 대중적인 유행은 남성은 크고 강해야 한다고 요구하기 때문에, 나는 스테로이드 남용이 여성의 섭식장애에 상응하는 문제일 수도 있다고 생각한다.

어린 시절, 자아가 형성되는 시기에 만들어진 자기 가치에 대한 판단, 생물학적이고 정서적 욕구 인식, 가족의 기대에 대한 초기 결정은 폭식증의 원인이 된다. 완벽한 몸에 대한 욕망은 엄격한 다이어트, 단식, 굶주림으로 이어지고, 이것은 폭식, 하제 사용 그리고 죄책감의 악순환을 야기한다. 환자가 폭식을 포기하는 것을 치료의 목표로 볼 수 있지만, 폭식증의 치료는 훨씬 더 복잡하다. 폭식증으로부터의 회복은 다양한 변화 계약을 포함한다. 예를 들면, 영양과 신체 치수에 대한 어른 자아 상태 교육, 신체적인 외모와 상관없이 자신을 받아들이고 가치를 평가하도록 아이 자아 상태 교육, 부모의 자아 상태가 신체와 감정을 건강하게 돌봄으로써 적절히 양육하도록 교육하기 등이 포함된다.

치료는 일반적으로 6개월에서 2년까지 지속된다. 치료 기간은 질병의 심각도와 치료 방식(Garner and Garfinkel 1985)에 따라 달라진다. 효과적인 치료를 받지 못하면, 환자는 평생 동안 섭식장애를 겪을 수 있다. 적어도 30일 이상 섭식장애 전문 병동에 입원하는 것이 치료 시간을 줄일 수 있다. 여기에서 새로운 식습관을 형성하고, 병의 심리적인 원인을 탐색한다. 그러나, 현재의 보험은 섭식장애로 인한 입원을 거의 보장하지 않아서 우수한 시설들이 많이 문을 닫았다.

나는 재결정치료가 폭식증에 특히 효과적이라고 생각한다. 이 치료법은 폭식증 환자가 보이는 행동의 인지적 측면을 통합하고, 게슈탈트 체험 연습을 활용하여, 자기 양육을 가르치기 때문이다. 문헌에서는 폭식증 집단의 자기 양육 결여를 일관되게 보고하고 있다(Garner and Garfink-el 1985, Johnson and Connors 1987). 게슈탈트 기법을 사용하는 실험군(Boskin-d-White and White 1983)뿐만 아니라 인지-행동 그룹(Johnson and Connors 1987)에도 상당한 개선이 보고되었다. 집단치료는 섭식장애 환자에게 매우 효과적인 것으로 밝혀졌다(Johnson and Connors 1987). 리버만(Lieberman), 얄롬, 그리고 마일스(Miles)(1973)는 다양한 양식을 포함하는 집단치료에 대한 연구에서 인지와 정서의 중요성에 주목했다. 이들이 연구한 17개의 집단 중에서, 가장 성공적인 집단은 밥 굴딩이 이끈 집단이었다.

폭식증의 정의

폭식증은 "엄청난 굶주림" 또는 "황소의 식욕"을 의미하는 그리스 단어이다(Boskind-White 1983, p. 19). 정신질환 진단 및 통계 편람(DSM) 제2판은 폭식증을 폭식 행위로 정의했으며, 하제 사용은 언급하지 않았다. 폭식증에서 하제 사용은 1976년까지 문헌에서 거의 다뤄지지 않았다. 그러나, DSM-IV(1994)에서는 폭식증의 정의에 하제 사용과 폭식 모두를 포함하고 있으며, 신경성 폭식증(bulimia nervosa)의 하제 사용형(purging type)과 하제 비사용형(nonpurging type)을 정의하고 있다. 하제 사용형은 체중 조절을 위해 구토뿐만 아니라 완하제, 이뇨제, 관장 등을 오용한다. 하제 비사용형은 구토나 다른 제거 방법보다는 금식이나 과도한 운동을 보상 행동으로 사용한다(DSM-IV 1994).

폭식증의 생리적 요인

폭식증 여성이 반복적으로 보이는 구토, 하제 사용, 그리고 이뇨제 남용과 불규칙한 식습관은 생명을 위협하는 결과를 초래할 수 있다. 탈수, 영양실조, 탈모, 잘

부러지는 손톱, 피로, 불면증, 변비, 부종, 복부 팽만감, 복통 등이 모두 발생할 수 있는 문제이다. 폭식의 더 심각한 결과는 췌장염일 수 있다. 잦은 구토는 침샘의 부기와 통증, 치아 문제, 위산과 전해질의 고갈을 일으킬 수 있다. 칼륨, 나트륨, 염화물의 손실은 심장마비를 일으킬 수 있다(Johnson and Connors 1987).

폭식증의 체중 증가와 폭식 행동은 지속적인 다이어트의 결과일 수 있고, 이것은 궁극적으로 신진대사를 느리게 하여, 더 쉽게 체중이 증가하도록 한다. 음식 제한은 신체가 실제로 굶주리고 있기 때문에 폭식으로 이어진다. 폭식증은 청소년기에 발병하고 일반적으로 보상행동은 폭식 에피소드가 발생한 지 1년 정도 후에 시작된다(Fairburn et al. 1982).

이론적 관점

젊은 여성들의 폭식에 대한 기록은 19세기로 거슬러 올라가지만, 폭식/하제 사용 주기가 전문 저널에서 주목을 받기 시작한 것은 1970년대 이후였다. 그 전에는 폭식증이 식욕부진증(anorexia)의 증상 중 하나로 간주되기도 했고 질환으로 취급되지도 않았다.

서구 사회에서 정상 체중의 여성들조차 살찌는 것에 대한 두려움을 가지고 있다(Goldfarb et al. 1985). 과체중인 사람들은 완벽주의 문화에서 종종 차별을 받는다. 광고는 극단적인 마른 몸매를 이상적인 것으로 홍보한다. 쇼핑몰에는 고소하고 맛있는 냄새가 나는 고칼로리 음식들로 가득 찬 푸드 코트 주변에 가느다란 마네킹이 다양한 최신 유행의 고급 옷들을 입고 진열된 매장들이 즐비하다. 결과적으로, 식욕을 자극하는 넘쳐나는 광고들과 빠른 속도로 변화하는 스트레스 많은 사회 환경은 과식의 원인이 되었다(Garner and Garfink-ell 985). 폭식증을 가진 여성의 아이 자아 상태가 가진 양면성은 완벽하라는 부모의 메시지를 받아들이거나 거부한다. 순응적인 아이는 완벽한 신체 이미지를 가지려고 시도하는 반면, 스트레스를 받는 굶주린 자유로운 아이는 불안을 낮추고 부모를 침묵시키기 위해 많은 양의 음식을 먹어 치운다.

나는 섭식장애가 성별 갈등과 정체성의 추구와 관련이 깊다고 강력하게 믿고 있다. 섭식장애의 증가와 20세기의 페미니스트 투쟁 사이에는 유사점이 있는 것으로 보인다(Orbach 1978). 오늘날 여성은 날씬하고, 지적이며, 직업적으로 성공하고, 사랑스러운 아내이자 어머니인 동시에, 남성들에게 순종적이어야 한다(Wolf 1991). 이것은 여성에게 "완벽해라," "열심히 해라," "나를 기쁘게 해라," 그리고 "강해져라"는 욕구를 강조한다.

여성들은 자신들의 삶에서 의미를 얻기 위한 방법으로 날씬한 몸매에 집착하게 되었다. 그들은 "자신이 되지 마라", "나를 기쁘게 해라", "내가 원하는 사람이 되어라"를 그들의 인생 각본에 동화시켰다. 이 여성들은 정형화된 여성적 역할을 과장되게 내면화했으며, 이처럼 날씬함에 대한 강박적인 추구는 자아 가치와 개성의 상실을 초래했다. 섭식장애는 여성의 발달 과정과 모녀 분리과정에서의 갈등 증상이다(Chernin 1985). 부모의 아이 자아 상태는 "성장하지 마라", "너 자신이 되지 마라"는 위험한 명령을 딸의 아이 자아 상태로 전달한다. 동시에 어머니의 부모 자아 상태는 딸에게 "강해져라", "완벽해라", "열심히 해라"는 대항명령을 전달했다.

의사이자 정신분석학자인 힐데 브루흐(Hilde Bruch 1978)는 섭식장애 분야의 개척자였다. 브루흐는 대부분의 폭식 환자들에게서 보았던 섭식장애 환자들의 세 가지 기본적인 특징들을 기술했다. 신체 이미지의 왜곡, 무능하다는 깊은 자책감, 그리고 배고픔, 포만감, 그리고 감정 상태를 인식하는 능력 부족이다. 따라서 아이는 "느끼지 마라", "성공하지 마라", "너 자신이 되지 마라", "네가 원하는 것을 원하지 마라" 등의 해로운 명령을 내면화하며, 이 명령들은 치료에서 재결정되어야 한다.

표 11-1에는 섭식장애 환자의 아이 자아 상태에서 관찰한 부정적인 메시지(명령 및 반대 명령)가 정리되어 있다. 이러한 것들은 다른 집단에서도 관찰될 수 있지만 특히 섭식장애 환자들에게서 흔히 발견된다.

표 11-1. 섭식장애 환자의 아이 자아 상태에 내재된 부정적 메시지

	마른 체형에 집착하는 식욕부진증	음식과 마른체형에 집착하는 폭식증 (하제 사용/하제 비사용)	음식에 집착하는 병적인 비만
명령	존재하지 마라 너 자신이 되지 마라 느끼지 마라 성공하지 마라 성장하지 마라 성적으로 굴지 마라	존재하지 마라 너 자신이 되지 마라 느끼지 마라 성공하지 마라 성적으로 굴지 마라	존재하지 마라 너 자신이 되지 마라 느끼지 마라 성공하지 마라 성적으로 굴지 마라
대항명령	의로워라 금욕적이 되라 타인을 기쁘게 해라 끈질겨라 완벽하게 보여라 완벽해라 열심히 해라	성적인 존재임을 느껴라 어른/아이가 되어라 타인을 기쁘게 해라 강해져라 좋게 보여라 완벽해라 열심히 해라	어른/아이가 되라 타인을 기쁘게 해라 강해져라 완벽해라 열심히 해라

식욕부진증: 이상적인 체중의 최소 25%의 체중 감소
폭식증: 체중은 이상적 범위에 가깝지만 구토, 하제/이뇨제 사용, 과도한 운동 또는 제한적인 식이요법으로 체중 유지
비만: 이상적인 체중보다 최소 20% 증가. 하제 비사용 폭식증 또는 병적으로 비만한 것과 같은 특성을 가짐
병적 비만: 이상적인 체중보다 적어도 100% 이상 초과

하제 사용형 및 하제 비사용형 폭식증

폭식증에서 가장 중요하고 구별되는 증상은 하제 사용 여부가 아닌 폭식 그 자체이다(Garfinkel et al. 1987). 앞서 언급했듯이 DSM-Ⅳ에서는 하제 사용형 및 하제 비사용형을 정의했다. 하제 비사용형은 구토나 하제를 남용하지 않고 오히려 음식을 제한하거나 운동을 과도하게 한다. 나는 이 두 범주의 폭식증 사이에 몇 가지 차이점을 발견했다(Carmicle 1995). 가장 중요한 것은 하제 사용자가 비사용자보다 더 비판적이고 덜 양육적인 부모 자아 상태를 가지고 있는 것으로 보인다는 것이다.

현대의 섭식장애 관련 문헌에서는 어머니, 음식, 초기 유아기 애착, 사랑 그리고

폭식증의 관계에 대해 일치된 의견을 보인다. 폭식은 어머니를 받아들이고 하제 사용은 어머니를 거부하는 것이라고 설명한다(Shulman 1991). 나의 1991년 연구에 의하면 하제 사용형과 하제 비사용형 폭식증 여성 모두 어머니의 양육 결핍을 경험했다는 것을 보여 주었다. 그러나, 나는 하제 비사용형 폭식증 여성은 하제 사용형 여성보다 아버지를 더 사랑하고 덜 지배적으로 인식한다는 것을 발견했다(Carmicle 1992). 따라서, 나는 폭식은 어머니를 받아들이는 것이지만 하제 사용은 아버지에 대한 상징적인 거부라고 본다.

예를 들자면, 에이프릴(April)은 그녀의 아버지를 매우 지배적이고, 냉소적이며 자신과 어머니 모두에게 비판적이라고 생각했다. 그녀는 어머니를 양육적 존재라고 인식했지만, 자신과 동등한 존재로 느꼈다. 그들은 언어 폭력을 행사하는 아버지에 맞서 함께 뭉쳤다. 에이프릴은 치료를 시작할 당시 거의 매일 구토를 한 하제 사용형 폭식 환자였다. 그녀의 작업 중 대부분은 아버지를 빈 의자에 앉히는 것으로 구성되어 있었는데, 그녀는 아버지에 대한 분노를 표출하고 유능감을 얻었다. 아버지와 충분한 작업을 한 후에야 그녀는 자신이 어머니로부터 거의 양육을 받지 못했고, 실제로 그녀가 어머니를 보호해야 한다고 느끼고 있었음을 깨닫기 시작했다. 이 저서의 치료 부분에서 에이프릴에 대해 더 구체적으로 다룰 것이다.

이와 대조적으로, 하제 비사용형 폭식증을 가진 사라(Sara)는 부모님 모두 그녀에게 다소 비판적이었지만, 어머니는 어떤 노력에도 기쁘게 할 수 없었다고 말했다. 그러나, 아버지는 그녀의 좋은 성적을 매우 자랑스러워했고 그녀를 지적으로 존중해주었다. 그들은 문학과 과학에 공통적인 관심을 공유했고 종종 박물관을 함께 방문했다. 사라의 치료의 대부분은 어머니로부터 받은 부정적인 메시지를 다루는 데 집중되었다. 재결정 작업에서 사라는 어머니를 기쁘게 하기 위한 노력을 멈추고 그녀 자신만의 감정을 느끼기 시작했다. "나를 기쁘게 해라", "완벽해져라", "너 자신이 되지 마라" 그리고 "느끼지 마라"는 메시지를 포기함으로써, 그녀는 양육적 부모 자아 상태(nurturing Parent ego state)를 만들 수 있었고, 더 이상 음식으로 부정적인 감정을 억누를 필요가 없게 되었다.

재결정치료와 폭식증

초기에 아이 자아 상태가 내린 일련의 결정은 개인의 인생 각본이나 드라마(Goulding and Goulding 1978)로 귀결된다. 클로드 슈타이너(Steiner 1974)가 설명한 세 편의 주요한 인생 드라마인 우울증, 정신이상, 약물 중독은 폭식증 환자에게서 공통적으로 발견된다. 폭식증은 음식과 이상적인 몸매에 대한 중독을 포함한다. 음식에 대한 끊임없는 집착과 자신의 신체에 대한 불만은 분노와 우울감으로 이어진다. 폭식과 하제를 사용하는 중독적인 행동은 일종의 정신이상으로 간주되는 혼란스러운 행동을 초래한다.

재결정 용어로 말하자면, 폭식증 환자의 어른 자아 상태는 아이 자아 상태에 의해 무력화 되어 있다. 그녀는 부모의 아이 자아 상태로부터 다음과 같은 부정적인 명령을 받아들였다. "너 자신이 되지 마라", "느끼지 마라", "어른이 되지 마라", "생각하지 마라" 동시에, 그녀의 부모 자아 상태는 부모가 그녀에게 말한 대항명령을 받아들인다. "완벽해라", "열심히 해라", 그리고 "성장해라" 이러한 상충된 메시지들은 그녀를 혼란 상태에 빠지게 한다. 대부분의 폭식증 환자들은 음식에 관한 모순된 기억들을 많이 가지고 있다. 그들은 어머니에게 감사하다는 것을 보여 주기 위해 어머니의 요리를 먹어야 하지만, 어머니는 그들에게 음식이 살찌게 한다는 경고를 한다.

치료

폭식증 환자는 종종 우울증이나 대인관계 문제로 치료를 시작한다. 음식과 몸매에 대한 집착은 건강한 대인관계를 방해한다. 일반적으로 폭식증이 섭식장애라는 것을 마주하기 전에 친구, 가족, 또는 전문가로부터 직면의 경험이 있었다. 계약 단계는 특히 신중해야 한다. 왜냐하면 환자가 자신이 해야 한다고 생각하는 것을 중심으로 사회적 계약을 시도할 수 있기 때문이다. "저는 다이어트를 계속하고 싶어요." 또는 "어머니가 구토하는 걸 걱정해서서 포기해야 할 것 같아요."

이 단계에서 나는 환자에게 실제로 바꾸고 싶은 것이 무엇인지에 대해 구체적으로 질문한다. 그녀는 "저는 단지 제 자신에 대해 기분이 더 나아지길 바라요" 또는 "체중계에 지배되는 것을 멈추고 싶어요"라고 말할 수 있다. 그러면 나는 그녀에게 "기분이 나아지는 것"을 정의해 달라고 하거나 "체중계에 지배받는 것"이 무엇을 의미하는지 설명을 요청한다. 우리는 환자가 진정으로 바꾸기를 원하는 측정 가능하고, 관찰 가능한 감정이나 행동을 분명히 하기 위해 계약을 계속 좁혀 나갈 것이다. 치료자는 또한 위험하거나 해로운 계약에 대해 알아야 한다.

예를 들면, 메리(Mary)가 제안한 계약을 들 수 있다. 대학에서 무용을 전공한 그녀는 하루 종일 상당한 에너지를 소모했다. 메리는 매우 엄격한 식단을 고수했고 하루에 결코 1,000칼로리 이상을 먹지 않는 것을 목표로 삼았다. 이것이 적절한 계약으로 보일 수 있지만, 현재 영양 정보에 따르면 이는 너무 낮은 수치이다(Ornish 1993, Sheats 1992). 메리의 어른 자아 상태는 영양에 대한 잘못된 정보로 오염되었다. 그녀는 영양사와 상담하는 데 동의했고, 이후 회기에서 권장 식단을 따르겠다는 새로운 계약을 했다.

치료 과정의 주요 기능 중 하나는 어른 자아 상태를 탈오염시키는 것이다. 교류분석 용어로 폭식증 환자의 어른 자아 상태는 음식과 식단에 대한 잘못된 믿음으로 오염되어 있다. 탈오염(decontamination)은 허구적이고 상상에서 비롯된 아이 자아와 부모 자아의 정보를 사실에 기반한 지식으로 대체한다. 이 중 일부는 교육에 의해 달성될 수 있다.

폭식증 환자를 치료할 때에는 다학제적(multidisciplinary) 접근이 필요하다. 앞서 언급된 사례처럼, 나는 종종 폭식증 환자를 영양 상담을 위해 다른 전문가에게 의뢰한다. 섭식장애를 치료하는 우리는 건강한 식습관에 대한 지식을 어느 정도 가지고 있어야 하는데, 그래야 영양 상담을 맡길 전문가의 역량을 평가할 수 있다. 누군가는 이 환자들을 위해 식품 경찰(food policeman)이 되어야 하는데 영양사가 그 역할을 하는 것이 더 바람직하다. 치료자가 음식 섭취를 통제하려고 시도하면 환자의 자율적인 변화를 지원할 수 있는 능력을 잃을 수 있다.

또한 이 환자들은 섭식장애를 이해하는 의사의 정기적인 관찰이 필요하다. 만약 그들이 매일 구토를 하거나 하제를 사용한다면, 입원이 필요할 수도 있다. 항우울제는 종종 도움이 되는데 특히 강박장애를 치료하는 데 사용되는 약물들이 도움이 된다(Hyman and Arana 1987). 일부 환자들에게는 폭식증 환자들의 자조모임(over eaters anonymous)이 좋은 지지 체계가 될 수 있다. 하지만, 폭식하는 사람들이 가진 비만에 대한 두려움은 종종 매우 비만한 사람들과 유대감을 형성하는 것을 막을 것이다. 식욕부진증 및 섭식장애 관련 기관(An Organization called Anorexia Nervosa and Realted Eating Disorders, ANAD)은 식욕부진증과 폭식증을 전문적으로 다루지만, 아직 많은 지역에서 찾기가 어렵다. 만약 가족이 협조적이라면, 일부 가족 회기에서 그들이 무의식적으로 조장하는 행동을 막을 계획을 세우는 것이 좋다.

폭식증 환자는 재결정치료 집단에서 좋은 반응을 보인다. 치료자와 다른 집단원들의 긍정적 스트로크는 환자의 양육적인 부모 자아 상태를 개발하는 귀중한 모델이 될 수 있다. 치료는 식습관을 바꾸고, 몸과 자신을 받아들이고, 노는 법을 배우며, 적절한 양육 행동을 확립하는 일련의 계약을 포함한다. 또한 "완벽해져라", "다른 사람들을 기쁘게 해라", "느끼지 마라"라는 명령을 포기하면 아이 자아 상태가 자유롭게 되어 책임감 있고 자발적인 행동을 할 수 있다.

예를 들자면, 앞에서 설명한 에이프릴은 식사시간에 거의 먹지 않고, 식사 사이에 폭식했다가 하제를 사용하는 패턴을 보였다. 그녀의 재결정 작업은 다음과 같다.

치료자: 에이프릴, 오늘 당신 자신에 대해 무엇을 바꾸고 싶습니까?
에이프릴: 저는 식사 사이에 정크 푸드를 폭식하는 것을 멈추고 싶어요.
치료자: 만약 당신이 정크 푸드를 먹는 것을 멈춘다면 무엇이 달라질까요?
에이프릴: 무력감과 슬픈 기분을 느끼지 않을 것 같아요.
치료자: 당신은 폭식할 때 자신에 대해 머릿속으로 뭐라고 말합니까?
에이프릴: 나는 멍청해서 아무것도 제대로 할 수 없어.
치료자: 그리고 당신이 폭식할 때 다른 사람들에 대해서는 뭐라고 말합니까?
에이프릴: 그들은 내가 멍청하고, 지저분하고, 뚱뚱하고, 못생겼다고 생각

할 거라구요.

치료자: 당신은 어린아이이고 무력감과 슬픔을 느낍니다. 당신은 스스로에게 멍청하고 아무것도 제대로 할 수 없다고 말하고 있습니다. 그리고 누군가가 당신을 멍청하고 뚱뚱하고, 지저분하고, 못생겼다고 말합니다. 초기 장면이 무엇인가요?

에이프릴: 우리는 저녁 식사를 위해 식탁에 앉아 있어요. 저는 배가 너무 고팠고, 음식이 맛있어서 꽤 빨리 먹었어요. 아버지는 제 식사예절을 비난했어요. 그리고 제가 멍청하고 지저분하며 뚱뚱하고 못생겼다고 말해요.

치료자: 다음에는 어떤 일이 일어나나요?

에이프릴: 엄마가 뭐라고 말하려고 했는데, 아빠는 엄마에게 소리를 질렀고 저는 울면서 제 방으로 달려갔어요. 오랜 시간이 지난 것 같은데 엄마가 쿠키와 핫초코를 들고 몰래 방으로 왔어요. 엄마가 음식을 가져왔다는 것을 아버지에게 말하지 말라고 했어요. 들키면 둘 다 큰일 난다고 했어요.

치료자: 그때 당신은 무엇을 느꼈습니까?

에이프릴: 혼란스러웠어요. 저는 음식을 먹고 싶었지만, 엄마를 곤란하게 만들 것 같아 먹으면 안될 것 같았어요. 어쨌든 나는 먹었고, 그리고 나서 정말 슬프고, 멍청하다고 느꼈으며 아빠한테 화가 났어요.

치료자: 아빠는 저기 의자에 계십니다. 어떻게 느끼는지 말해 주세요.

에이프릴: [크고 화난 목소리로] 배가 고픈데 아빠는 못 먹게 해요.

치료자: 이제 아빠가 되어 에이프릴에게 대답하세요.

에이프릴: [다른 의자에 앉아 아버지가 되어] 나는 단지 네가 예의 바르고, 네 엄마처럼 뚱뚱해지지 않기를 바랐어.

치료자: 다시 에이프릴이 되어서 응답하세요.

에이프릴: [첫 번째 의자로 돌아가서 치료자를 보며] 그게 전부예요. 아빠는 항상 엄마의 몸무게와 사소한 실수를 비난했어요.

치료자: 아빠한테 말하세요.

에이프릴: [아빠 쪽 의자를 보며] 저는 엄마도 아니고 뚱뚱하지도 않고, 바보도 아니예요. 선생님은 제가 수학과 독서를 정말 잘한다고 말씀하세요. [활기를 띠면서] 저는 바보가 아니예요. 저는 바보가 아니예요. 저는 바보가 아니예요. [에이프릴의 강한 감정은 그녀가 더 이상 멍청하다고 느끼지 않기 위한 재결정을 했다는 것을 나타낸다. 그리고 이것은 부정적인 부모의 테이프를 재프로그래밍 하기 위한 단계임]

치료자: 그럼 당신은 스스로 바보라고 느끼지 않기 위해 무슨 말을 할 건가요? [이것은 재결정을 고정하는 방법임]

에이프릴: 나는 엄마와 달리 좋은 교육을 받았고, 좋은 직업도 있어요. 나는 내 재정을 관리할 수 있어요.

치료자: 좋습니다.

이것은 에이프릴에게는 전환점이 되었다. 비록 작업이 예상과 매우 다른 길을 택한 것처럼 보여도 그녀는 어린 시절의 혼란스러운 메시지에 대해 많은 것을 깨달았다. 아버지는 그녀가 완벽하고 그를 기쁘게 하기를 원했다. 부모님 모두 그녀의 감정을 불편해했고 에이프릴은 그녀가 울기 시작했을 때 항상 방을 나갔다고 말했다. 에이프릴은 아버지가 화내는 것을 두려워했고 결국 그녀가 분노를 느끼거나 표현하는 것을 두려워하게 되었다. 그녀는 이 장면이 식사 사이에 몰래 폭식을 하게 만들고 부정적인 감정을 불러일으킨다는 사실을 깨달았다. 이후 작업은 에이프릴이 그녀의 어머니를 빈 의자에 앉게 해서 어머니가 몰래 음식을 먹는 것에 관여하는 것뿐만 아니라 그녀를 보호하지 못했던 것에 대해 자신의 감정을 표현했다. 부모의 불화의 한가운데에 아이가 놓이게 되는 것과 함께, 은밀한 공모는 종종 폭식증 집단에서 발생한다.

많은 폭식증 환자들은 비정상적인 음식 제한을 가지고 있어서 특정 식품군을 완전히 배제한다. 메리는 제3유형의 임패스에 처해 있었는데, 그것은 자유로운 아이와 순응적인 아이 사이의 교착상태를 말한다. 그녀의 굶주린 자유로운 아이는 과일, 요거트, 야채를 폭식하지만 그녀의 식단에 육류, 지방, 곡물 또는 탄수화물은 전혀 허용되지 않았다. 그녀는 대가족 출신으로 많은 탄수화물과 파스타 요리를 포함한 식사에 대한 기억이 있었다. 12살 무렵에 그녀의 순응적 아이는 친척들로부터 파스타 요리가 고칼로리 음식이라는 말을 들었고, 나중에 이 생각을 여러 식품군으로 확장했다. 그녀의 작업은 아이 자아 상태의 두 부분 사이에서 두 의자 대화를 했다. 그녀는 두 의자 사이를 오가며 작업을 했다. 자유로운 아이는 "배고파, 너는 나를 굶기고 있어, 나는 배부르지 않아."라고 말한 반면, 순응적 아이는 "네가 계속 먹으면 살이 찔 거야. 감자는 나쁘고, 시리얼도 나쁘니 너는 그것들을 먹으면 안돼"라고 주장했다. 해결책은 어른 자아가 통제권을 잡고 충돌하는 두 개의 아이 자아 상태에 교육적인 타협을 제안하는 것이다. 이것은 환자가 뒤로 물러서서 두 개의 빈 의자를 관찰하게 하는 것이었다. 나는 옆에 서서 그녀에게 물었다. "두 아이를 어떻게 할 생각입니까?" 메리는 처음에는 어리둥절했지만, 그녀는 그 아이들을 통제해야 한다는 사실을 받아들였다. 그 후 메리는 매 끼니마다 탄수화물이나 곡물을 먹기로 결정하고 이렇게 하면 먹을 과일의 양이 줄어들 것이라고 두 아이에게 말했다. 긴 투쟁이었지만, 메리는 곡물을 추가한 후 폭식 빈도가 낮아졌고, 시간이 지남에 따라 식습관이 개선되었다.

일단 환자가 섭식장애를 포기하고 싶은 욕구를 발견하면 그녀는 자신의 감정을 받아들이고 건강한 식습관에 대한 책임감을 가져야 할 것이다. 자신의 몸을 받아들이고 신체적으로 배가 고픈 시기를 인식하는 능력을 기르는 일은 중요한 도전이 될 것이다. 그녀는 부모의 아이 자아의 부정적인 메시지를 포기하고 자신의 양육적인 부모 자아를 개발하는 데 많은 지침이 필요할 것이다. 아래는 환자가 부모의 부정적인 메시지에 직면한 사례이다.

제인: 저는 종종 초콜릿을 폭식하고 나서 몹시 죄책감을 느낍니다.
　　　[아래를 내려다보며 아이 같은 표정으로]
치료자: 죄책감이 오래된 감정인 것 같네요. [고개를 숙인 채 끄덕임]
　　　죄책감을 버리고 싶나요?
제인: 네, 저는 너무 많은 것들에 대해 죄책감을 느낍니다.
치료자: 당신이 죄책감을 느낀 아주 어렸을 때로 돌아가세요.

제인: 저는 6세이고 엄마가 방금 초콜릿 퍼지를 만들었어요.

치료자: 기분이 어때요?

제인: 저는 신이 나서 접시에서 몇 조각을 꺼냅니다.

치료자: 그리고 나서요?

제인: 엄마는 화가 난 것처럼 말합니다. "나는 사탕 요리하는 것을 좋아하지 않아. 왜냐하면 너는 항상 돼지처럼 먹기 때문이야."

치료자: 기분이 어때요?

제인: 상처받았고, 슬프고, 창피합니다.

치료자: 어머니께 그 감정을 말씀해 주시겠어요?

제인: 안돼요, 그녀는 상처받고 화낼 거예요.

치료자: 그렇다면 엄마를 빈 의자에 앉게 하고 당신이 상처받고 화나지 않도록 '나는 계속 상처받고 슬퍼할게요'라고 말하세요.

제인: 저는 그렇게 하고 싶지 않아요.

치료자: 그녀에게 무슨 말을 하고 싶나요?

제인: 돼지라고 부르지 않았으면 좋겠어요. [내담자가 울기 시작함]

치료자: 어머니가 당신을 돼지라고 부를 때 어떻게 느끼는지 말하세요.

제인: 당신은 못된, 아주 못된 엄마예요. 나는 엄마한테 화가 나요. 어린아이를 이런 식으로 대하다니 부끄러운 줄 아세요. [내담자가 웃기 시작함] 제가 엄마에게 그런 말을 하다니 믿을 수가 없어요.

치료자: 지금 기분이 어떻습니까?

제인: 후련해요. 그것은 그녀의 수치심과 죄책감입니다.

치료자: 다음 번에 초컬릿이 생각날 때 머릿속으로 엄마에게 뭐라고 말할 건가요?

제인: 저는 제 스스로 결정을 내릴 수 있어요.

치료자: 수고하셨습니다!

제인이 작업을 마친 후, 경험이 풍부한 집단원인 수잔은 "제인, 당신이 작업하는 동안, 저는 당신의 어머니를 부활절 바구니의 토끼사탕처럼 초콜릿으로 코팅된 사탕 돼지로 상상했어요."라고 말했다. 제인은 웃으며 초콜릿 돼지의 이미지가 자신에게 재결정을 상기시킬 좋은 고정점이 될 것이라고 생각했다.

앞에서 설명한 작업은 제인이 자율성을 얻고 어렸을 때 받았던 부정적인 메시지로부터 벗어날 수 있게 해 준 핵심 조각 중 하나였다. 그녀는 배고픔과 포만감에 대한 그녀 자신의 내적인 신호에 귀를 기울이기 시작했고, 결국 초콜릿에 대한 폭식을 멈추었다. 제인이 점점 더 긍정적인 재결정을 내리면서, 그녀는 어른 자아 상태를 탈오염하거나 다시 교육시키고 자유로운 아이를 해방시켰다. 치료자는 제인에게 그녀의 감정에 주의를 기울이고 자신의 행동에 대해 책임을 지도록 권유하면서 계속해서 좋은 긍정적인 스트로크를 주었다.

내담자가 자신의 가치를 인정하고 그들의 요구와 정서를 수용하기 시작하면 성인은 외부 정보를 지적으로 평가할 수 있다. 제인은 그녀의 순응적 아이와 비판적 부모 사이에서 몇 가지 좋은 결정을 내렸고 몇 달 동안 건강한 식습관을 유지했다. 나중에 가족 모임에 참석했을 때, 삼촌은 접시에 담겨진 음식이 그녀를 살찌게 만들 것이라고 말했다. 제인은 화장실에 가서 구토했다. 그 후에 그녀는 항상 다른 사람들을 기쁘게 해야 한다는 생각과 자신의 식욕과 포만감에 대한 신체 신호에 귀를 기울이지 않는 것에 대해 다시 결정을 내려야 했다. 그녀가 구토를 멈추고 건강한 식습관을 되찾기까지는 대략 6주가 걸렸다.

증상이 재발했을 때는, 더 많은 결정을 유도하는 다른 사건들이 종종 발견된다. 제인의 이후 작업에서 그녀가 13살 무렵 학교 농구 경기의 한 장면을 떠올렸다. 동급생은 그녀에게 남자아이들과 어울리기보다 핫도그를 먹고 살찌는 것을 좋아하기 때문에 남자친구를 사귈 수 없다고 말했다. 제인은 사춘기에 접어들면서 자신의 몸이 매우 불편했고 농구 선수 중 한 명을 좋아했던 것을 기억했다. 이러한 사건의 조합으로 음식, 신체 이미지, 그리고 성에 대한 더 많은 자기 의심이 만들어졌다. 대부분의 폭식증 환자들처럼, 제인은 자율적이고 폭식증으로부터 자신을 해방시키기 위해서 부정적인 메시지를 포기해야 했다. "완벽해라", "성적으로 굴지 마라", "다른 사람들을 기쁘게 해라", "느끼지 마라"는 부정적인 메시지를 포기해야 했다.

결론

폭식증은 다양한 양상을 가진 질병이다. 신체적, 사회적, 그리고 정서적으로 심각한 영향을 줄 수 있다. 어른 자아 상태는 음식과 몸매에 관한 잘못된 정보로 가득 차 있다. 아이 자아 상태는 많은 부정적인 메시지를 포함하고 있고, 부모 자아 상태는 양육 능력이 거의 없고 비판적 상태이다. 폭식증 환자들은 배고픔과 포만감에 대한 그들 자신의 몸의 신호를 인식하지 못한다. 그들은 음식과 완벽함에 중독되어 있으며, 불편한 감정을 억누르기 위해 과식을 한다. 폭식 후 따라오는 죄책감은 취소 또는 하제 사용으로 이어진다. 취소 또는 하제 사용은 우울증, 자기 의심, 고통, 그리고 분노가 증가함으로써 시작된다. 어른 자아는 영양 교육이 필요하고, 아이 자아는 자신의 감정을 받아들여야 하며 부모 자아는 좋은 양육자가 되어야 한다.

재결정치료는 폭식증 환자에게 생명을 구할 수 있는 보호, 허가 및 힘을 제공하는 강력한 치료기법이다. 심리적 변화의 인지적 측면과 정서적 측면을 모두 활용하여 환자는 교육된 재결정과 자기 양육 행동을 하도록 안내받는다. 그들은 굶주린 자유로운 아이와 순종적인 순응적 아이 사이에서 많은 갈등을 경험한다. 이러한 환자들은 몸매에 대한 위험한 사회적 메시지와 자율성을 억압하는 부정적인 부모의 꾸짖음을 포기하고 자신을 강화할 것이다. 재결정치료는 음식과 마른 체형에 대한 중독으로부터 회복하는 능력을 향상시키고 자발성의 즐거움도 경험하도록 돕는다.

참고문헌

Boskind-White, M., and White, W. C. (1983). *Bulimarexia: The Binge/Purge Cycle*. New York: Norton.

Brownell, K. D., and Foreyt, T.P., eds. (1986). *Handbook of Eating Disorders*. New York: Basic Books.

Bruch, H. (1973). *Eating Disorders*. New York: Basic Books.

_____ (1978). *The Golden Cage*. Cambridge, MA: Harvard University Press.

_____ (1985). Four decades of eating disorders. In *Handbook of Psychotherapy for Anorexia Nervosa and Bulimia*, ed. D. M. Garner and P. E. Garfinkel, pp. 7-18. New York: Guilford.

Carmicle, L. H. (1992). *The perception of parental love in purging and nonpurging bulimic women* (Doctoral dissertation, Fielding Institute). Santa Barbara.

_____ (1995). The perception of parental love in purging and non purging bulimic women. *Texas Coumeling Association Journal* 23(1): 1-8.

Chernin, K. (1985). *The Obsession*. New York: Harper & Row. *Diagnostic and Statistical Manual of Mental Disorders* (1994). 4th ed. Washi-ngton, DC: American Psychiatric Association.

Fairburn, C. G., Cooper, Z., and Cooper, P. (1986). The clinical features and maintenance of bulimia nervosa. In *Handbook of Eating Disorders*, ed. K. D. Brownell and J. P. Foreyt, pp. 389-404. New York: Basic Books.

Garfinkel, P. M., Garner, D. M., and Goldbloom, D. S. (1987). Eating disorders: implications for the 1990s. *Canadian Journal of Psychiatry* 32(7): 624-631.

Garner, D. M., and Garfinkel, P. E., eds. (1985). *Handbook of Psychotherapy for Anorexia Nervosa and Bulimia*. New York: Guilford.

Gilligan, C. (1982). *In a Different Voice: Psychological Theory and Women's Development*. Cambridge, MA: Harvard University Press.

Goldfarb, L. A., Dykens, E. M., and Gerrard, M. (1985). The Goldfarb fear of fat scale. *Journal of Personality Assessment* 49(3): 329-332.

Goulding, R. L., and Goulding, M. M. (1978). *The Power is in the Patient*. San Francisco: TA Press.

_____ (1979). *Changing Lives through Redecision Therapy*. New York: Brunner/Mazel.

Humphrey, L. L. (1986). Structural analysis of parent-child relationships in eating disorders. *Journal of Abnormal Psychology* 95(4): 395-402.

Hyman, S. E., and Arana, G. W. (1987). *Handbook of Psychiatric Drug Therapy*. Boston: Little, Brown.

James, M., and Jongeward, D. (1971). *Born to Win*. Reading, MA: Addison-Wesley.

Johnson, c., and Connors, M. E. (1987). *The Etiology and Treatment of Bulimia*. New York: Basic Books.

Kadis, L. B., ed. (1985). *Redecision Therapy: Expanded Perspectives*. Watsonville, CA: Western Institute for Group and Family Therapy.

Lieberman, M., Yalom, I., and Miles, M. (1973). *Encounter Groups: First Facts*. New York: Basic Books.

Massey, R. F. (1989). Script theory synthesized systematically. *Transactional Analysis Journal* 19(1): 14-25.

Orbach, S. (1978). *Fat is a Feminist Issue*. New York: Berkeley.

Ornish, D. (1993). *Eat More, Weigh Less*. New York: HarperCollins.

Sheats, C. (1992). *Lean Bodies*. Fort Worth, TX: Summit Group.

Shulman, D. (1991). A multitiered view of bulimia. *International Journal of Eating Disorders* 10(3): 333-343.

Stedman, N. (1996). Where do fitness stars get those bodies? Fitness, April, pp. 50-55.

Steiner, C. M. (1974). *Scripts People Live*. New York: Grove.

Stunkard, A. J. (1959). Eating patterns and obesity. *Psychiatric Quarterly* 33: 284-292.

Wolf, N. (1991). *The Beauty Myth*. New York: William Morrow.

Wollams, X., and Brown, M. (1979). *The Total Handbook of Transactional Analysis*. Englewood Cliffs, NJ: Pr.

12

외상 후 스트레스 장애 치료

번 마세 Vern Massé, M.A.

다양한 학파의 기법을 사용할지라도, 치료자들에게는 문제를 다룰 때 지침이 될 이론이 필요하다. 재결정치료는 내가 외상 후 스트레스 장애(post-traumatic stress disorder, PTSD)를 치료할 때 기초로 삼는 이론이다. 나는 1981년부터 베트남전 참전용사들을 치료하기 시작했으며, 이후 여러 군사 작전의 생존자들을 치료해 왔다. 또한, 나는 극심한 아동기 학대, 강간, 사고, 자연 재해 생존자들도 치료해 왔다. 나는 카디스(L. Kadis)가 편집하여 1985년에 출판한 『재결정치료: 확장된 관점』(Redecision Therapy: Expanded Perspectives)에서 한 장을 맡아 집필하기도 했다. 지난 10년 동안 내담자들은 내게 많은 것을 가르쳐 주었다.

외상이 결정에 미치는 영향

나는 외상 생존자들과 함께 일할 때 몇 가지 가정을 한다. 이러한 이론적 가정에는 1) 사람들은 세 가지 자아 상태 모두에서 결정을 내리고, 2) 이러한 결정은 살아가면서 변할 수 있다는 것이다. 재결정치료와 관련된 대부분의 연구는 초기 아동기 결정에 초점을 맞추고 있으며, 출생 전후에 처한 환경에 대한 정보를 수집하고 자신과 타인, 그리고 세상에 대해 결론을 내린다는 전제를 기반으로 한다. 굴딩 부부는(1978) 이러한 결론을 *결정(decision)*이라고 부른다. 우리가 비교적 안전한 신체적, 정서적 환경에서 살고 있다면 우리는 지속적으로 추가 정보를 수집하고 결정을 보완해 나간다. 그러나 안전하지 않은 환경이거나, 외상을 겪거나, 또는 결정을 강화하는 정보를 접하게 되면, 초기에 내린 결정은 의심의 여지가 없는 고정된 사실이 되어 우리의 삶을 좋든 나쁘든 이끌게 된다.

우리의 결정은 현실을 반영하지 않는 것처럼 보일 때 언제든지 변경될 수 있다. 심리적 외상은 우리가 가진 현실에 대한 관점에 도전한다. 가장 먼저 도전받는 신념은 "나쁜 일은 다른 사람들에게 일어난다"는 것이다. 또 다른 믿음은 "대부분의 사람들은 믿을 수 있다"와 "세상은 대체로 안전한 곳"이라는 것이다.

우리는 삶이 예측 가능하고 통제할 수 있다고 믿는다. 그러나 나쁜 일이 발생하면 사람들은 종종 자신이 그 일을 일으켰거나 또는 예방할 수 있었을 것이라고 생각하며 외상을 이해하려고 한다. 나는 강간 및 근친상간 생존자들과 피해자가 되기 쉬운 행동과 범죄에 대한 책임의 차이에 대해 이야기한다. 새벽 3시에 비키니를 입고 히치하이킹을 하는 것은 현명한 생각이 아니지만 그렇다고 해서 누구에게도 강간할 권리가 있는 것은 아니다. 반복적으로 피해를 당한 사람들 중 일부는 자신이 피해자가 되기 위해 태어났다고 생각하는 경우도 있다. 나는 그들에게 아기를 맡아 그 아기가 피해자로 자라도록 훈련시키라는 지시를 받았다고 상상하게 한다. 그들이 아이와 어떻게 말하며, 어떻게 대할 것인지, 무엇을 가르칠 것인지 설명하면서, 자신이 더 쉽게 피해자가 되는 행동을 학습했으며, 그런 행동들을 버릴 수 있다는 점을 깨닫게 된다. 샐리(Sally)는 근친상간과 강간의 피해자였으며 데이트 폭력을 당한 경험이 있다. 그녀는 피해자로 키우는 방법을 설명했다. "나는 당신이 어떤 권리도 없다고 말하고, 폭력을 휘두른 다음에는 당신이 그걸 좋아한다고 말하죠. 남자애를 쳐다보기만 해도 헤픈 여자라고 부를 거예요. 나는 당신의 모든 실수를 지적하고 당신이 잘한 일을 무시할 겁니다. 당신이 얼마나 쓸모없는 존재인지 자주 상기시켜 줄 거예요." 샐리는 눈물을 흘리며 아이에게 "너도 나처럼 자랄 거야"라고 말했다. 그리고 나서 나는 그녀에게 이 아이에게 좋은 양육적 부모가 되어 달라고 요청했다. 샐리는 아이에게 사랑을 주는 방법과 스스로를 보호하고 안전한 사람을 찾는 방법을 설명했다.

피해는 어린 시절의 경험이나 어른이 된 후의 사건으로 발생할 수 있다. 갓 입대한 병사들은 다른 미군 병사들조차 믿을 수 없다는 것을 깨닫게 된다. 신병들은 전투 상황에서 어떻게 대응해야 할지 몰라 죽거나 다른 병사들을 죽게 만들기도 했다. 신병들은 종종 숙련된 병사들로부터 외면당했기 때문에 생존을 위한 최선의 방법을 듣지 못했다. 한 병사는 자신의 첫 헬리콥터 탑승 경험을 이렇게 묘사했다. "저는 방탄복을 입고 헬멧을 머리에 쓰고 있었어요. 그런데 다른 사람들은 모두 티셔츠를 입고 방탄복 위에 앉아 있었어요. 결국 누군가에게 이유를 묻자, 그들은 총격을 받으면 바닥에서 올라오기 때문에 방탄복을 입는 것은 소용이 없다고 말했어요. 아무도 이런 정보를 먼저 제공하지 않았어요."

강간 피해자는 때때로 모든 남성을 잠재적 범죄자로 간주하고 신뢰할 수 없는 존재로 여기게 된다. 물론 이것이 강간을 다시 당하지 않도록 자신을 보호하는 것이 유일한 목표라면 이해가 된다. 남성과 접촉하지 않는다면 강간으로부터 자신을 보호할 수 있는 것처럼 보인다. 그러나 불행히도 많은 여성들이 한 번도 만난 적 없는 남성에게 강간을 당한다. 잠재적인 친구이자 동맹인 인류의 절반을 제거하는 것은 너무 큰 대가를 치르는 것이다. 강간 및 근친상간 피해 여성은 자신의 피해 사실을 설명할 때 전이로 인해 남성 치료자와 작업하는 데 어려움을 겪을 수 있다. 밥 굴딩은 특히 외상 치료에서 전이를 강화하는 어떠한 행위도 원하지 않았다. 그는 범죄 피해자가 치료자가 아닌 가해자에게 두 의자 기법을 활용해 외상을 설명하도록 했다. 이를 통해 피해자가 어른 자아 상태에서 사실을 설명하는 것이 아니라 아동 자아 상태에서 경험을 표현할 수 있도록 도와주었고, 치료자는 이에 관여하지 않게 된다.

사람들은 이런 류의 극심한 외상을 경험하면 자신의 삶을 이끄는 전제에 의문을 품게 된다. 극단적인 외상에 대한 반응으로 이전에 가졌던 전제가 무력하게 느껴지면 사람은 자발적으로 이전 발달 시기로 회귀하여 자신, 타인, 세상에 대한 새로운 결정, 즉 재결정을 내릴 수 있다. 이것은 단순히 어른 자아 상태에서 이루어지는 결정이 아니라 모든 자아 상태가 포함된다. 예를 들어, 엘리베이터에서 강간을 당한 사람이 그 후 엘리베이터에 다가갈 때마다 떨리는 것은 모든 엘리베이터가 안전하지 않다는 어른의 결정 때문이 아니라 아동 자아 상태의 생존을 위한 결정 때문이다. 외상이 없더라도 자아 상태는 외부 세계와의 상호작용에 따라 변화한다. 대학이나 평화 봉사단에서 돌아온 자녀를 둔 부모라면 누구나 외부 세계와의 상호작용으로 인한 변화를 경험할 수 있다.

외상이 개인에게 영향을 미칠 수 있는 요인은 여러 가지가 있다. 이러한 요인에는 연령(노인과 청소년은 외상의 영향을 더 많이 받음), 외상 이전의 안정상태, 외상의 지속 기간 및 심각도, 이용가능한 지지 체계, 개인의 책임감, 외상의 반복 가능성 등이 포함된다. 지지적인 공동체를 가진 기능적으로 건강한 성인에게 짧은 기간의 비교적 경미한 외상은 지속적인 영향을 미치지 않을 수 있지만 역기능적인 가정에서 자란 어린아이에게 장기간 지속되는 심각한 외상은 장애를 일으킬 수 있다. 안타깝게도 현실 세계는 항상 피해자의 회복을 돕는 것은 아니다. 강간과 근친상간 피해자들은 여전히 자신의 피해에 대해 비난을 받기도 한다. "만약 원하지 않았다면 그런 옷을 입지 않았을 겁니다." 베트남전에 참전한 어느 군인은 집에 돌아왔을 때 어머니로부터 "내 아들은 베트남에서 죽었다"는 말을 들었다.

평가

외상 생존자를 평가할 때, 나는 그들이 어떻게 자신과 자신이 살고 있는 세상을 바라보게 되었는지 파악하려고 노력한다. 표준 임상 면접을 통해 어떤 환경에서 자랐는지, 어떤 명령과 대항명령이 작동하고 있는지 파악한다. 나는 그들이 자란 세상에 대한 정신적 그림을 그리고자 한다. 부모님의 직업은 무엇인가? 여가시간에 무엇을 했나? 어느 참전용사의 아버지는 중장비 건설 일을 하셨기 때문에 가족은 자주 이사를 다녔다. 그는 항상 전학생이었다. 당연히 그는 "가까이 다가가는 것은 안전하지 않다"고 결정했다. 왜냐하면 가까워지는 순간, 곧 떠나야 하기 때문이다. 베트남전은 이를 더욱 강화했다. 나는 특히 외상 이후 생존자들에게 어떤 변화가 일어났는지에 주목했다. 외상 후 스트레스 장애 진단을 받으려면 외상 이전과 다르거나 더 극단적인 상태를 겪고 있어야 한다(DSM 1994). 전시에서 우유부단함은 치명적일 수 있다. 군인은 우유부단함을 없애기 위해 회색 지대가 없는 "흑

백" 논리를 개발한다. 누군가는 선하거나 악하고, 전적으로 신뢰할 수 있거나 전혀 신뢰할 수 없다. 만약 고등학교 때 친구가 많았고 전에는 대체로 모든 사람과 잘 지냈던 사람이 베트남전 참전 후에 사회적으로 고립된다면, 그 사람이 베트남전 참전으로 인해 변했다고 주장하는 것은 어렵지 않다. 반면에, 내가 아는 어느 참전 용사는 12살 때 지옥의 천사라는 바이커 갱단의 마스코트였고 여러 위탁 가정을 전전하며 자랐다. 이 경우 베트남전은 그의 성격에 거의 영향을 미치지 않은 것 같았다.

치료 과제

내가 외상 생존자를 평가할 때는, 그들이 아동기와 성인기에 어떤 환경에서 살아왔는지에 대한 정신적 그림을 그리기 전에 먼저 라포를 형성해야 한다. 생존자들은 세상에 대한 신뢰가 손상되었다. 그들은 자신이 다른 사람들과 다르다고 느끼고 누구도 자신을 이해하지 못한다고 생각하며 외상 이전에 이해했던 사회 밖에 있다고 믿는다. 어떤 면에서는 그들의 말이 옳다. 죽음을 가까이에서 목격하고 인간 생명의 연약함을 아는 사람들은 나쁜 일이 다른 사람들에게만 일어난다는 위안의 신화를 계속 믿는 사람들과는 자신과 삶을 전적으로 다르게 경험한다. 외상 생존자는 영화 속 허구의 장면이나 실제 경험한 사건을 이야기하며 이해를 표현하는 친구나 상담사의 선의의 시도에 더욱 고립감을 느낄 수 있다. 외상 사건은 개인의 삶에 대한 고유한 관점을 제시하는 독특한 사건이다. "당신의 기분을 이해한다." 또는 "나도 같은 감정을 느꼈다."라고 말할 수 없다. 생존자와 어떤 연결고리를 만들어야 한다. 어느 베트남 참전용사는 상담사가 예전에 경찰관으로 일할 때 총에 맞은 적이 있어서 참전용사의 감정을 잘 안다고 말해 줬던 것을 전해 주었다. 그러나, 같은 경험을 공유하더라도 타인의 감정은 그 누구도 모른다. 각자의 삶은 독특하게 경험되기 때문이다.

내가 할 수 있는 일은 외상 후 스트레스에 대한 설명을 제공하는 것이다. 즉, 압도적인 경험에 대한 정상적이고 적응적인 반응이라는 것을 설명하는 것이다. 나는 생존자들에게 다른 생존자들이 경험한 증상을 알려 주며, 그들이 겪고 있는 증상을 조금이라도 정상화하려고 노력한다. 내가 그들의 감정을 알고 있다는 암시나 다른 사람들과 비교하여 그들의 외상이 얼마나 심한지 평가한다는 의미 없이, 내 인생에서 겪은 경험에 대해 그들과 이야기한다. 유사한 외상에서 살아남은 사람들과 작업했던 내 경험에 대해서도 이야기한다. 이러한 내담자들은 자신을 압도하는 정서적 고통에서 벗어나고자 하는 동시에 혹시 모를 추가적인 고통으로부터 도망치고 싶어 하기 때문에 치료적 경계를 유지하면서 개방적이고 그야말로 솔직해야 한다. 외상 생존자를 돕는 것은 일종의 균형 잡기이다. 현재의 고통이 즉각적으로 완화되면 치료적 임패스가 해결되기 전에 치료를 떠날 수 있다. 그러나 완화되지 않는다면 계속 치료받을 이유가 없다. 치료가 임시방편에 그치지 않으려면 자신과 세상, 타인에 대해 새롭고 건강한 결정을 내려야 한다. 때때로 어떤 사람들은 외상을 처리하는 동안 단순히 반복해서 외상 경험을 말로 표현하는 것만으로도, 자발적으로 재결정을 내리기도 한다. 그러나 다른 사람들은 생존에 도움이 되었다고 믿어 온 신념을 바꾸는 데 도움과 지지가 필요하다.

나는 생존자들에게 적응 과정에 대해 교육한다. 사람들은 외상 사건에서 살아남기 위해 효과가 있는 것으로 보이는 모든 조치를 취하게 되는데, 불필요한 감정을 모두 차단하고 나중에 생각과 꿈에서 외상 사건을 다시 들여다봄으로써 이해할 수 있는 맥락에 배치하는 등의 시도가 포함된다. 사람들은 외상을 다시 경험하지 않기 위해 회피(예: 외상을 떠올리게 하는 장소와 상황을 피함)와 각성 수준의 증가(예: 외상 사건과 유사한 상황에서 즉시 벗어나도록 민감하게 반응하기)와 같은 반응을 보인다. 외상을 경험한 사람들의 경우, 지진처럼 지역 사회 전체에 사건이 발생한 경우라도, 그들은 자신이 혼자라고 느낀다. 더 이상 자신의 감정, 사고, 행동을 통제할 수 없다고 믿기 때문에 미쳐 가고 있다고 느끼기도 한다. 자신의 현재 경험을 맥락에 위치시킴으로써 이러한 불안감을 어느 정도 완화할 수 있다.

그러나 이것이 문제를 치료하는 것은 아니다. 생존자의 핵심 문제는 어떻게 외상성 사건을 개인 세계의 실행 가능한 지도에 맞는 맥락에 넣느냐 하는 것이다. 이를 위해서는 외상 이전의 자신, 타인 또는 세상에 대한 결정에 어떤 변화가 필요할까? 치료자는 환자가 완전하고 행복하며 건강한 삶을 사는 데 방해가 되는 어떤 결정(외상 전, 외상, 외상 후)이 작용하고 있는지 파악해야 한다.

나는 중장비 건설 현장에서 일하는 한 남성을 치료한 적이 있다. 어느 날 그의 조수는 다른 작업을 도와달라는 요청을 받았다. 얼마 지나지 않아 누군가 도움을 요청하며 달려왔다. 사고 현장에 도착했을 때 그가 볼 수 있었던 것은 흙더미에서 튀어나온 조수의 발뿐이었다. 그는 조수를 꺼내려고 하다가 조수의 머리가 없다는 것을 알고는 멈췄다. 그는 직장 복귀에 점점 어려움을 겪어서 치료를 받으러 왔다. 그는 자신이 다음 차례가 될 것 같다는 생각과 함께 조수를 내보낸 것에 대한 죄책감도 느꼈다. 그는 조수가 어디로 보내졌는지 자신이 통제할 수 없다고 판단한 후, 조수를 죽인 장비와 두 의자 작업을 했다. 그는 사고는 그냥 일어나는 것이 아니라 실수의 결과라는 것을 깨달았다. 그는 자신의 능력에 대한 자신감을 표현하며 중장비를 볼 때마다 자신의 유능함을 상기시키겠다며 다짐했다.

생존자를 평가한 후에는 가능한 한 외상에 특화된 치료 집단에 그들을 참여시킨다. 내가 이끈 참전용사 집단과 같이 전문가가 주도하는 집단이 될 수도 있고 자조 집단이 될 수도 있다. 유사한 외상에서 살아남은 사람들로 구성된 집단에 속해 있으면 증상을 더 악화시키지 않고 집단치료의 일반적인 이점을 누릴 수 있다(Berne 1960, Goulding and Goulding 1978, Lieberman et al. 1973).

내가 선호하는 방식은 생존자의 배우자와 자녀를 각각 별개의 집단에 두는 것이다. 나는 과거에 생존자와 배우자를 같은 집단에 포함시킨 적도 있었는데, 경험에 따르면 각자가 고유의 집단을 갖고 정기적으로 두 집단이 공동 모임을 갖는 것이 더 도움이 되었다. 내가 운영하는 집단은 다른 집단과 비슷한 참석 규칙을 가지고 있다. 베트남전에 참전했어야 한다는 조건이 있지만, 가까운 전투 관련 분야에서 복무한 분들을 위해 약간의 융통성을 두고 있다. 무기 반입 금지, 사람이나 기물에 대한 폭력 금지, 모든 감정은 허용되지만 모든 행동이 허용되는 것은 아니다. 집단 원들은 집단 참여 전 24시간 동안 약물과 알코올을 삼가야 한다. 비밀이 보장되는 한계 내에서 집단에서 한 말은 집단 내에서 유지되어야 한다.

침습적 사고와 악몽

침습적 사고(intrusive thoughts)와 악몽은 생존자들이 일반적으로 경험하는 두 가지 증상이다. 이러한 혼란스러운 증상은 낮에 해야 할 일에 집중하지 못하게 하고 밤에 편안한 숙면을 방해한다. 나는 이러한 증상을 외상경험을 맥락에 넣으려는 시도로 본다. 침습적 사고는 종종 외상의 전체 또는 일부를 반복해서 떠올리며 사건을 이해하고 재발 방지를 위한 방법을 찾으려는 시도이다. 때때로 이러한 생각이나 악몽은 과거를 바꾸려는 시도일 수도 있다. 한 퇴역 군인은 비행기가 건물에 충돌하여 많은 사람이 사망한 꿈을 반복해서 꾼다. 그는 충돌 지점에서 100야드 떨어진 곳에 있어서 다치지 않았다. 그는 화재가 너무 심해 구조가 불가능하다는 것을 이성적으로는 알면서도 건물 안에 있는 사람들을 구조하려고 시도하지 않았기 때문에 자신을 괜찮지 않은 사람으로 낙인찍었다. 꿈을 꿀 때마다 그는 자신이 다르게 행동하기를 기대한다. 악몽은 충격적인 사건의 재연일 수도 있고, 일어날까 봐 두려워하는 장면을 포함할 수도 있다. 예를 들어, 총이 고장 나거나 무기 없이 전투 상황에 처하는 등 최악의 시나리오인 경우가 많다.

나는 악몽을 겪는 생존자들을 돕기 위해 주로 두 가지 기법을 사용한다. 게슈탈트 꿈 재결정 작업과 꿈 바꾸기 작업이다. 전자는 굴딩 부부(1978)가 개발한 것이고, 후자는 반복되는 꿈의 변화를 설계하여 내담자에게 힘을 주고 통제력을 부여하는 것이다. 게슈탈트 꿈 작업에서는 마치 지금 일어나고 있는 것처럼 꿈을 이야기하도록 권한다. 자신이 무엇을 하고 있고, 무슨 말을 하고 있는지, 또 어떤 일이 일어나고 있는지 현재 시제로 묘사하게 한다. 나는 내담자에게 꿈속의 다른 부분이 되어 그 관점에서 꿈을 다시 이야기하게 한다. 참전용사인 조지(George)는 베트남으로 다시 파병되는 꿈을 반복해서 꾸었다. 나는 그의 관점에서 꿈을 이야기한 후, 그에게 자신을 데려가는 비행기가 되어 꿈을 이야기해 보라고 요청했다. 꿈속 비행기가 된 조지는 귀국할 때 전우들을 두고 떠나온 것에 대한 죄책감과 접촉했고, 그 후 그는 전우들과 전쟁에 작별을 고했다. 꿈 바꾸기 작업에서 나는 먼저 꿈의 본질에 대해 이야기한다. 꿈은 현실이 아니다. 꿈이 과거의 실제 사건을 재연한다고 해도 그것은 비디오 테이프와 같은 것이지 실제 사건이 아니다. 꿈은 그 사람의 개인적인 창조물이며 따라서 그 사람에 의해 변경될 수 있다. 마지막으로 꿈에는 현실의 법칙이 적용되지 않기 때문에 현실에서는 작동하지 않는 하늘을 날거나 보이지 않는 보호막과 같은 힘을 가질 수 있다. 반복되는 꿈에는 이유가 있다고 믿기 때문에 꿈을 억누르려고 하지 않는 것이 좋다. 꿈을 꾸지 않으려고 노력하면 "분홍색 코끼리는 생각하지 마시오"와 같이 더 많은 감정적 에너지를 쏟게 하여 그 꿈을 더 강화시킬 수 있다. 사람들을 괴롭히는 반복적인 꿈은 무력감을 수반하는 경우가 많은데, 치료법은 꿈속에서 스스로에게 힘을 실어 주는 것이다. 내담자에게 꿈에서 어떤 변화를 일으키고 싶은지 연습한 다음 의도적으로 그 꿈을 꾸도록 요청한다. 꿈에서 깨어났을 때 겁을 먹거나 괴롭다면 창의력을 발휘하여 꿈에서 스스로를 강하게 만들 수 있다. 청년 채드(Chad)는 거대하고 검은 털을 가진 거미가 자신을 공격하는 꿈을 반복해서 꾸었다. 채드는 작은 집에 있었는데 거미가 지붕 위에서 창문을 통해 그를 잡으려고 했다. 꿈 바꾸기를 통해 채드는 처음에는 마체테와 화염방사기 같은 다양한 무기를 스스로에게 주었다. 이로 인해 꿈이 덜 무서워졌지만 꿈은 멈추지 않았다. 그 후 그는 거미 다리에 거미를 조종할 수 있는 마법의 팔찌를 채웠다. 거미를 애완동물로 키우게 된 채드는 거대한 거미가 자신을 보호자처럼 따라다니며 시내를 산책하는 상상을 했다. 그 후 채드는 다른 사람들에게 또래로부터 괴롭힘을 당하고 무력감을 느낀 이야기를 할 수 있었다.

침습적 사고는 굴딩 부부(1978)가 가르친 두 개의 의자 기법과 인지 왜곡에 직면함으로써 다룰 수 있다. 예를 들어, 베트남 참전 군인은 베트콩 저격수가 자신을 죽이려고 매복해 있는 오솔길을 걷는 악몽을 반복적으로 꾸었다. 그는 총을 맞는 순간 비명을 지르며 잠에서 깨어났고, 침대 시트는 땀으로 흠뻑 젖었다. 이 장면 안에서 작업을 했는데, 그는 오솔길의 나무가 되어 자신과 베트콩 모두에게 전쟁이 끝났으니 이제 집으로 돌아갈 수 있다고 말했다. 둘 다 무기를 내려놓고 집으로 돌아가는 데 동의했다. 그 후 그 참전 군인은 다시는 그런 꿈을 꾸지 않았다.

생존자의 죄책감

많은 생존자들이 죄책감을 경험한다. "남들은 다 죽었는데 왜 나만 살아남았나?" 또한 그들은 외상 당시 자신이 한 일이나 하지 못한 일에 대해 죄책감을 느낀다. 이들은 실제 외상 사건으로 인해 자신에 대한 이미지가 손상되었을 수 있다. 나는 중요 사건 디브리핑을 할 때와 마찬가지로 이들에게 자신의 경험을 이야기할 수 있도록 초대한다. 트라우마 상황에서 무엇을 했고, 무엇을 생각했으며, 어떤 감정을 느꼈나? 생존자는 자신의 경험에 대해 반복해서 이야기해야 한다. 자신의 이야기를 들으면서 어쩔 수 없이 선택해야 했던 상황 안에 있었고 무기력할 수밖에 없었던 자신에 대해 연민을 느낄 수 있다. 나는 책임이 누구에게 있는지 살펴보고 실수를 부정하지 않으면서도 책임을 공유할 수 있도록 그들을 돕는다. 한 병사가 실수로 동족이나 아군 마을을 포격했다면 그 병사도 실수를 저질렀지만 다른 사람들도 연루된 것이다. 그는 누군가로부터 좌표를 받았고 다른 누군가는 이를 다시 확인했어야 했다. 그는 아마도 18살의 어린 소년이었고, 낯선 땅에서 겁에 질린 채 원하지도 않은 전쟁에 참전하고 있었던 것일지도 모른다. 생존자들은 종종 다른 사람을 판단하는 것보다 자신을 훨씬 더 가혹하게 판단한다. 나는 두 의자 기법과 자기 양육 기법을 사용하여 생존자를 더 이상의 외상으로부터 보호하려는 부모 자아 체계를 스트로킹하면서 더 양육적인 부모 자아 상태를 구축하도록 그들을 격려한다. 나는 참전용사에게 자신이 한 아기의 아버지라고 상상해 보라고 요청한다. 나는 그에게 아들의 성장 과정을 안내하고 아이의 성장 단계에 따라 적절한 양육과 보호를 하도록 한다. 그런 다음 참전용사에게 자신이 처한 상황과 같은 상황에 놓인 아들과 대화를 요청한다. 그런 다음 방금 아들에게 했던 말을 자기 자신에게 말해 보게 한다.

분노로 두려움 감추기

생존자, 특히 참전 군인들은 자신의 두려움을 분노로 감추는 경우가 많다. 베트남에서는 총격전 전에 두려움을 느끼는 것이 유익했지만, 총격전에서는 두려움을 억제하고 분노를 일으켜야 생존에 필요한 에너지를 동원하는 데 훨씬 더 유용했다. 많은 생존자들은 다른 감정 대신 계속 분노를 느낀다. 분노는 힘과 통제력이 있는 반면, 두려움과 슬픔은 나약하고 취약하며 통제력을 상실한 감정으로 느껴진다. 베트남전에서 통제 불능 상태는 생명의 위협으로 직결된다.

많은 참전 군인들은 자신의 분노를 통제할 수 없으며, 오히려 자신도 모르는 사이에 순식간에 평온함에서 분노로 치닫는다고 말한다. 나는 그들에게 그렇게 느껴지지만, 실제로는 그렇지 않다고 설명한다. 참전 군인들은 자신의 감정과 분리된 상태여서 아주 강한 감정만이 그들의 방어기제를 뚫고 나온다. 기분이 어떠냐고 물어보면 "괜찮다"고 대답하는데, 이것은 "나는 정상으로 느끼고 있다"는 의미이다. 자신에게는 정상이 다른 사람에게 정상이 아닐 수 있으며, 평소 분노로 가득 차 있던 사람은 '괜찮다'에서 분노로 전환되는 데 큰 스트레스 요인이 필요하지 않다는 것을 이해하는 것이 중요하다. 나는 그들에게 마음 속에 온도계가 있는데 가장 아래쪽 숫자인 0은 완전한 평온 상태이며, 가장 위쪽 숫자인 10은 다음에 마주치는 사람을 해칠 정도로 분노가 강함이라고 말한다. 나는 다양한 신체 감각을 온도계의 수치와 연관시키도록 연습시킨다. 그런 다음 온도계 수치를 확인하는 연습을 통해 자신의 정상 상태의 수치가 6 정도이고 분노로 끌어올리는 데 추가 자극이 거의 필요하지 않다는 것을 알게 된다. 주변에 신뢰할 수 있는 지지자가 있다면 그 사람에게 참전 군인의 분노 징후를 관찰한 내용에 대해 피드백을 요청하도록 제안한다. 참전 군인 자신은 신체적으로 무슨 일이 일어나고 있는지 인식하지 못할 정도로 감정과 단절되어 있기 때문에 신체 감각을 구별하는 데 큰 어려움을 겪을 수 있다. 그런 다음 참전 군인의 상태에 따라 선택할 수 있는 다양한 행동 옵션을 알려 준다. 우선 온도계를 네 부분으로 나눈다. 맨 아래 구간인 0에서 약 3까지는 '문제 없음' 구간이다. 다음 4에서 6까지는 '문제가 있지만 피해 없음' 구간이다. 이 구간에서 자기주장 및 기타 문제 해결 기술을 사용할 수 있다. 다음 6~8 구간은 관계에 손상이 가는 단계이다. 다음 8~10 구간은 심각한 폭발 상태로 이어질 수 있는 위험한 단계로 언어적 위협이나 관계를 손상시키는 말을 할 수 있다. 치료 과정에서 짧은 타임아웃과 복식호흡을 활용하여 긴장을 완화한다. 그리고 자신의 생각이 자신을 진정시키는지 아니면 흥분시키는지 분석하고 생각을 바로잡는 방법을 배운다. 그는 타임아웃이 필요한 경우 자신이나 다른 사람을 해치지 않고 돌아와서 문제를 해결하겠다고 더 차분한 순간에 파트너에게 약속한다. 통제력을 잃기 시작하면 추가 타임아웃이 필요할 수 있다. 이러한 사전 약속은 파트너가 타임아웃을 막으려는 유혹에 빠져 상황이 확대되는 것을 방지하는 데 중요하다. 온도계의 가장 높은 8~10 구간은 자신이나 타인에게 신체적 피해가 발생할 수 있는 위험한 영역으로 '피해야 하는' 구간이다. 여기서 이성적으로 대처할 수 있을 때까지 즉시 상황을 벗어나야 한다. 참전 군인은 스스로에게 다음 세 가지 질문을 해 보는 것이 좋다. 지금 내 생명이나 내 가족의 생명이 실제로 위협받고 있는가? 장기적으로 내가 원하는 것은 무엇인가? 내가 원하는 결말을 만들기 위해 무엇을 할 수 있는가? 이러한 질문을 통해 감정적인 아이 자아 상태에서 벗어나 이성적인 어른 자아 상태로 돌아올 수 있다. 첫 번째 질문에 대한 답이 "아니오"라면 폭력은 선택 사항이 아니다. 이 질문에서 "지금 이 순간", "장기적으로", "내가 원하는 결말"이라는 단어가 중요하다. 참전 군인은 일어날 수 있는 무수히 많은 위험을 상상할 수 있으며, 일어날 수 있는 일이 아니라 일어나고 있는 일에 집중하는 경향이 있기 때문이다. 그러나, 아이 자아 상태에서는 즉각적인 만족이 선택 목록에서 우선 순위를 차지하며, 즉각적인 폭력은 쌓인 긴장을 배출하는 수단처럼 느껴질 수 있다. 참전 군인은 장기적인 결과를 바라볼 필요가 있다. 자신이 원하는 결말을 계획하는 것은 어른 자아 상태를 사용할 뿐만 아니라 아이 자아 상태도 참여시켜 상황에서 힘과 통제감을 부여할 수 있다. 이러한 현실 점검이 없으면 많은 참전 군인들은 가능한 위험과 실제 위험을 구분하는 데 어려움을 겪는다. 이것이 문제를 완전히 치료하는 것은 아니지만 사회에서 더 나은 삶을 사는 데 도움이 된다.

분노를 다루는 작업에서 타살 또는 자살 충동이 있다면 자살 금지 및 타살 금지 계약이 필수적이다. 흥미로운 사례 중 하나는 두려움을 분노로 감춘 참전 군인이 있었다. 그는 타살 금지/자살 금지 계약에 동의했지만, 아내와 함께 자는 침대 밑에 산탄총을 들고 서서 아내를 쏠지 말지 고민하는 폭력적인 꿈을 반복해서 꿨다. 그는 아내와 함께 상담을 받으러 왔는데, 아내는 한밤중에 잠에서 깨어 산탄총을 들고 침대 밑에 서 있는 남편을 발견한 적이 있다고 보고했다. 이 참전 군인은 꿈 작업을 했고, 꿈속에서 아무도 해치지 않겠다고 약속했다. 5년의 시간이 흘렀고 그는 더 이상 집에 무기가 필요하지 않으며 꿈도 재발하지 않았다고 말했다.

애도 작업

나는 생존자들이 순수함, 10대 시절, 많은 친구들을 잃은 상실을 슬퍼하고 애도하도록 격려하며 작별 인사를 하도록 권유한다. 나는 그들이 감정을 느낄 수 있다는 것을 축하하고, 감정을 느끼면 미쳐 버리거나 울음을 멈추지 않을 것이라는 믿음에 직면하라고 격려한다. 많은 참전용사들은 전쟁에서 돌아온 뒤 마치 자신의 일부를 베트남에 두고 온 것 같은 느낌을 가진다. 나는 그들에게 베트남에 두고 온 것은 그들이 느낄 수 있는 능력이라고 말한다.

애도 작업은 다양한 형태로 이루어질 수 있다. 전우의 죽음을 애도하는 참전용사의 목표는 전우의 죽음을 받아들이고, 남아 있는 생존자의 죄책감을 살펴보고, "친구의 죽음을 받아들이면 친구를 잊게 되고 그리하면 그의 죽음은 무의미해질 것이다"와 같은 비합리적인 신념에 직면하는 것이다. 또한 청춘과 순수함 같은 상실을 애도하는 것도 중요하다. 청춘과 순수함의 상실을 슬퍼하고 받아들이지 못한 참전용사들은 여전히 청소년인 것처럼 행동하며 여러 가지 면에서 사춘기에 고착될 수 있다. 두 의자 작업은 오랫동안 억눌렸던 감정을 표현하고 새로운 결정을 내릴 수 있는 기회를 만들어 준다. 친구가 죽거나 참전용사가 누군가를 죽인 장면으로 돌아가는 것은 전쟁으로 인한 상실을 치유하는 가장 강력한 방법이다. 한 참전 군인은 인생의 대부분 분야에서 성공했지만 반복되는 우울증으로 고통받고 결혼 생활이 불안정해져 집단에 왔다. 그는 총격전에서 부상을 입었고 친구 세 명이 목숨을 잃은 경험이 있다. 집단에서 몇 달이 지난 후, 그는 총격전 당시 상황을 묘사했고 세 친구를 떠올리며 작별 인사를 할 수 있었다. 나는 항상 내담자에게 사랑하는 사람이 죽기 전에 그들에게 느꼈던 자신의 감정을 표현해 보기를 권유한다. 나는 여전히 그 사람이 아직 죽지 않았고, 죽은 사람이 자신을 지켜보고 있다거나 기다리고 있다는 신화를 지지하고 싶지 않다. 아무리 위로가 될지라도 죽은 사람이 자신을 기다리고 있다고 믿는다면 자살이 재회하는 방법이 될 수도 있고,

생존자가 죽음을 기다리며 사랑하는 사람과 다시 만나기 위해 시간을 보내는 것일 수도 있다. 생존자가 자신의 감정을 표현할 때 분노, 상실감, 죄책감 등 다양한 감정을 표현하도록 격려한다. 나는 그들이 무엇을 기억할 것인지, 그리고 그 사람을 아는 것이 현재의 삶을 어떻게 풍요롭게 했는지 말하는 것으로 마무리한다. 시를 쓰거나 아이들과 함께 작업하거나 나무를 심는 등 고인을 추모하는 일을 하는 것은 생존자가 고인을 긍정적인 방식으로 기억하는 데 도움이 될 수 있다.

물질 남용 및 사회적 지지

내가 만나는 생존자들 중에는 알코올 및 기타 약물 사용이 매우 흔하다. 알코올과 같은 억제제 약물은 감정을 더욱 마비시키고 악몽이나 꿈을 억누르는 데 사용된다. 금주를 강요하지는 않지만 알코올이나 기타 약물을 복용 중인 집단원은 집단에 참석하지 않기를 요청한다. 나는 약물 의존에 대한 교육을 제공하며, 억제제 약물을 복용하는 동안의 감정 경험의 어려움에 대해 설명한다. 참전 군인 지원 집단의 많은 구성원들도 12단계 모임에 참석하고 다른 회원들에게도 함께 가도록 권장한다. 마리화나처럼 반감기가 긴 약물을 사용하는 참전 군인들은 약물을 끊는 데 어려움을 겪는 경우가 많다. 그들은 20년 이상 마약에서 벗어나지 못했을 수도 있다.

내가 만나는 대부분의 베트남 참전용사들은 대부분 친구가 거의 없고, 사회적 지지 체계도 거의 없다. 지원 집단은 이들의 사회화의 시작점이다. 이 집단은 그들이 우정이 가능한지 시험해 볼 수 있고 현실에 대한 피드백을 받을 수 있는 곳이다. 리더는 참전용사가 다시 반박할 수 있도록 허용하면서 편견과 현실의 왜곡에 맞서야 한다. 이런 식으로 참전용사들은 오랜 신념을 재검토하고 사회 기술을 개발해 나간다. 이 집단은 비영리 법인을 설립하여 세차 및 크리스마스 트리 판매를 통해 기금을 모금하여 워싱턴 DC에 있는 베트남 참전용사 기념관 방문 비용을 충당하고 있다. 참전 군인과 그 가족들이 이러한 활동에 참여함으로써 사회화 기술을 향상시키고 지지하는 공동체를 구축하는 데 도움이 된다. 참전 군인들이 기념관을 방문하는 것은 매우 강렬한 경험인데 그곳에서 상실을 마주하고 작별을 고한다.

결론

생존자 치료는 먼저 생존자가 겪고 있는 상황을 이해하고 증상이 정상적인 것임을 인식하게 돕는 것으로 구성된다. 다음으로 생존자에게는 대처할 수 있는 도구가 필요하다. 마지막 단계로, 생존자들은 온전한 삶을 살 수 있도록 자신과 타인, 세상에 대해 새로운 결정을 내린다.

참고문헌

Berne, E. (1966). *Principles of Group Treatment*. New York: Oxford University Press.
Diagnostic and Statistical Manual of Mental Disorders (1994). *4th ed*. Washington, DC: American Psychiatric Association.
Goulding, R., and Coulding, M. (1978). *Changing Lives through Redecision* Therapy. New York: BrunnerlMazel.
Kadis, L. (1985). *Redecision Therapy: Expanded Perspectives*. Watsonville, CA: Western Institute of Group and Family Therapy.
Lieberman, M., YaIom, I., and Miles, M. (1973). *Encounter Groups: First Fa-cts*. New York: Basic Books.

13

가정폭력 배우자

제임스 스피어 *James K. Speer, M.S.S.W.*

서론

가정폭력은 다양한 원인과 맥락이 얽혀 있는 매우 복잡한 문제이다. 가해자 집단 전체에 대한 효과적인 치료법은 여전히 많은 연구가 진행 중이다. 로드아일랜드 대학교의 가정 폭력 연구 프로그램 책임자인 리처드 젤레스(Richard Gaslles 1994)에 따르면 가해자의 치료 성공률은 15~25%로 약물 남용 프로그램의 성공률과 비슷하다. 그는 또한 더 많은 보호시설과 더 강력한 형사 사법적 개입이 필요하고, 더 효과적인 남성용 프로그램의 필요성을 강조한다.

나는 임상 활동의 일환으로 배우자를 학대하는 남성으로 구성된 집단을 매주 운영하고 있다. 이 프로그램은 1989년에 5명의 내담자와 함께 시작되었다. 일부 내담자들은 자발적으로 지원했고, 나머지는 사법 체계에 의해 의무적으로 의뢰된 사람들이었다. 남성 집단은 항상 4~10명의 소규모로 유지되었으며, 기존 참여자가 프로그램을 수료하면 새로운 구성원들이 계속 추가되는 방식이다. 폐쇄적인 집단과 달리 이 개방형 방식은 참가자에게 더 경험 많은 구성원과 교류할 수 있는 기회를 제공한다. 이는 진행자와 참가자에게 다음과 같은 이점을 제공한다. 신규 참여자가 장기 참가자의 바람직한 변화에 노출되면서 행동이 조성되는 역동성이 추가되었다. 참가자는 평균 21주 동안 집단에 참여한다. 현재까지 이 프로그램을 통해 188명의 남성과 2명의 여성을 치료했다. 법원 명령으로 참여한 내담자 중 재범자는 5% 미만으로 매우 적었다. 이는 대체로 성공적인 결과라 할 수 있다. 물론 프로그램을 이수한 모든 내담자에게서 배우자에 대한 폭력이 완전히 사라졌다는 것을 의미하지는 않는다. 이는 대략적인 성공률이다.

프로그램 내용은 주로 심리 교육에 기반을 두고 있다. 듈루스(Thd Duluth) 모델(Pence and Paymar 1993)은 프로그램 내용의 핵심인데, 참가자들이 생각, 감정, 행동 통제를 더 많이 드러낼수록 재결정 작업으로 전환하기도 한다. 듈루스 모델은 남성이 반성적으로 사고하고 남성과 여성의 역할에 대한 고정관념에 대한 의식을 높이는 것을 목표로 한다. 폭력의 문화적, 개인적 촉진 요인을 비디오와 토론을 통해 살펴본다. 남성들이 커플 관계에서 권력과 통제력을 사용하여 지배하는 방식을 보여 주기 위해 커플의 짧은 영상 장면을 사용한다. 이 자료의 의도는 폭력 가해자들에게 학대 행위가 오랜 시간 학습된 것이며, 지배와 통제에 대한 개인적인 신념에 기반한다는 것을 교육하기 위한 것이다. 재결정 기법을 사용하면 치료에 또 다른 차원을 더할 수 있다. 이 접근은 초기 결정과 그것이 현재 행동에 미치는 영향을 탐색한다.

집단치료 장소는 지역 교회의 넓은 방이다. 지각을 방지하기 위해 지정된 시간에서 15분이 지나면 문을 잠근다. 참가자는 술과 약물을 하지 않은 상태로 도착해야 한다. 두 가지 중 하나라도 발견되면 내담자를 퇴장시키고 보호 관찰관에게 보고한다. 나는 매주 보호 관찰관과 소통하고 집단에서 공개적으로 이에 대해 이야기한다. 나는 참가자가 집단에 적극적으로 참여하기로 동의한 입회 계약을 위반한 사항을 보고한다. 또한 배우자나 자녀에 대한 지속적인 학대도 보호 관찰관에게 알린다. 나는 보호관찰을 철회하도록 조치했던 수많은 사례에 대해 익명으로 이야기하곤 한다. 지렛대(leverage)는 내 최고의 조력자이자 내담자의 진정한 행동 변화를 위한 필수 요소이다. 내 경험에 따르면 감옥에서 시간을 보낸 대부분의 남성은 변화에 더 잘 적응한다.

다른 사람에게 폭력을 행사하는 남성의 성격 유형

　배우자와 자녀에게 폭력을 행사하는 남성은 다양한 성격장애를 보이며, 그로 인해 여러 가지 사고 오류가 드러난다. 예를 들면, 특권의식(나의 필요와 욕구가 우선이라는 생각), 정보 처리 오류(책임을 묻는 상황에서 비난받는다는 느낌), 상황 맥락에 부적합한 정서적 반응(상황에서 요구되는 것보다 과도하거나 약한 감정), 사회적, 법적으로 용인될 수 없는 행동(파트너가 성관계 거부 시 강간) 등이 있다. 또한 범죄적 사고 경향과 알코올 및 약물 남용/중독 문제가 동반되어 있는 경우도 많다. 미네소타 다면적 인성검사(MMPI)를 실시한 텍사스주 커빌의 배우자 폭력 개입 및 예방 프로그램(BIPP)에 참여한 59명의 가정폭력 가해남성을 대상으로 한 미출간 연구(Speer 1994)에 따르면, 절반은 알코올/약물 문제를, 1/4은 적극적인 범죄적 사고 경향을 가지고 있는 것으로 나타났다.

　이 연구에서 여성과 자녀를 신체적, 언어적으로 학대하는 남성을 임상적으로 분류하는 정신질환 진단 및 통계 편람(DSM)의 네 가지 성격 장애, 즉 자기애성, 반사회성, 강박성, 편집성 성격장애가 명확하게 나타났다. 이들 성격장애는 어느 정도 중복되는 특성을 가지고 있다. 로나 스미스 벤자민(Lorna Smith Benjamin)의 저서(1993)에서는 이 네 가지 성격 유형의 역기능적 대인관계 특성을 "공격", "비난", "통제"로 설명한다. 나는 이러한 대인 관계 소통 방식이 가해자들의 공통된 특징이라고 본다.

　가정 폭력 가해자 치료 프로그램 참여자의 80%는 법원의 명령으로 참여한다. 이는 행동을 바꾸려는 자발적인 의지가 거의 없으며, 가해자는 겉으로는 변화하고 싶어 하는 것처럼 보이지만, 대개는 자신의 행동이 경찰에 적발된 이후에야 나타난 태도이다. 비자발적 내담자와 변화를 위한 확고한 계약을 맺는 것은 종종 임상가의 영향력과 사법 체계가 자신의 삶에 관여하는 것에 대한 내담자의 불만을 잘 활용하는 데 달려 있다.

　가해자 중에서 범죄적 성격의 하위 집합은 그들의 행동 유형이 매우 확고하게 자리 잡고 있다. 그들은 사기의 달인이다. 스탠튼 새메노우(Stanton Samenow)는 반사회적 성향을 가진 사람은 피해자를 사고하고 감정을 느끼는 인간으로 간주하지 않는다고 지적한다(1989). "비록 체포될 만한 행동과 관련이 없는 일상적인 상호작용에서도 반사회적 청소년[또는 성인]은 타인의 입장을 고려하지 않는다." 그는 바퀴의 중심축이지 결코 바퀴살이 되는 법이 없다. 나는 이 집단이 피해자에게 일어난 일에 대한 죄책감보다는 전문가나 경찰에게 간섭을 받지 않으려는 이유로 행동 변화 계약에 관심이 있다는 것을 안다. 이들은 스스로를 피해자로 여기기 때문에 변화 계약은 자율성을 되찾을 수 있도록 돕는 데 초점을 맞춰야 한다. 자율성을 되찾는 것이 배우자나 자녀를 때리는 행위를 중단하는 결과로 이어진다면, 치료자와 가해자 모두에게 이익이 된다. 행동은 편의에 따라 바뀐다. 피해자에 대한 감정이 나중에 드러날 수 있는 여지를 남겨 두는 것을 역속임수라고 할 수 있다.

문제에 대한 재결정치료의 관점

재결정치료는 내담자의 아동기 대인관계 경험과 성인이 된 내담자의 사고 및 행동 패턴의 기반이 되는 초기 결정에 대한 임상가의 이해를 바탕으로 이루어진다. 성인의 교정적 행동을 위해서 순응적 아이 자아 상태의 초기 결정을 이해하는 것이 매우 중요하다. 아이들은 자신이 자라는 환경이나 함께하는 어른을 선택할 수 없지만, 상황에 대한 자신의 반응에 대해서는 책임이 있다. 어린 시절의 결정은 종종 불충분한 어른의 정보를 바탕으로 이루어진다. 메리 굴딩(1979)이 지적한 것처럼 성인이 되면 개인은 스스로 구축한 강력한 부모 자아 상태의 도움으로 자신의 각본을 다시 쓸 수 있다.

'한눈에 보는 교류분석'Transactional Analysis in Brief(Woollams 1976)에 의하면, 가해자에게서 가장 많이 나타나는 주요 삶의 자세는 "나는 괜찮고 너는 괜찮지 않아"와 "나는 괜찮지 않고 너도 괜찮지 않아"이다. 두 가지 삶의 자세를 취하는 아이는 일반적으로 부모 중 한 명 또는 양쪽의 학대 및 방임의 행동을 모델링하면서 자랐다. 이러한 자녀는 부모의 어른 자아 상태나 양육적 부모 자아 상태가 아니라 주로 부모의 아이 자아 상태에서 양육된다. 이런 방식으로 양육되는 아이들은 긍정적인 자극보다 부정적인 자극을 더 많이 받는다. 자녀는 부모로부터 자신의 역량을 충분히 발휘하라는 승인을 받지 못한다. 그들은 부모로부터 '패배자' 각본의 기반이 되는 명령을 받는다.

특히 치명적인 명령은 "존재하지 마라"이다. 아이들은 체벌로 언어적, 신체적 폭력을 당하면 자신의 존재가치를 인정하지 않는 법을 배운다. 그 결과 우울, 타인에 대한 불신, 비난, 폭력의 악순환이 평생 동안 반복될 수 있다. 최근 나는 폭력을 행사한 신규 내담자와의 첫 회기에서 부모 면담을 진행했는데, "존재하지 마라"의 생생한 예를 볼 수 있었다. 부모 면담(parent interview)은 두 의자 기법을 변형한 것으로, 치료자가 내담자를 빈 의자에 앉게 하고, 치료자가 질문할 때 부모가 되어 보거나 내담자가 자신의 의자에 앉은 채 치료자가 빈 의자를 향해 질문을 던지면 빈 의자에 앉아 있는 부모로서 답하는 방식이다. 이를 통해 치료자는 내담자 또는 그 상황을 내면화된 부모 자아 상태의 관점에서 볼 수 있는 기회를 얻을 수 있다. 이 폭력적인 내담자는 공공장소에서 가끔 아버지를 만나지만 아버지가 자신에게 말을 걸지 않는다고 불평했다. 사실 그의 아버지와 그의 가족은 수년 동안 내담자와 절연한 상태였다. 내담자는 아버지가 왜 자신을 그렇게 심하게 대했는지 전혀 알지 못한다고 말했다. 나는 그에게 아버지를 빈 의자에 앉힐 것을 요청했다. 다음과 같은 대화가 이어졌다.

치료자: 아들을 만나면 이야기를 해 보시는 건 어떠세요?
내담자: [아버지로서 말하기] 그는 내 아들이 아닙니다.
치료자: 무슨 말씀인지 모르겠네요. 그는 당신의 아들이에요.
내담자: 저는 아이 엄마가 임신하는 것을 원하지 않았어요.
치료자: 그건 그의 잘못이 아닙니다.
내담자: 그는 태어나지 말았어야 했어요.
치료자: 계획 임신으로 태어나지 않은 아이들도 많습니다.
내담자: 그는 내 아들이 아니에요.

이 시점에서 나는 내담자에게 행복한 삶을 살기 위해 아버지의 인정이 필요한지 물었다. 그는 아니라고 말했다. 나는 아버지에게 이렇게 말할 것을 제안했다. "저는 제 삶을 살기 위해 아버지의 인정이 필요하지 않습니다."

내담자: [빈 의자를 향해] 저는 제 삶을 살아가는 데 당신의 인정이 필요하지 않아요.
내담자: [아버지로서] 니 마음대로 생각하렴.
내담자: 그럴게요.
내담자: [아버지로서] 그러든지.

이것은 아버지의 아이 자아 상태에서 내담자에게 보낸 "존재하지 마라"는 명령이 성인이 된 아들을 보는 아버지의 현재 행동으로 여전히 강화되고 있는 예시이다. 아버지와 대화를 마친 내담자는 안도한 듯 보였다. 그는 상황을 더 잘 이해하게 되었다고 말하며 미소를 지었다. 이것이 그의 재결정 작업의 시작이었다.

"네가 느끼는 대로 느끼지 마라"는 두 번째 명령(문화적으로 허용된 분노는 예외)은 폭력을 행사하는 남성에게 치명적인 조합이다. 만약 여성이 전형적인 적이라면 내가 이런 감정을 느끼는 것은 여성의 잘못이다. 나는 내 감정적 삶에 대해 아무런 책임이 없다. 나는 그녀가 나를 위해 대신 처리해 주기를 기대한다. 나는 지금 피해자다.

대항명령은 가해자에게도 큰 영향을 준다. '강해져라, 완벽해져라, 나를 기쁘게 해라, 여자가 있어야 할 곳은 가정이다. 남자는 가장이다'와 같이 억제적인 특성을 가진 부모의 강력한 부모 자아 상태로부터 메시지를 받았다면 대인관계 갈등의 무대가 마련되는 것이다. 이러한 대항명령은 어린 시절 신체적 학대를 목격하거나 학대받은 경험이 없는 성공한 남성에게 가장 강하게 나타난다. 다시 말하지만, 과거의 부모와 하는 빈 의자 작업은 탐색 과정의 시작이다. 다음은 일반적인 대화의 예시이다.

내담자: [빈 의자에 앉은 과거의 엄마에게 말함] 아버지가 우리 가족의 모든 결정을 내리셨나요?
내담자: [어머니로서] 응, 그랬지.

내담자: 항상 동의하셨어요?

내담자: [어머니로서] 그래, 우리가 상의한 후에는 그랬어.

내담자: 그래서 결국엔 아버지 마음대로 했지요.

내담자: [어머니로서] 그래, 그런 것 같구나. 하지만 난 그렇게 생각하지 않았단다.

내담자: 아버지의 의견에 동의하지 않은 적이 있나요?

내담자: [어머니로서] 아니야. 없었어.

내담자: 왜죠?

내담자: [어머니로서] 아버지가 가장 잘 알고 계셨어.

내담자: 제 아내는 자기만의 생각이 있어요. 아내는 제 결정을 별로 좋아하지 않아요. 저는 어떻게 해야 하나요?

내담자: [어머니로서] 무슨 말을 해야 할지 모르겠구나. 네 아버지와 나는 항상 의견이 일치했어.

내담자: 항상요?

내담자: [어머니로서] 그래, 항상 그랬어.

이 내담자는 부모님이 의견 충돌을 해결한 모습을 본 경험이 없기 때문에 아내에게 계속 자신의 결정을 강요하고 그 결과 갈등을 빚고 있다. 그와 결혼한 것은 어머니가 아니라 다른 여성이다.

치료 기법

나는 가정폭력을 행사한 가해자를 집단에 참여시키기 전에, 초기 면담에서 제시된 문제뿐 아니라 가정에서 실제로 무슨 일이 일어나고 있는지 더 명확하게 파악하기 위해 두 회기 동안 평가를 실시한다. 때때로 나는 가해자가 알코올이나 약물 중독이 심하고 자조집단에 참석 의지가 없을 경우 치료 대상에서 제외한다. 또한 정서적으로 너무 불안정하거나 정신의학적으로 집단 참여에 부적합한 경우 역시 참여를 제한한다. 선정된 사람들과 함께 일하는 동안 자살, 타살, 정신 이상 금지 계약을 맺는다. 이는 내가 그들의 문제를 진지하게 받아들이고 그들에게도 새 프로그램을 시작해야 한다는 시급성을 전달한다는 의미이다.

비자발적인 내담자와의 변화를 위한 치료 계약은 반드시 필요하다. 그들은 계약을 가볍게 여길지 모르지만 나는 매우 진지하게 받아들인다. 나는 그들이 양가감정이 있더라도 변화를 원한다고 가정한다. 그들이 변화할 수 있는 능력이 있다는 믿음이 있으며, 그들의 삶에 관심을 갖고 기대를 하는 사람이 있다는 사실을 그들이 알기 바란다. 나는 만날 때마다 계약서를 항상 그들 앞에 둔다. 유효한 가해자 계약은 다음과 같다. 나는 배우자에게 폭력을 행사하는 것을 멈추기를 원한다/멈출 것이다. 잔인하고 상처 주는 말을 하지 않기를 원한다/하지 않겠다. 배우자의 말에 더 귀 기울이기를 원한다/기꺼이 듣겠다. 가정폭력으로 다시는 법에 저촉되는 일을 하지 않기를 원한다/하지 않겠다.

반면, 무효의 계약, 즉 기만적인 계약은 다음과 같다. 나는 변할 필요가 있다, 우리는 더 많이 소통하고 대화할 필요가 있다, 나는 술을 끊어야만 한다, 나는 화를 조절해야만 한다. 필요와 의무는 가해자가 자신의 행동에 책임이 없다는 믿음을 반영한다. 나는 이러한 진술에 대해 "당신은 변할 필요가 있다는 건가요, 아니면 변하겠다는 건가요?" "분노를 조절해야 한다는 건가요, 아니면 조절하겠다는 건가요?" 나는 유효한 계약을 할 때까지 직면시킨다.

가해자가 계약을 이행하지 않았을 때 어떤 결과가 초래되는지 살펴보는 것은 매우 중요하다. 대부분의 가해자는 배우자와의 관계를 잃고 싶어 하지 않는다. 이러한 가능성은 지속적인 학대 행위의 당연한 결과이다. 치료자가 관계의 상실과 징역형을 받을 가능성을 계속 상기시키면 변화를 이끌어 내기 위한 강력한 지렛대가 된다.

집단에서 나의 두 가지 목표는 가해자의 어른 자아 상태가 새로운 행동을 시도하도록 유도하고, 가해자가 피해자였을 때의 아동 자아 상태의 감정에 접근하도록 돕는 것이다. 아동 자아 상태의 감정에 접근하는 좋은 예는 다음 연습에서 찾을 수 있다. 편안하고 안정된 집단 환경에서 참가자 전원에게 다음 세 가지를 떠올리도록 요청한다. 첫째, 다른 사람(형제자매나 부모가 싸우는 모습)이 신체적으로 다치는 것을 처음 목격했던 기억, 둘째, 어린 시절 또는 성인으로서 학대나 폭력의 피해자였던 경험, 셋째, 마지막으로 자신이 누군가에게 폭력을 가했던 장면을 떠올려 보라고 요청한다.

이 연습이 끝나면 나는 자신의 경험을 집단과 공유할 의향이 있는 자원자를 찾는다. 최근 집단에서 한 자원자가 어렸을 때 뒷마당에서 밧줄을 가지고 놀다가 나무에서 뛰어내려 목을 맬 뻔한 후 벌로 벽장에 갇혔던 장면을 보고했다. 그는 겁에 질려 거의 목숨을 잃을 뻔했다며 흐느끼기 시작했다. 내가 그에게 벌을 받은 기분이 어떠냐고 물었더니 어머니가 자신을 가둔 것은 잔인하다고 말했다. 이 남성은 성인이 된 후 12년 동안 세 번이나 수감된 적이 있다. 그는 어머니의 잔인함에 대한 다른 상황도 이야기했다. 나는 그에게 어머니를 의자에 앉히고 자신이 겪은 일에 대해 어떻게 느꼈는지 말하라고 요청했다. 그는 매우 화가 나서 어머니에게 소리를 질렀다. 어릴 적 경험이 지금까지 그의 삶에 어떤 영향을 미쳤는지 어머니에게 말하라고 요청했다. 그는 "어머니가 저에게 잔인했던 것처럼 저도 항상 여성에게 잔인했어요. 그것은 여성과의 모든 관계에 영향을 미쳤어요."라고 말했다. 나는 그에게 그의 잔인함이 어머니의 것이었기 때문에 어머니에게 돌려줄 의향이 있는지 물었다. 그는 눈물을 흘리면서 자신 있게 어머니를 의자에서 내보냈다.

방은 매우 조용했다. 일부 집단원들은 이 경험에 동요해서 의자에 앉아 있지 못했다. 그들은 분주하게 방 안을 돌아다녔다. 다른 두 명의 남성은 눈물을 흘리며 자리에 앉아 있었다. 이 두 사람 중 한 명이 자원자에게 "잔인함을 포기하다니 매우 용감하시네요. 저는 그렇게 못해요. 그게 제 전부이고, 저에게는 아무것도 남아 있지 않을 거예요."

자원자는 처음 결정을 내렸던 아이 자아 상태에서 재결정하기 위한 매우 중요한 첫걸음을 내디뎠다. 그는 배우자에 대한 폭력적인 행동을 멈췄다. 그의 잔인함은 현저히 줄어들었고 그는 변화 목표를 향해 지속적으로 노력했다.

내가 사용하는 또 다른 방법은 가해자의 어른 자아 상태를 활용하는 것이다. 나는 모든 집단 구성원들에게 배우자와의 관계에서 자신을 방어하는 태도를 포기할 것을 요청한다. 배우자가 무슨 말을 하든, 어떤 행동을 하든 언어적으로나 신체적으로 자신을 방어해서는 안 된다. "진정한 남성은 여성으로부터 자신을 방어할 필요가 없다."라고 나는 말한다. 이러한 행동 변화를 기꺼이 받아들인 남성들은 몇 가지 흥미로운 결과를 보고한다. 처음에는 자신을 방어하지 않을 때 불안감이 증가하다가 그 다음 아내가 자신의 행동을 의심한다고 한다. 세 번째 단계에서, 관계가 더 좋아지고 있으며, 마지막으로 감정적으로 반응하기보다는 그들에게 한 말을 생각하고 있으며 이것이 자신에 대한 전반적인 능력과 자신감을 향상시키는 데 도움이 되었다고 한다. 그들은 자신이 원하는 모습 대로 행동하는 자신을 보기 시작한다.

이러한 변화를 위해 남편과 아내의 두 의자 기법을 사용하는 장면이 많이 연출된다. 다음은 전형적인 두 의자 직면의 예이다.

> 내담자: [빈 의자를 향해] 나는 매일 열심히 일하지만 당신은 날 존중하지 않아. 여자는 남편을 존중해야 해.
> 내담자: [아내로서] 당신을 존중하지만 집안일을 아무것도 하지 않는 당신에게 질렸어요.
> 내담자: [의자로 돌아와서] 나한테 잔소리하는 거 지겨워.
> 내담자: [아내로서] 당신은 내가 감정을 표현하는 것을 잔소리라고 하잖아요. 당신은 내 말을 전혀 듣지 않아요.
> 내담자: 지금은 듣고 있잖아.
> 내담자: [아내로서] 또 소리 지르네요.

이 시점에서 나는 보통 내담자를 내 옆에 서게 해서 이 싸움을 지켜보게 한다. 나는 그에게 두 사람이 지금 무엇을 하고 있는 것 같은지 묻는다. 그는 "똑같은 싸움이 계속되고 있어요. 지긋지긋해요. 그녀는 나를 존중하지 않아요." 이 마지막 말은 그가 여전히 순응적 아이 자아 상태에 있음을 나타낸다. 나는 내담자의 의자 옆에 다른 의자를 하나 더 놓고 그 의자에 앉으라고 한다. 그에게 여기 앉아 있는 사람은 성인이라고 말하며 "당신 안의 어른 남성은 그녀에게 무슨 말을 하고 싶나요?"라고 묻는다. 이 의자에서 그는 그녀에게 말한다.

내담자: 당신과 싸우기 싫어.
내담자: [아내로서] 저도 싫어요.
내담자: 소리 질러서 미안해.
내담자: [아내로서] 네, 저도 그래요.
내담자: 내가 하지 않은 일 중 하길 바라는 게 뭐지?
내담자: [아내로서] 나는 당신이 집에 와서 무슨 일이 있는지 알아차리고, 애들을 돌봐 주면 좋겠어요.
내담자: 조이의 기저귀를 갈아 주거나 아이들을 데리고 공원에 가는 걸 말하는 거야?
내담자: [아내로서] 네, 두 아이가 귀찮게 해서 저녁 식사 준비하기가 힘들어요.
내담자: 알았어, 할 수 있어.

내가 그에게 정말로 할 거냐고 물었더니 그는 그렇다고 대답했다. 그래서 마지막 말을 "그렇게 할 거야"로 바꾸고 아내에게 그렇게 말하라고 요청했다. 이 내담자는 자신이 생각하는 것보다 어른처럼 행동하는 법을 잘 알고 있다. 그는 자신이 방법을 알고 있다는 것을 깨달아야 한다. 이것은 그가 어른 자아 상태에 접근해서 아내의 요청을 듣는 방식을 바꾸는 과정을 시작하는 것이다. 아내의 말에 귀를 기울이는 것만으로도 이 부부에게는 큰 변화이다.

내가 보기에 가정폭력 부부의 경우 관계는 문제의 본질이 아니라 문제의 증상이다. 가해자의 행동을 영구적으로 변화시키기 위해서는 원가족 치료와 재결정 작업이 필요하다. 가해자와 피해자 모두 치료를 시작할 때 최선의 관계가 될 수 있다. 그들은 더 나아질 자격이 있지만 각자 자신의 소통 방식에 갇혀 있다. 의존성 문제가 있는 남성과 여성은 서로의 행동에 의해 자신이 통제되도록 하는 경향이 있다.

부모 중 한 쪽의 아이 자아 상태로부터 "성장하지 마라"는 명령을 받은 남성은 가해자의 큰 하위 집단을 구성한다. 이들은 보통 어렸을 때 피해자가 아니고, 부모가 서로 폭력을 행사하는 것을 목격한 적도 없다. 이들은 부모로부터 원하는 것을 얻는 데 익숙해져 있으며 이는 성인 여성과의 관계에도 그대로 이어진다. 그들은 감정적으로 성인의 몸을 가진 어린아이다. 성인 관계에서 더 많은 것을 기대하면 분노한다. 이들은 여성 배우자에게 통제당하고 있다고 느끼며 자신이 어린애 같거나 자신의 짐을 덜어 주지 않는다는 피드백에 분개한다. 배우자가 자신의 단점을 지적해서 손상 당한 자기애는 완벽주의적 하위 각본을 부수고 분노 반응을 보일 가능성이 높다.

어느 날 저녁, 집단에서 한 신규 집단원이 퇴근 후 집에 돌아와 자리에 앉아 TV를 보기 시작했다고 말했다. 그의 아내는 아이들을 돌봐야 하고, 집 안 청소를 해야 하며, 로스쿨 입시 공부를 하는 동안 남편이 아이들과 함께 있어 주길 바라고 있었다. 그런데 이를 전혀 알아차리지 못한 남편의 태도에 화가 났다. 그녀는 남편을 넷째라고 부르며 결혼을 끝내겠다고 위협했다. 그는 아내의 마지막 말에 격분해 멱살을 잡고 문 밖으로 밀쳐 냈다. 경찰이 출동했고 그는 가정 폭력 혐의로 기소되어 집단치료에 배정되었다. 그는 아내에게 폭력을 행사한 것은 정당하다고 느꼈고 자신이 아니라 아내가 상담을 받아야 한다고 생각했다.

이 남성은 자신의 나쁜 행동이 허용되고 은폐되는 가정에서 자랐다. 그는 가족의 영향력을 이용해 첫 번째 가정폭력 혐의를 기각시켰다. 그는 첫 번째 결혼에서 자녀를 부양하지 않았고, 불규칙하게 일했으며, 자동차도 여러 번 망가뜨렸다. 이제 그는 그에게 무언가를 기대하며 그 기대를 자주 표현하는 여성과 재혼했다. 그녀는 그의 유치한 행동을 지적하고 자신의 문제에 적극적으로 나서지 않는 그를 원망했다. 이 부부는 그가 상담을 받기 전에도 격렬하게 싸웠다. 아내가 말싸움은 더 잘했지만 마지막 말은 남편이 하곤 했다.

이 남자는 자신이 정서적으로 성장하지 못했다는 사실을 천천히 직시하기 시작했다. 집단의 지지와 아내, 부모와 함께 한 수차례 두 의자 작업 회기를 통해 그는 아내의 불만에 반응하는 대신 더 많이 귀를 기울이기 시작했다. 그는 더 높은 보수를 받는 직장을 구해 꾸준히 일하며 승진도 했다. 그는 가족에게 더 많이 기여함으로써 힘을 얻었다고 느꼈다. 그는 아내의 학업 성취에 대해 매우 자랑스러워했다. 자신을 방어하는 것을 멈추고 남의 말을 듣기 시작하자 그는 자기 비판을 더 많이 하게 되었고 다른 사람의 건설적인 비판을 기꺼이 받아들이게 되었다. 그는 더 많은 자기노출을 하게 되었고 자신의 행동에 책임을 지기 시작했다. 의무출석 기한이 끝난 후에도 그는 집단의 정회원이 되었고, 2년 동안의 여정을 마치고 최근에야 집단을 떠났다. 자기애를 포기하는 데는 시간이 걸린다.

앞에서 설명한 "성장하지 말라"는 명령을 받은 남성은 아이 자아 상태에 오염된 어른 자아 상태를 가지고 있다. 자유/순응적 아이 자아 상태는 그들의 삶을 운영하고 일상적인 많은 결정을 내리고 있다. 치료 목표는 부모의 명령과 초기 의사 결정을 탐색한 다음 재양육 계약을 통해 어른 자아 상태를 강화하는 것이다.

결론

가정폭력 가해자에게 재결정치료를 적용하는 것은 치료자에게 강력한 도구를 제공하는 것이다. 폭력은 관계에서 나타나는 더 깊은 권력 및 통제 문제의 증상이다. 과거의 주요 관계를 살펴보는 것이 현재의 증상을 이해하는 열쇠이다. 남성과 여성은 태어날 때부터 폭력적인 존재가 아니다. 이러한 행동은 환경과 중요한 타인에 대한 대응 또는 대처의 한 가지 경로로서 초기 의사 결정과 관련이 있다. 부모의 명령에 대한 초기 결정은 성인이 된 후 재구성되거나 재결정할 수 있다. 과거의 중요한 타인과 마주하고 현재의 상황과 관계에 대한 반응을 재결정하는 것이 재결정치료의 기본 토대이다. 이 기법은 성격 발달 이론과 행동 변화를 위한 방법론을 제공한다. 변화 과정에서는 감정, 사고, 행동이 모두 다뤄진다. 집단 환경에서 작업하면 실제적이고 영구적인 변화의 가능성을 더욱 높일 수 있다. 물론 모든 폭력적인 남성을 치료할 수는 없지만 변화하고자 하는 용기 있는 남성, 새로운 삶의 무대를 시작하려는 남성에게 진정한 권한 부여와 변화를 가능케 한다.

참고문헌

Benjamin, L. S. (1993). *Interpersonal Diagnosis and Treatment of Personality Disorders*. New York: Guilford.

Gelles, R. J. (1994). Lack of reliable research strangles effort to domestic violence. *Psychotherapy Letter* 6: 1-5.

Goulding, M. M., and Goulding, R. L. (1979). *Changing Lives through Redecision Therapy.* New York: BrunnerlMazel.

Pence, E., and Paymar, M. (1993). *Education Groups for Men Who Batter: The Duluth Model.* Duluth, MN: Springer.

Samenow, S. E. (1989). *Before It's Too Late.* New York: Times Books.

Speer, J. K. (1994). Unpublished study of 59 batterers.

Woolams, S., Brown, M., and Huige, K. (1976). *Transactional Analysis in Brief,* 3rd ed. Ann Arbor, MI: Huron Valley Institute.

14

아동 · 청소년과 작업하기

제임스 알렌 & 바바라 앤 알렌
lames R. Allen, M.D. Barbara Ann Allen,, M.S.W., Ph.D.

아들 마이클(Michael)이 유치원에 다닐 때, 글을 읽을 수 있는 것 같았지만, 그는 읽지 못한다고 고집했다. 그러던 어느 날, 학교에 데려다주는 중 마침내 이 이상한 상황을 그가 설명했다. 마이클은 나이가 많았던 우리가 죽어서 그를 떠날까 봐 두려웠다며 흐느꼈다. 자신이 글을 배우지 않는다면, 시간을 멈추고 우리를 살릴 수 있다고 결정했던 것이다. 확신과 몇 가지 사실, 그리고 약간의 격려로 그는 새로운 결정을 내렸다. 그는 글을 읽을 수 있다는 것을 보여 주는 것이 안전하다고 결정했다. 이 모든 것은 학교로 가는 매우 짧은 시간 안에 일어났다.

이 이야기는 많은 부모들의 이야기와 비슷한 어린 시절의 결정과 재결정의 예시이다. 어린아이들은 그들이 알고 있는 세상에서 직관적이고 다소 마법 같은 사고력으로 그들이 할 수 있는 최선의 결정을 내린다. 그 결정은 그들에게 이치에 맞고, 그 당시에는 생존 가치가 있는 것으로 보인다. 이러한 결정은 그들의 삶에 영향을 미친다. 지지와, 허가, 그리고 일부 새로운 정보 또는 새로운 경험을 통해 아이들은 새로운 결정을 내릴 수 있다.

이 장에서는 아동 및 청소년을 대상으로 하는 재결정 작업의 몇 가지 측면을 살펴볼 것이다.

초기 메시지: 허가와 명령

아동과 청소년은 자신이 누구인지, 어떻게 행동해야 하는지, 앞으로 어떻게 될 것인지에 대한 수많은 메시지 속에서 살아간다. 이러한 메시지 중 일부는 언어적 메시지이고 나머지는 비언어적이다. 어떤 메시지는 한 사람에게서 오는데, 양육에 중요한 역할을 하는 사람에게서 오는 메시지가 가장 중요하다. 다른 메시지는 일반적으로 주변 환경에서 온다.

이러한 메시지 중 일부는 "존재하지 마라" 또는 "성장하지 마라"와 같이 부정적인 형태를 취한다. 우리는 이를 명령이라고 부른다. 그 반대인 일부는 허가(permissions)의 형태를 취하는 것으로 볼 수 있다(Allen and Allen 1996).

이러한 권한 중 가장 일반적인 허가 메시지들은 다음과 같다.

(공간을 차지하는 것과 열정을 가지고 살기 위해) 존재하기 위한 허가
감각과 필요를 인식하기 위한 허가
요구사항을 표현하고 적절하게 충족시키기 위한 허가
적절하게 신뢰하고 안정감을 느끼기 위한 허가
자신의 감정을 인식할 수 있는 허가(특정한 것만이 아닌 모든 것)
감정을 표현할 수 있는 허가
자기 자신이 될 수 있는 허가
가깝지만 개별성을 유지할 수 있는 허가
행복할 수 있는 허가
나는 괜찮다는 느낌을 가질 수 있는 허가
(성장하고 떠나기) 적절한 성별과 나이가 될 수 있는 허가
소속감을 가질 수 있는 허가
정확한 피드백을 받을 수 있는 허가
명확하게 생각하고 문제를 효과적으로 해결할 수 있는 허가
심리적으로 무슨 일이 일어나고 있는지 이해할 수 있는 허가
정신적으로 건강을 유지할 수 있는 허가

각자가 정의한 방식으로 성공할 수 있는 허가

의미를 찾거나 만들어 낼 수 있는 허가

이 외에도 두 번째로 허가가 필요한 집단이 있다. 이는 자녀가 어른을 기쁘게 하는 일을 과도하게 하지 않도록 허가하는 것으로 볼 수 있다. 완벽하다는 것은 불가능하며, 이는 결과적으로 실패하라는 명령과도 같다. 아이에게는 완벽하지 않아도 되고 실수를 통해 탐구하고 배울 수 있는 허가가 필요하다. 마찬가지로 아이에게는 다른 사람을 기쁘게 하지 않아도 되고, 더 열심히 일하지 않아도 되며, 서두르지 않아도 되고, 무조건 강해야 하는 것은 아니라는 허가가 필요하다. 아이들은 이러한 각각의 허가가 얼마나 적절한지, 언제 멈춰야 하는지, 스스로를 기쁘게 하고, 얼마나 열심히 또는 빠르게 하는 것이 충분한지, 그리고 느낄 수 있는지를 결정할 수 있어야 한다.

어느 순간 아이들은 다음과 같은 네 가지 중요한 질문을 하기 시작한다. 1) "나는 누구인가?", 2) "이 세상에서 나 같은 사람은 어떻게 되는가?", 3) "나에게 기대되는 것은 무엇인가?", 4) "어떻게 하면 최대한의 사랑을 받을 수 있을까?"(Allen and Allen 1979). 아이들은 자신의 발달 단계와 환상을 포함하여 이용 가능한 정보, 그리고 자신에게 중요한 사람들이 들려주는 내용에 따라 최선을 다해 이를 결정한다.

사례 예시

9세인 존(John)은 이미 만성 정신질환자였고 어머니는 그를 다시 입원시키기 위해 데려왔다. 보고에 의하면 그는 4세 때부터 입퇴원을 반복했고, 실제로 전년도에는 병원에 입원하지 않은 기간이 6주에 불과했다. 한때 다른 주의 의사는 그에게 양극성 장애가 있다고 진단하고 리튬과 테그레톨을 처방하기도 했다.

존은 실제로 반항심이 강했고 어른들의 요청을 따르지 않는 경우가 많았다. 그는 직원들과 마주치면 이전에 함께 일했던 양극성 장애 아동이 몇 명인지 알려 달라고 요구하곤 했다. 또한 그는 자신이 인종차별적인 발언을 하면서, 직원들이 그런 말을 했다며 비난했다. 이는 곧 그의 어머니에 의해 두 가지 방식 중 하나로 해석되었다. 직원들의 '문화적 민감성이 결여'되었다는 증거로 받아들이거나 그가 환청을 겪고 있다는 증거가 되었다.

피터(Peter)는 10세 때 정신과 간호사였던 어머니의 손에 이끌려 병원에 입원했다. 그녀는 주의력 결핍 과잉 행동 장애, 주요 우울장애, 품행 장애, 다중인격 장애, 측두엽 간질 등 다양한 장애의 증상과 진단명을 제시했다. 그녀는 수많은 양육 교육에 참석했고, 알려진 모든 육아 기술을 습득하고 시도해 보았지만 효과가 없었다고 주장했다. 하지만 피터는 병동에서 중간 정도의 반항적 태도만 보였다. 심리 검사와 신경학적 검사에서도 특이소견은 없었다.

이 두 아동과 함께 작업하면서 몇 가지 공통점을 알게 되었다. 첫째, 두 아이의 어머니는 자녀의 거의 모든 행동과 말을 매우 심각한 병리의 증거로 해석했다는 점이다. 예를 들어, 존의 어머니는 존이 거짓말을 하거나 협박과 조종할 것이라고는 전혀 생각하지 않고 환청이 들린다고만 생각한 것 같았다. 둘째, 이 병력에 제시된 많은 '사실들'은 다른 방식으로 해석될 수 있다. 정신과 의사가 존에게 테그레톨과 리튬을 처방한 것은 사실이지만, 그의 입장은 존을 병원에서 퇴원시키는 데 도움이 될 만한 것을 찾기 위해 필사적으로 그렇게 했다는 것이었다. 존은 퇴원하려고 할 때마다 "통제할 수 없는" 상태가 되었다. 자세히 살펴보니 집을 다녀온 직후마다 이런 일이 발생했다. 자료는 존에게 약물치료가 필요하다고 결론을 내리기보다 어머니 또는 존과 어머니의 상호작용에 문제가 있다는 증거로 해석될 수 있었다. 셋째, 두 어머니 모두 자녀의 장기적이고 반복적인 치료로 인해 큰 불편과 비용을 감수하고 있음에도 불구하고 자신을 위한 어떤 치료도 회피했다. 그러나 그들의 삶의 다른 곳에서 문제가 있다는 충분한 증거가 있었다. 존의 어머니는 정신과에서 접수원으로 일한 적이 있었다. 병원의 많은 환자들에게 그들의 문제가 모두 과거의 성적 학대 때문이라고 설득하려는 그녀의 강력한 노력은 고용주가 이사를 가야 할 정도로 지역 사회에 혼란을 일으켰다. 피터의 어머니는 모든 자녀 중에서 피터가 특별하다는 사실을 기꺼이 인정했다. 그는 가장 예민하고 어머니를 많이 닮은 아이였다. 그녀는 자신과 가족의 안녕이 그에게 달려 있다는 것을 "알고" 있었다. 소년들의 치료가 또 다른 치료 실패 이력으로 남지 않기 위해서는 이러한 어머니의 문제를 해결하는 것이 필수적이다.

이 두 아동은 대리 뮌하우젠 장애(Munchausen's Disorder by Proxy) (*DSM-IV 인위성* 장애)로 진단될 수 있지만, 모든 아이들에게 공통적으로 나타나는 문제, 즉 중요한 어른들의 요구, 기대, 이야기, 해석의 영향을 과장된 방식으로 보여 주는 것으로도 볼 수 있다. 조부모, 아버지 또는 문제를 완화해 줄 수 있는 어른이 없었기 때문에 이 아동들이 가지는 자신에 대한 정의와 기대는 주로 어머니의 말과 행동에서 파생되었다. 안타깝게도 두 어머니 모두 정신건강 전문가의 의견과 제안을 효율적으로 이용하고 왜곡하는 데 능숙했다. 아동들은 삶을 살아가는 것이 아니라 정신과적 사례 연구 대상이 되도록 프로그램되어 있었고, 그들은 이를 받아들였다.

성인 환자와 함께 일할 때 우리는 초기 결정의 영향을 본다. 재결정치료에서는 계약에 따라 환자가 초기의 주요 장면으로 돌아가 새로운 방식으로 재경험하며, 새로운 것을 배우고, 새로운 결정을 내릴 수 있도록 권장한다. 그러나 아동과 함께 일할 때는 이러한 결정이 아직 이루어지지 않고 있거나 비교적 최근에 내려진 경우가 많다. 때로는 병리적인 결정을 예방할 수 있고, 때로는 조기에 재결정을 내릴 수 있도록 도와주기도 한다. 실제 재결정 작업을 하거나 병적인 결정을 예방하기 위해 노력할 때, 네 가지 중요한 치료적 필수 사항이 있다.

허가

아동과 성인 모두 변화하고 잘 기능하기 위해서 허가가 필요하다. 연령대와 인지 및 정서 수준에 따라 허가의 형태도 달라져야 한다. 앞서 설명한 것처럼 아동의 연령, 발달 수준, 지적 능력에 따라 이러한 허가의 위계 구조가 대략적으로 존재하는 것 같다. 가장 초기 단계는 존재할 수 있는 권리와 감각을 인식하고 인지할 수 있는 허가이다.

전 연령대에서 모든 허가가 중요해 보이지만, 특정 시기에 더 중요해졌다가 사라지는 허가도 있다. 또한 동일한 허가도 연령에 따라 다른 형태로 제공되어야 한다. 예를 들어, 아주 어린아이에게는 양육자와 환경에 대해 편안함, 안정감, 안전함을 느낄 수 있는 친밀감을 위한 허가가 필요하고, 학령기 아동에게는 또래에게 인정받고 소속감을 느낄 수 있는 허가가 필요하며, 청소년기에는 친밀감과 성적인 분위기가 더해지는 또래와의 친밀감에서 편안함을 느낄 수 있는 허가가 필요하다. 유아에게 의미를 만들거나 찾을 수 있는 허가는 유아용 의자에서 물건을 떨어뜨리고 부모가 주워 오도록 하여 중력을 탐색할 수 있도록 허가하는 것을 의미할 수 있다. 청소년의 경우 대안적인 종교 또는 정치 체제에 대한 탐구가 포함될 수 있다.

보호

성인은 일반적으로 과거에 실제로 내린 결정이 아니라 다른 결정을 내렸다면 어떤 일이 일어났을지를 상상하며 그로 인한 내적 이유로 변화를 두려워한다. 이는 종종 양육자가 죽거나 자신을 버릴지도 모른다는 생각, 자신이 죽을지도 모른다는 생각, 가족이 해체될지도 모른다는 생각의 형태로 나타난다. 이러한 재앙은 단순한 공상이 아니다. 예를 들어, 성적 학대에 대해 이야기할 때 가족 구성원은 종종 매우 위협을 느끼며, 그 결과 내부 고발자를 거부하거나 배척할 수 있다. 그러므로 내담자가 아직 살아 있다는 사실 자체가 그 결정이 비록 결과는 좋지 않았더라도 적어도 생존의 가치가 있었다는 증거가 될 수 있다. 아동과 청소년은 이러한 모든 내부 금기와 위험에 대처해야 한다. 그리고 실제 부모와 주변 환경의 실제 반응도 감당해야 한다.

10세였던 셸비(Shelby)는 초경을 시작했을 때 양아버지의 반응이 두려웠다. 그녀는 남자아이의 옷을 입고, 아버지의 다람쥐 사냥 친구이자 사랑 없는 결혼 생활에서 그의 유일한 동반자 역할을 하고 있었다. 한편, 양어머니는 셸비에게 관심을 주지 않았고, 그녀가 입양된 후 예상치 못하게 태어난 소녀다운 두 여동생들, '진짜' 두 딸과 함께 시간을 보냈다. 셸비는 사용한 생리대를 모으고 여동생들을 죽이겠다고 위협했다. 그녀의 부모는 그녀가 정신병자라고 확신했고, 특히 가출을 시도하기 위해 옷과 칼을 싸서 나무에 숨겨 뒀다가 실패한 일이 밝혀진 후 여러 정신건강 전문가들에게 이를 확신시켰다.

부모님은 셸비가 또래 소녀처럼 보이는 것에 대해 강력히 반대했고, 셸비를 멀리 떨어진 주의 "좋은 기독교 목장"으로 보낼 계획을 세웠다. 하지만 아버지는 곧 친구를 잃는다는 생각에 우울해졌고 어머니는 극도로 불안해졌다. 어머니는 자신의 어머니가 그녀를 돌본 적이 없었기 때문에 셸비를 제대로 키울 수 있을 거라 믿지 못했다. '정신병을 가진 아이'라는 문제는 고통스럽지만 덜 극적인 부부의 사랑 없는 결혼 생활, 아버지/남편의 고립감과 외로움, 어머니/아내의 사랑하고 양육하지 못하는 무능력감이라는 문제로 대체되었다.

아동의 재결정 시기에는 내담자뿐만 아니라 여러 가족 구성원이 변화와 그로 인해 발생할 수 있는 결과에 대한 실제적이든 환상이든 두려움으로부터 치료자의 보호가 필요하다.

힘

치료자에게는 여러 유형의 힘이 있다. 그중 가장 중요한 것 중 하나는 내담자와 가족이 현실을 정의하거나 재정의하도록 돕는 능력이라고 생각한다. 결국, 그들이 치료자에게 온 것은 특별한 전문성을 가지고 있을 것이라 기대하기 때문이다. 이러한 기대는 평판, 치료실 환경, 학위 및 기타 전문적인 연출 요소에 의해 더욱 강화된다.

치료자로서 우리의 가진 주요한 힘의 원천 중 하나는 바로 우리가 던지는 질문, 관심 있는 것, 강조하는 내용, 그리고 비언어적 행동과 발언을 통해 내담자와 그 가족의 이야기를 형성하는 능력이다. 이를 통해 우리는 특정 사실은 축소하고 다른 사실은 강조함으로써 가족이 새로운 이야기를 만들도록 도울 수 있다.

힘의 방향성

현재 미국의 치료는 문제, 결핍, 이상 및 장애에 대한 강조로 포화 상태이다. 일부 치료자들은 상처받은 내면의 아이, 상호 의존성 및 기타 다양한 병리를 찾기위해 마녀사냥에 몰두해 온 것으로 보인다. 안타깝게도 이러한 틀은 질문과 해석, 그리고 계획된 개입을 제한한다.

강점과 자원을 인정하는 관점에서 치료를 수행하는 것도 가능하다. 외상과 고통을 겪은 모든 아동이 무력한 것은 아니다. 외상과 학대의 불길 속에서도 강점이 형성될 수 있다. 우리는 사람들이 회복 탄력성과 가능성에 대해 배운 것에 감사한다. 이러한 강점과 회복 탄력성에 대한 담론을 통해 치료자는 다른 질문을 하고 다른 관찰을 할 수 있으며, 이를 통해 다른 방식의 개입으로 이어질 수 있다.

삶의 결정을 내린 후 치료적 개입하기

재결정치료

재결정치료는 사람들이 중요한 특정 시기에 자신과 삶에 대한 주요 결정을 내린다는 전제에 기반을 두고 있다. 이러한 중요한 문제를 결정하기 때문에 재결정할 수도 있는 것이다.

성인을 대상으로 하는 재결정 작업은 전통적으로 (1) 계약, (2) 핵심 장면의 재경험, (3) 아이 자아 상태의 재결정의 세 단계로 구성된다. 그런데 아동과 청소년을 대상으로 작업할 때는 프로차스카(Prochaska)와 디클레멘트(DiClemente)의 변화 패러다임을 통합하는 것이 유용하다(Prochaska et al. 1994). 이들의 작업을 약간 수정하여 재결정 과정의 7단계를 제안한다.

    1. 숙고 전 단계
    2. 묵상 단계

3. 준비 단계
4. 고유의 재결정 단계
5. 실행 단계
6. 유지 관리 단계
7. 종결 단계

아동 및 청소년과의 작업은 세 가지 중요한 측면에서 성인과 다르다. 첫째, 이 7단계는 특히 어린아이들에게 명확하게 드러나지 않을 가능성이 높다. 둘째, 아동이나 청소년은 부모가 처한 단계와 매우 다른 단계에 있는 경우가 많다. 초기에는 치료를 위해 자녀를 데려온 부모가 진정한 "내담자"인 경우가 많다. 셋째, 일반적으로 유지단계에서 중요한 환경 재조정을 준비하는 것은 부모이다.

과정을 자세히 살펴보면 다음과 같은 전개 과정을 알 수 있다.

숙고 전 단계

이 단계에서는 아동, 청소년, 성인 모두 변화의 필요성을 인식하지 못한다. 이 단계는 부모가 치료를 위해 자녀를 데려올 때이다. 성인은 종종 집단치료에 참여하여 다른 집단원이 재결정을 내리는 것을 보고 들음으로써 이 단계에 도달하기도 한다.

숙고 단계

이 단계의 내담자는 자신에게 문제가 있다는 것을 인식하고 이에 대해 생각하고 있지만 아직 변화를 위한 결심을 하지 않은 상태이다. 이 단계에서는 자신의 행동과 그로 인한 영향, 그리고 변화의 장단점을 명확하게 살펴볼 수 있도록 도와주는 것이 유용하다.

준비 단계

이 단계에서 사람들은 가까운 장래에 구체적인 행동을 취하려고 한다. 성인과 청소년의 경우 이 단계는 일반적으로 구체적인 계약으로 끝나지만, 아동은 종종 명시적으로 하지 않는 경우가 많다.

고유의 재결정 단계

이 단계에서는 핵심 장면을 재경험하고 새로운 정보나 감정을 도입하는 과정을 포함한다. 이 단계는 아동 자아 상태에서 재결정하는 것으로 끝이 난다.

어린아이. 어린아이의 연령과 지능 및 정서 수준에 따라 사용하는 기법은 성인과 다소 달라야 한다. 어린아이들은 자유 회상이 떨어지고 암시성이 높으며 현실과 환상을 구분하는 데 어려움을 겪는다. 또한 언어 능력과 주의력이 제한적이며 더 나이든 아이들에 비해 자신만의 방식으로 차이를 메꾸려는 경향이 더 크다. 하지만 5세 정도가 되면 암시성이 성인과 거의 비슷해지며 사건을 부호화하는 능력도 발달한다.

상징적이고 은유적인 재결정 작업. 스토리텔링, 인형극, 그림 그리기는 어린 자녀에게 유용하다. 이러한 매체를 통해 아이의 경험과 결정을 재구성할 수 있다.

4세 마리(Marie)는 다음과 같은 이야기를 놀이로 풀어냈다. 배고픈 아기 공룡은 무서워서 엄마 공룡을 불렀지만 엄마 공룡은 항상 바쁘고 아기 공룡을 좋아하지 않아서 오지 않았다는 불쌍한 아기 공룡의 이야기였다. 이야기는 계속될수록 산만해졌다. 그러던 중 치료자는 친절한 늙은 사자를 소개해 아기 공룡에게 아기를 좋아하고 돌봐 줄 다른 공룡을 찾는 방법을 가르쳐 주었다. 마침내 아기 공룡은 새 엄마 공룡에게 먹을 것과 위로를 받기로 결정했다.

4세였던 플로(Flo)는 원가정에서 성적 학대를 당한 후 여러 위탁 가정을 전전했다. 이 중 몇몇 가정에서 플로는 또다시 학대를 당했다. 플로의 놀이에서는 폭행을 당한 아기 인형이 등장했고, '나쁜 아빠'를 장난감 감옥에 영원히 가두는 것으로 보호받았다. 매번 플로는 그들이 여전히 감옥에 있는지 확인하고 탈출하면 다시 수감될 것이며 아기 인형은 안전할 수 있다고 스스로를 안심시켰다.

때로는 스토리텔링을 통해서도 비슷한 작업을 할 수 있다. 치료자는 아동이 만들어 낸 이야기를 가지고 다른 해석, 결정, 결말을 제시할 수 있다. 때로는 치료자가 이야기를 들려줄 수도 있다. "나는 예전에 …를 하는 어린 소년을 알았어요." 또는 "나는 예전에 …를 하는 친구가 있었어요."라고 시작하는 것이 유용하다.

실제 경험의 재결정. 아동은 일상 생활에서 중요한 장면을 재현할 수 있다.

이미 열두 곳의 위탁 가정을 거쳤던 4세 마리는 주말 내내 커튼을 찢고 가구를 뒤집고 양어머니의 머리카락을 한 움큼 뽑는 등 난동을 부렸다. "이 못된 여자애를 쫓아내세요."라고 그녀는 계속해서 소리를 질렀다. 양어머니는 굳건히 버텼다. 48시간 동안 단 몇 시간밖에 잠을 자지 못했음에도 불구하고 그녀는 단호하게 "넌 떠날 수 없어. 여긴 이제 네 집이고 우린 가족이니까 무슨 짓을 하든 여기 있어야 해"라고 말했다. 이 새로운 메시지가 진심인지 의심했지만, 마리는 중요한 결정을 했다. 그녀는 사랑받을 수 있고 정말 사랑스러운 사람이라는 것을 재결정했다. 이를 계기로 그녀의 행동이 눈에 띄게 달라졌다.

감각 운동 수준의 재결정하기. 재결정치료에 관한 문헌은 주로 성인 내담자를 대상으로 한 연구를 기반으로 한다. 사람들은 일생 동안 결정을 내리지만, 일반적으로 4~7세, 즉 피아제(Piaget)가 말하는 직관적 사고 또는 초기 구체적 사고 단계에 있는 아동("꼬마 교수")이 가장 먼저 결정을 내리는 경우가 많다(Piaget 1962). 그러나 피아제의 감각운동 지능 단계인 전언어적 수준에서 재결정이 이루어지는 것으로 보이는 경우도 있다(Piaget 1962).

생후 첫해에 아이는 가까이 있으면서도 분리될 수 있고, 자신의 체험을 경험하며, 자신의 세계에 영향을 줄 수 있는 허가를 받는다. 이 시기는 기본적인 신뢰와 안전, 상호성, 억제력, 효능감이 발달하는 단계이다. 이 시기 아이는 아직 말을 하지 못하기 때문에 언어적 결정을 내리지 않는다. 따라서 이러한 비언어적 '결정'을 '재결정'할 때, 재결정은 말로 이루어지지 않는다. 오히려 피아제가 감각 운동기라고 부르는 신체적인 수준에서 변화가 일어나는 것으로 보인다.

우리는 이러한 변화가 성인 내담자를 대상으로 한 치료에서도 이루어진다고 믿는다. 다른 논문에서 우리는 초기 전이의(Allen and Allen 1991) 관점에서 몇 가지 특성을 자세히 설명한 바 있다. 아동과의 작업에서는 그 과정이 더 분명할 수 있다.

3세였던 조안나(Joanna)는 수년간 방임과 학대에 시달렸다. 그녀는 소란을 피우고 분노하며 사람들에게 애착을 형성하지 못했다. 조안나는 사람들의 이름조차 제대로 구별하지 못했는데, 그녀에게는 모든 사람이 다 똑같아 보였다. 그녀는 끊임없이 상대의 동기를 의심했고 대체로 사물에 대해 가장 편집증적인 해석을 했다. "진심이 아닐 거야"는 그녀가 끊임없이 좋은 것을 거부하는 방식이었다. 가구를 부수고, 아이들과 어른들을 해치겠다고 위협하며, 자신을 심하게 물어뜯는 등 통제할 수 없는 행동으로 그녀에게는 종종 치료적 안아 주기(therapeutic holding)가 필요했다. 이것은 우리는 안전하고, 그녀를 해치지 않을 것이며, 어색하더라도 그녀를 위로하고, 진정시키며, 그녀의 필요를 충족시키기 위해 노력한다는 일종의 비언어적인 안심을 제공하는 것처럼 보였다. 비록 우리는 그녀와 대화를 나누며 함께했지만, 가장 중요한 치료 요소는 안아 주고 만져 주는 것, 지속적인 보살핌, 그리고 그녀가 우리나 자신을 해치게 하는 것을 단호히 거부하는 것이었다. '재결정'은 언어로 표현되지 않았다. 하지만 조안나는 안정을 되찾고 관계를 맺으며 신뢰하기 시작했다.

"예방 접종" 기법(vaccination technique). 때때로 아동은 양육적 측면에서 거의 해 줄 것이 없는 사람들과 함께 살 수도 있다. 이는 자신들이 적절한 양육을 받지 못했거나 지적장애, 정신증 또는 약물 남용으로 고통받고 있기 때문일 수 있다. 이런 경우 아동이 다른 곳에서 살 수 없는 상황이라면 다음과 같은 과정이 유용할 수 있다.

아동은 자신의 상황이 실제로 어떤지, 논리적으로 무엇을 기대할 수 있는지 인식하도록 도움을 받는다. 보통은 기대치가 거의 없거나 더 나쁜 경우가 많다. 이 아동은 다른 메시지, 사랑, 애정을 받을 수 있는 곳을 탐색하는 데 도움을 받는다. 아마도 이웃이나 선생님일 수도 있다. 이 때 재결정은 기본적으로 "나는 살아남을 것이다. 나는 필요한 것을 얻을 권리가 있다"는 것이다. 그런 다음 이를 위한 실질적인 도움과 계획, 그리고 보호가 필요하다.

나이 든 아동 및 청소년. 나이가 더 많은 아동과 청소년의 경우 성인과 마찬가지로 재결정 작업을 수행할 수 있다.

16세의 피터(Peter)는 자신이 실패자라고 확신했다. 그는 친구가 없었고, 학교 성적도 떨어지고 있었다. 그는 7세 때 자신이 실패자가 되겠다고 결심했던 것을 기억했다. 어머니는 그가 해낸 어떤 성공도 어린아이가 그보다 더 낫다고 여겼기 때문에 그가 실패자가 되는 것이 진정으로 어머니를 기쁘게 해 드릴 수 있는 유일한 방법이라고 믿었다.

두 의자 작업을 통해 피터는 자신이 처음 이 결정을 내렸던 특정 시간과 장소로 돌아가서, 보호와 허가로 상상 속 어머니에게 문제는 어머니의 것이며 그는 더 나은 대우를 받을 자격이 있다고 이야기했다. 이번에는 더 이상 그녀를 기쁘게 하지 않겠다고 결심했고(이것도 실패했기에), 특히 어차피 할 수 없는 일이니 더 이상 그녀를 보호하지 않기로 결심했다.

그 후 그는 많은 변화를 겪었다. 그는 자신이 받을 수 없는 사랑에 대해 애도했고 어머니가 줄 수 있는 것을 받아들이기 시작했다.

실행 단계

이 단계에서 내담자는 자신의 행동을 수정하고 새로운 행동을 한다. 미래의 새로운 행동에 대한 계획과 새로운 행동에 대한 강화(스트로크)를 얻는 방법이 중요하다. 일반적으로 아동이나 청소년은 그들 삶에 있는 어른들이 이를 도와줘야 한다.

유지 관리 단계

이 단계는 내담자가 얻은 성과를 공고히 하고 재발을 방지하기 위해 노력하는 단계로, 보통 어른들이 아동을 위해 대신하는 단계이다. 치료자와 내담자는 내담자가 어떻게 나아지고 있는지 함께 살펴봐야 한다. 도움과 치유란 무엇인가? 내담자가 새로운 행동에 대해 어떻게 보상과 지지를 받고 있는가? 내담자가 과거의 자신이나 삶에 대한 이야기에 빠지지 않도록 하는 것이 중요하다.

종결 단계

이 단계에서는 새로운 행동이 내담자의 일상 생활에 통합되어 더 이상 지속적인 주의가 필요하지 않다.

기타 이야기 치료 기법

재결정치료와 유사한 몇 가지 다른 치료적 개입이 있다. 결과는 같을 수 있지만 치료 과정은 상당히 다르다. 중요한 네 가지 기법을 소개한다.

억압된 이야기의 해방

우리는 자신과 자신의 삶에 대한 이야기를 통해 기억을 통합하고 정체성과 기대를 유지하고 재확인한다. 그러나 이러한 이야기는 점차 수정되고 변화할 수 있는데, 그 이유는 우리에게 일어난 모든 일을 하나의 이야기로 다 담을 수 없기 때문이다. 우리는 이러한 이야기를 반복해서 말하는 과정에서 조금씩 빼고, 더해서, 편집한다.

치료자는 누락된 부분에 대해 질문하고, 일부 측면을 강조하고 다른 측면은 덜 강조함으로써 아동, 청소년, 성인 또는 가족 등 내담자가 더 많은 선택지와 가능성, 더 나은 결과를 가진 다른 이야기를 만들 수 있도록 돕는다.

19세의 마이런(Myron)은 늘 자신이 아버지에게 실망스러운 존재라고 느꼈다. 적어도 아버지는 그를 칭찬한 적이 없었다. 마이런이 아무리 열심히 노력해도 아버지는 결점만 찾아내고 고쳐야 할 점들을 지적하곤 했다. 마이런이 기억하는 것은 평생에 걸친 패배감과 아버지의 못마땅한 표정뿐이었다. 그러던 중 우연히 아버지가 마이런의 삼촌에게 쓴 편지를 발견했다. 아버지는 편지에서 마이런의 어린 시절부터 이어져 온 마이런의 업적과 성공에 대해 큰 자부심을 드러내고 있었다. 마이런은 이 편지에서 자신의 인생에서 성공과 아버지를 기쁘게 한 완전히 새로운 이야기를 발견한 것 같았다. 마이런은 아버지가 비록 방법을 잘 몰랐을지라도 실제로는 격려와 도움을 주려고 노력했다고 생각했다. 더 중요한 것은 마이런이 잊고 있었던 일들, 즉 아버지가 분명히 자랑스러워했던 일들을 기억하기 시작했다는 점이다. 마치 마이런의 삶에 대한 숨겨진 이야기가 풀린 것 같았다.

마이런은 자발적으로 이 작업을 수행했다. 때때로 치료자는 내담자에게 비슷한 일을 하도록 도와주기도 한다. 이때 내담자가 평소와 다르게 행동했거나 병리적 행동을 멈춘 시점을 살펴보는 것이 유용하다. 요컨대, 우리는 내담자가 자신의 삶에 대해 다른 이야기를 만들어 가도록 돕는다. 이 과정에 대한 내용은 최근 구성주의적 교류분석(constructivist transactional analysis)이라는 제목하에서 다룬 바 있다(Allen and Allen 1995).

왜곡된 이야기

아동이 특정 이야기를 반복해서 듣거나 유도 질문을 반복해서 받으면 그 이야기를 자신의 인생 이야기에 통합할 수 있음을 시사하는 연구결과가 점차 많이 발표되고 있다. 가장 부정적인 형태로는, 사탄 숭배 활동이나 성적 학대에 대해 반복적으로 질문을 받은 아동은 조사자의 가정을 뒷받침하는 이야기를 만들어 낼 수 있다. 이는 아동 치료자가 경계해야 할 가능성으로 우리의 정체성과 기억이 얼마나 쉽게 변할 수 있는지를 보여 준다. 하지만 이러한 이야기들이 선정적으로 소비되는 과정에서 두 가지 요소를 놓치는 경우가 많다. 첫째, 구성된 이야기는 내담자에게 현실감, 즉 사실적 근거와 무관하게 "심리적 진실"을 가지고 있다. 둘째, 이 과정에서 아동이 자신에 대한 좋은 이야기이긴 하지만 완전히 정확하지는 않은 이야기를 들을 수도 있다는 점이다.

외상 후 스트레스 문제

9세인 조(Joe)는 화재로 집과 부모님을 잃은 후 멍해졌다. 그는 건물이 불타는 악몽을 꾸고 반복적으로 불을 지르는 등 외상 후 스트레스 장애 증상을 보였다. 이러한 증상의 일부로 미래에 대한 감각이 단축되었다. 그는 자신이 10세까지 살 수 있을 거라고 생각하지 않았다. 그는 미래에 대한 계획이나 희망이 없었고, 미래에 대한 가능성조차 생각할 수 없었다.

최근 연구(Yehuda and McFarlane 1995)에 따르면 이러한 문제 중 일부는 적어도 부분적으로는 생리적 근거가 있을 수 있다고 한다. 심한 스트레스를 받을 때 호르몬, 특히 부신 호르몬이 급증하면 기억에 관여하는 뇌의 일부인 해마가 실제로 손상될 수 있다. 또한 외상 경험으로 고통받는 사람들은 외상을 떠올리게 하는 사소한 자극에도 갑자기 불편한 생리적 변화를 일으켜 주의력, 문제 해결, 외상 처리를 방해할 수 있기 때문에 외상으로 인한 문제에 대처하는 것이 매우 어려운 경우가 많다. 또한, 이 장애의 두 가지 주요 증상 중 하나는 집중력 저하와 회피 행동이다. 이로 인해 외상을 삶에 통합하고 인생 계획을 세우는 것이 어려워진다.

오클라호마시티 폭탄 테러가 일어날 무렵 2세였던 짐(Jim)은 여러 명의 아이들이 폭탄 테러를 당했던 보육원에 다니고 있었다. 짐은 모래로 건물을 짓고 '내 학교'라는 이름을 붙인 후 앞부분을 밟아 무너뜨리는 행동을 반복했다. 이러한 행동과 악몽은 생존 아동들이 함께 모여 서로를 다시 만나 맥도날드와 바니 콘서트에 특별 외출을 한 후 갑자기 멈췄다.

오클라호마시티 폭탄 테러의 다른 아동 피해자들이 '마음을 다잡고' 앞으로 나아갈 수 있도록 돕기 위해 그들의 삶과 친구들의 사진을 모아 책으로 엮은 것이 유용하다는 것이 입증되었다.

이 두 사례에서는 병리적인 문제를 다루기보다는 일상생활을 영위하고 공동체의 일원이 되는 데 중점을 두고 도움을 제공했다.

결정치료

재결정치료는 매우 매력적인 특징을 가지고 있기 때문에 일부 치료자는 거의 모든 사람에게 재결정 기법을 사용하려고 한다. 그러나 내담자가 실제로 결정을 내린 적이 없다면 재결정에 대해 이야기할 수 없을 것이다. 실제로 꽤 성공적일 수 있는 이러한 개입은 치료자가 내담자가 유용한 삶의 이야기를 만드는 데 도움을 준 사례로 보는 것이 더 낫다고 생각한다.

고령의 내담자는 스스로 새로운 각본을 선택했다고 느낄 수 있다. 이를 통해 내담자들은 자신의 삶에 대한 힘과 방향성, 통제력을 갖게 된다. 재결정치료 과정의 강점 중 하나는 다음과 같다. 변화에 대한 허가, 결정을 내릴 수 있는 틀, 이후 변화에 대한 "설명", 명확한 "전환점 이벤트"를 제공하는 것이다. 내담자는 세상에 존재하는 새로운 방식을 선택한 자신의 힘에 대한 감각을 갖게 된다. 그러나 이 내담자들은 재결정이 아니라 실제로 결정을 내린 것이다. 어쨌든 그들은 유용한 삶의 이야기를 개발했을 수 있다.

의사 결정 전과 의사 결정 중에 이루어지는 개입

가능하면 병리적 결정을 예방하거나 최소한 건강한 결정을 내릴 수 있도록 돕는 것이 가장 좋다. 이를 위해 다양한 기법을 사용할 수 있다. 때로는 아동과 함께 직접 할 수도 있고, 때로는 양육자나 형제자매와 함께하는 것이 더 효과적일 수도 있다. 어떤 방법을 사용하든 아동이 자신의 감각과 감정을 인식하고, 친밀감을 느끼고, 소속감을 느끼고, 자신과 적절한 연령과 성별이 되어서, 행복하고, 명확하게 생각하며, 문제를 해결하고, 자신의 존재를 이해할 수 있는 권한을 얻는 것이 중요하다. 이러한 개입의 일반적인 예는 다음과 같다.

환경 조작

동생들을 돌봐야 하는 맏딸은 가족이 적절한 연령대의 이웃을 베이비시터로 고용하면 자신의 나이에 맞는 아이가 될 수 있다. 이는 "너 자신이 되지 마라"와 "아이처럼 굴지 마라"는 명령에 대항하는 것으로 볼 수 있다.

싱글맘의 외아들은 어머니로부터 아들은 괜찮은 존재이며 어머니의 친구, 즉 "집안의 남자"가 될 필요가 없다는 말을 들을 필요가 있다. 그런 다음 아들이 이 역할을 맡으려고 할 때 그 역할을 하지 않도록 막는 것이 중요하다. 이는 "너 자신이 되지 마", "애처럼 굴지 마", "떠나지 마-나를 돌봐 줘", "또래 집단에 소속되지 마"라는 명령을 약화시키거나 없애는 것으로 볼 수 있다.

또 다른 예로, 6세 아동이 엄마의 침대로 오면 그 아이를 자신의 침대로 다시 데려다준다. 이는 그가 받을 "떠나지 마라" 또는 "성장하지 마라"는 메시지를 약화시킬 수 있다.

재구성/해석(Reframing/Interpretation)

아동은 무엇이 자신의 것이고 무엇이 아닌지 이해하기 전까지는 도둑질을 할 수 없다. 무엇이 현실이고 무엇이 환상인지 이해하기 전까지는 거짓말을 한다고 볼 수 없다. 대부분의 2세 아이들은 성장하는 정체성의 일부로 반항적 행동을 한다. 그러나 어른들이 이러한 예상되는 행동을 필요한 발달 단계로 보느냐, 아니면 나쁜 행동이나 심지어 정신질환의 증거로 보느냐에 따라 큰 차이가 있다.

"선천적 거짓말쟁이", "타고난 도둑", "항상 통제할 수 없는" 등의 자녀에 대한 중요한 묘사는 자녀가 지침서로 받아들일 수 있지만 실제로는 해석과 결론에 불과하며 매우 부정확할 수 있다. 안타깝게도 아이들은 종종 이러한 설명을 사용하여 자신을 정의하고 자신과 타인에게 무엇을 기대해야 하는지 결정한다. 때때로 이러한 설명은 "---하지만---"으로 나타난다. 이것은 종종 중요한 두 사람의 서로 다른 견해를 나타낸다. 예를 들어, 아버지와 어머니는 사용하는 형용사가 다르다.

아동·청소년 치료자의 기능 중 하나는 부모가 특정 연령의 자녀에게 가지는 적절한 기대치가 무엇인지, 그리고 자녀와 부모 각자에게 적절한 행동이 무엇인지 알 수 있도록 돕는 것이다. 치료자는 다양한 색인 도식을 제공하고 부모와 자녀가 새로운 이야기를 정교하게 만들 수 있도록 도와준다.

대안적 인식과 허가를 주는 사람들 소개하기

어떤 아동들은 부모가 주지 않는 피드백이나 허가를 받기 위해 다른 사람을 스스로 찾기도 한다.

메리(Mary)는 계획에 없던 임신이었고 원치 않는 아이였다. "차라리 진토닉을 수유하고 싶다"는 말은 어머니가 자주 반복하는 말이었다. 실제로 어머니는 다른 사람이 메리를 키우거나 복지 보조금을 받는 것을 원하지 않았기 때문에 그녀를 데리고 있는 것일지도 모른다. 하지만 5세가 되자 메리는 옆집 아주머니, 친구들의 어머니, 상상 속의 '진짜 엄마', 이웃집의 다정한 강아지 등 다른 메시지를 찾는 데 능숙해졌다.

자녀는 부모와 가족의 메시지를 받는 불행한 수신자가 아니다. 하지만 대안적 메시지를 스스로 찾는 일은 아이 혼자서 하기에는 어려운 일이다. 때로는 치료자로서 적극적으로 상황을 설정하고 다양한 메시지를 전달할 수 있는 새로운 사람을 소개함으로써 이 과정을 도울 수 있다.

스트로크 패턴 변경하기

5세였던 빌(Bill)은 우울했다. 그는 스스로를 나쁘고 반항적인 아이로 취급받도록 스스로 행동을 설정했다. 빌을 키우던 할머니는 말로는 그를 인정해 주었지만 손길을 주지는 않았다. 다른 사람이 빌을 만지면 두려움보다는 놀라서 어떻게 반응해야 할지 몰라 움츠러들고 낯선 사람에 대한 불편함을 드러냈다.

그에게 책을 읽어 주는 동안 그는 부드럽게 안기도록 권유받았다. 나중에는 안거나 흔드는 것을 허용할 수 있게 되었다. 이러한 긍정적인 손길에 익숙해지자 그는 부정적인 행동(따귀, 폭행, 언어 폭력)을 유발하던 도발적인 행동을 포기할 수 있었다.

접촉은 인간의 중요한 욕구이다. 긍정적인 방식으로 충분한 것을 얻는 데 익숙하지 않으면 부정적인 스트로크를 추구할 수 있다. 긍정적인 스트로크를 취하는 법을 배우기 전까지는 이러한 부정적인 스트로크와 그에 수반되는 행동을 포기하기가 어려운데, 그것은 아무것도 받지 못하는 것보다 낫기 때문이다. 치료의 중요한 한 측면은 내담자가 긍정적인 스트로크를 받아들이는 방법을 배우도록 돕는 것이다. 내담자들은 그동안의 경험을 통해 타인을 신뢰하지 않는 것을 교훈으로 얻었기 때문에 이 과정이 어려울 수 있다. 그러나 긍정적인 스트로크를 받기 전에 부정적인 스트로크를 포기할 것을 기대하는 것은 무리이다(Allen and Allen 1989).

부모 치료

존과 피터의 어머니들은 심각한 심리적 문제가 있었기에 아픈 아들을 필요로 했다. 아동들이 어머니들과 함께 지내려면 어머니들에 대한 개인 치료가 매우 중요했다.

부모가 이런 식으로 행동하는 이유는 악의 때문은 아닐 것이다. 그러나 이런 행동에는 몇 가지 일반적인 이유가 있다. 어떤 수준에서 일부 부모는 자녀에게 문제를 '부여'함으로써 필사적으로 스스로를 그 문제에서 벗어나려고 할 수 있다.

이혼한 젊은 엄마가 2살배기 아이를 상담을 위해 데려 왔다. 그녀는 아이가 심각하게 우울하고 자살 충동을 느낀다고 말했다. 검사 결과 아이는 우울증의 어떤 증상도 없었지만 실제로 심각한 우울증과 자살 충동을 느끼고 있었던 것은 엄마 자신이었다.

일부 아동은 세대를 이어 내려오는 가족의 절차와 역할에 얽매여 있다. 예를 들어, 한 아들은 최근에 돌아가신 삼촌이자 어머니의 남동생인 집안의 골칫거리를 대신하여 그 이름을 물려받았다. 어떤 자녀는 어머니(또는 아버지)의 아이 자아 상태를 흥분시키거나 부모가 기대하는 방식으로 자신을 대하는 사람이 되도록 훈련받고 있을 수 있다. 마치 셰익스피어의 리어왕처럼 자녀가 자신을 나쁘게 대하기를 기대하는 아버지라면 자녀가 자신의 역할을 제대로 수행할 수 있도록 일찍부터 훈련을 시작해야 한다. 따라서 부모와 가족의 각본을 살펴보고 자녀가 어느 역할에 적합한지 파악하는 것이 중요하다.

가장 간단하고 직접적인 수준에서 부모는 개인 치료(재결정치료 포함), 약물 치료, 부부 또는 가족 치료 등 자신에 대해 치료가 필요할 수 있다. 일부의 경우 부모 역할 훈련이 유용할 수 있다. 좀 더 혼란스러운 가족에게는 가족 내 치료 보조원이나 사례 관리자가 유용할 수 있다.

신속한 치료 진단: 유형론

샐러드만 먹을 수 있는 사람 앞에 정찬을 차리는 것은 이치에 맞지 않다. 이 비용 억제 시대에는 환자가 고통스러워 보인다고 해서 치료를 할 수는 없다. 재결정 치료가 모든 아동 또는 청소년 문제에 적합한 것은 아니다. 따라서 아동 및 청소년과 함께 일할 때는 문제가 무엇인지 빠르게 진단한 다음 가장 적합하고 적절한 개입을 하는 것이 중요하다. 이 작업에서 다음과 같은 유형분류가 유용하다는 것을 발견했다.

외부 간섭 및 결핍

양육이나 한계 설정과 같이 아동이 너무 많이 또는 너무 적게 받고 있거나 자기 연령대에 적합하지 않은 것을 받고 있을 수 있다. 이러한 경우 선택할 수 있는 적절한 개입은 환경 조작이다. 때로는 부모 또는 부모 관계에 대한 치료가 필요할 수도 있다. 부모 교육, 가정 내 치료 보조원, 사회성 기술 훈련 및 배치가 모두 이 범주에 속한다. 환경이 조금만 바뀌어도 아동이 변화하는 경우 진단이 확인된다.

주의력 결핍 문제나 지각 및 운동 지연과 같은 기질적인 의학적·신경생리학적 상태는 아동과 환경 간 적합성에 큰 영향을 미친다(Greenspan 1989). 이러한 경우 특정한 의학적 및 교육적 개입이 필요하다.

6세나 7세가 되면 아동의 문제는 보다 내현화될 수 있다. 환경을 바꾸는 것만으로는 더 이상 충분하지 않을 수 있기에 이제는 전통적인 치료가 필요하다.

구조 간 갈등(제1유형 임패스)

이 유형은 서로 다른 자아 상태, 일반적으로 부모 자아 상태와 아이 자아 상태 간의 갈등이다. 치료의 목표는 이 갈등을 일정 수준에서 해결하고, 특히 비판적 부모의 체벌 본성을 줄이는 것이다.

9세의 마크(Mark)는 자신의 팔에 라이터 기름을 붓고 불을 붙였다. 마크는 자신의 '나쁜 행동'을 스스로 벌하기 위해 이 같은 일을 저질렀는데, 아버지는 이를 매우 상세히 설명했다. 실제로 그의 아버지는 최근 직장을 그만두고 집을 깨끗하게 관리하지 않는 아내와 아이들을 벌주기 위해 집을 나갔다고 한다. 마크의 자해행위는 비판적인 부모 자아가 요구하는 벌을 주는 방식이자 그 근원인 친부에 대한 화해의 표시였다.

구조 내 갈등(제3유형 임패스)

이 유형은 하나의 자아 상태 안에 존재하는 서로 다른 측면 간의 갈등이다. 여기에는 순응적 아이와 본연의 아이 또는 비판적 부모와 양육적 부모 간의 갈등이 포함된다.

마크는 "착한 마크"와 "나쁜 마크" 사이의 갈등을 설명할 수 있었다. 후자를 벌하기 위해 그는 자신의 팔에 불을 붙였다. 흥미롭게도 둘 사이의 분리가 너무 뚜렷해서 '착한 마크'는 고통을 느끼지 못했다고 그는 주장했다. 마크는 미술 치료를 통해 '좋은 마크'와 '나쁜 마크'를 그림으로 그려도 보고, 그리고 두 존재 간 소통을 시도했다. 그리고 비판적인 부모와의 대화와 소통을 했다.

다중인격장애(multiple personality disorder)에 대한 논쟁이 있는 요즘, 일부 독자들은 이 사례를 두 가지 아이 자아 상태(본연의 아이와 순응적 아이)의 에너지 전환과 이동으로 보기보다는 다중인격장애의 사례로 간주할 수도 있다. 하지만 마크는 해리성 정체성 장애(dissociative personality disorder)에 대한 *DSM-IV* 기준을 충족하지 못했다. 그는 치료 과정에서 미술과 인형극을 활용하여 빠르게 분리를 통합하였다.

각본 결정(제2유형 임패스)

이 유형의 문제는 앞서 설명한 대로 고전적인 재결정치료 또는 억압된 이야기의 표출이 가장 적절한 치료 기법이다.

외현화된 갈등

내담자는 내면화된 갈등을 외부 환경에 투사하여 그곳에서 해결하려고 할 수 있다. 이는 종종 외부의 간섭처럼 보이고 그렇게 다뤄지기도 한다. 안타깝게도 환경적 조작만으로는 이 문제를 충분히 치료할 수 없다. 내부 갈등도 함께 해결해야 한다.

14세의 브렌트(Brent)는 경찰에 약물을 과다 복용했다며 자신을 신고했다. 이는 아버지의 집에서 벗어나기 위한 적극적인 시도였다. 그는 자신이 방치되고 있다고 느꼈고, 실제로도 방치되었다. 이전에도 여러 번 위탁가정을 벗어나는 데 성공했지만, 자신이 원했던 위탁가정이나 그룹 홈에 장기 입소하는 것은 매번 스스로 막았다. 새로운 환경에 처하면 그는 방임과 학대를 호소했고 사람들이 자신을 나쁘게 대하도록 만들었다. 따라서 그는 새로운 환경마다 원가정에서의 경험을 반복하며 결국 그곳으로 돌아갈 상황을 스스로 만들었다.

브렌트와 함께 일하면서 우리는 두 가지 문제를 동시에 해결해야 했다. 그의 삶에서 실제 방임의 문제와 그가 환경에 투사한 내적 갈등이었다. 후자는 자신이 원치 않고 방치되었으며 앞으로도 그럴 것이라는 초기 결정에 대해 이야기와 그림을 활용한 재결정치료를 통해 접근했다. 두 가지 문제 모두 '예방 접종' 과정을 통해 치료되었다.

결론

현실에서 많은 아동과 청소년은 여러 종류의 혼합된 문제를 보인다. 각 문제는 고유하게 처리되어야 하는데, 이 유형론을 통해 치료자는 수행해야 할 작업을 신속하게 분류할 수 있다.

사례 예시

19세의 저스틴(Justin)은 어렵게 전문대학에 합격했다. 부모님이 밤마다 6~7시간씩 공부를 도와주었지만 최고 성적은 여전히 C에 불과했다. 체중은 점차 118kg까지 늘어났고 친구도 없었다. 그는 자신을 무가치하고 거절당하며 무력한 존재라고 느끼며 우울해했다. 그는 자살을 심각하게 고려했다.

그는 심각한 주의력 장애와 고도의 주의 산만 문제가 있었는데, 이는 기질적/신경생리학적 문제였다. 그는 각성제 계통의 약물에 잘 반응했다. 또한 시공간 지각 능력과 청각 정보처리에도 큰 어려움이 있었다. 특수교육 및 작업 치료는 이러한 결함이 어떻게 그의 수행을 방해하는지, 그리고 어떻게 보완할 수 있는지 이해하는 데 도움을 주었다. 예를 들어, 오른손에 반지를 끼면 어느 쪽이 오른손인지 알 수 있었고, 강의를 테이프에 녹음하여 틈틈이 반복 청취할 수 있도록 했다.

이 새로운 정보를 통해 그는 자신이 어리석고 무가치하며 항상 그럴 것이라고 판단했던 초기의 장면으로 돌아갈 수 있었다. 그는 새로운 정보와 새로운 경험을 얻었고, 전통적인 두 의자 작업을 통해 자신은 바보가 아니고, 가치 있는 존재라고 재결정했다.

새로운 어른 자아 상태의 정보를 통해 비판적 부모 자아 상태와 아이 자아 상태 간의 구조 간 갈등을 중단하여 자신이 멍청하고 못생겼으며 무능하다는 자기 내적 괴롭힘을 멈출 수 있었다. 그 후 그는 체중 감량을 결심하고 다이어트와 운동 프로그램을 시작했다.

1년 후, 그는 45kg을 감량하고 유도팀에 입단했으며 하루에 2시간 정도의 학습으로 C와 낮은 B학점을 받을 수 있었다. 체중 감량은 약물 복용이 아닌 운동과 식이요법의 결과였다. 그는 데이트를 시작했고, 밤마다 6시간씩 그의 과제를 도와주어야 했던 부모님은 서로에게 새로운 관심을 갖게 되었다.

아동은 생존에 도움이 된다고 느끼기 때문에 그러한 결정을 내린다. 병리적 과정이 여전히 진행 중이지만 아직 결정이 내려지지 않은 경우, 환경 조정을 통해 상황을 개선할 수 있다. 그러나 일단 결정이 내려지면 사람들은 자신의 기본 결정을 강화하는 방식으로 세상과 상호작용하기 시작하며, 불일치하는 정보를 무시하는 경향이 있다. 따라서 사람들은 기본 결정을 반복적으로 확인하게 된다. 많은 경우, 사람들은 그 결정을 뒷받침하는 내면의 대화를 정교하게 발전시키기도 한다.

성인의 경우, 문제가 초기 결정에 기반한 것이라면 단기의 재결정치료로 전체 심리적 문제의 핵심을 빠르게 파악할 수 있다. 실제로 재결정치료는 작은 가지와 잎을 하나씩 떼는 것이 아니라 나무의 큰 줄기를 톱으로 베어 내는 것과 비슷해 보인다. 하지만 아동의 경우 애초에 나무가 자라는 것을 막을 수 있는 경우가 있다.

참고문헌

Alien, J. R., and Alien, B. A. (1979). Discipline: a transactionalanalytic view. In *Six Approaches to Discipline and Child Rearing*, ed. D. Dorr, pp. 99-149. New York: Brunner/Mazel.

_____ (1989a). Ego states, self, and script. *Transactional Analysis Journal,* 19(1): 4-13.

_____ (1989b). Stroking: biological underpinnings and direct observations. *Transactional Analysis Journal* 19(1): 26-30.

_____ (1991). Concepts of transference: a critique, a typology, an alternative hypothesis, and some proposals. *TransactionalAnalysis Journal* 21(2): 77-91.

_____ (1995). Narrative theory, redecision therapy, and postmodernism. *Transactional Analysis Journal* 25(4): 327-334.

Alien, J. R., et. al. (1996). The role of permission: two decades later. *Transactional Analysis Journal* 26(3): 196-205.

Goulding, R., and Goulding, M. (1976). Injunctions, decisions, and redecisions. *Transactional Analysis Journal* 6(11): 41-48.

Greenspan, S. (1989). *The Development of the Ego*. Madison, CT: International Universities Press.

Piaget, J. (1962). The stages of intellectual development of the child. In *Childhood Psychopathology*, ed. S. Harrison and J. McDermott, pp. 157-166. New York: International Universities Press.

Prochaska, J. O., Norcross, J. C., and DiClemente, C. C. (1994). *Changing for God*. New York: William Morrow.

Yehuda, R., and McFarlane, A. C. (1995). Conflict between current knowledge about PTSD and its original conceptual basis. *American Journal of Pychiatry* 152: 1705-1713.

15

물질의존에 중점을 둔 HMO 내부의 재결정 사례

게일 아드만 *Gail Ardman, M.S.S.W.*

개인 개업 치료사들과 함께 있을 때, 입에 올리기 어려운 주제인 관리 의료가 언급될 때마다 나는 고개를 당당히 든다. 나는 HMO(미국의료보험의 한 종류)에 고용된 "배신자" 중 한 명이고, 내담자에게 질 높은 정신 건강 서비스를 제공한다고 믿기 때문이다. 동료들로부터 조롱을 받을까 봐 HMO에서 일한다는 사실을 말하지 않았던 적도 있다. 카이저 재단 헬스 플랜(Kaiser Foundation Health Plan)의 정신건강 부서의 사명은 다음과 같다. "지역 직원들과 함께 '단기'[인용부호는 필자] 치료 모델을 활용하여 적시에, 적절하고, 안전하며, 비용 효율적인 서비스를 제공함으로써, 각 구성원과 정신 건강 전문가의 최적의 건강과 기능을 촉진하는 고품질의 정신 건강 관리를 제공한다." 즉, 우리는 고객이 지불한 비용에 비해 더 큰 효과를 내거나 적어도 그만큼의 효과를 낸다.

고용 조건의 범위 내에서, 내가 선택한 치료 모델이 무엇이든 자유롭게 활용할 수 있고, 내담자 결과를 관찰하고 검토한다. 재결정치료를 내담자와의 주된 치료 기법으로 활용하면 고용 계약은 물론이고 내담자와 치료자 계약도 충족할 수 있다는 사실을 알게 되었다. 재결정치료는 계약 지향적이고, 내담자의 역량을 강화하며, 필요한 경우 회사가 요구하는 모든 책임에 대해 쉽게 설명하고 정량화할 수 있다. 나는 제너럴리스트(일반 치료자)이며, 재결정치료는 내가 담당하는 대부분의 내담자에게 효과적이다. 내가 하는 업무에는 학대, 약물 의존, 시한부, 애도, 우울, 불안, 결혼 생활과 가족, 직장에서 문제를 겪고 있는 내담자가 포함된다. 나는 개인, 부부, 가족, 그리고 집단에 재결정치료를 적용하여 내담자의 변화를 촉진하는 데 도움이 된다는 사실을 발견했다.

내담자들이 나의 치료 기준을 충족하는지 평가한 후, 그들에게 재결정치료를 소개한다. 먼저 가계도를 통해 현재와 여러 세대에 걸쳐 가족 내에서 벌어지고 있는 각본과 게임을 살펴볼 수도 있다. 이는 내담자의 이야기를 머릿속에 각인하는 데 도움이 되고, 내담자가 초기 결정을 내렸을 때 일어났던 사건과 각본의 연관성을 파악하는 데 유용하다. 초기 면접에서 나는 "할 수 없다"와 "하지 않겠다"의 차이를 수정해서 설명하고, "나를 느끼게 한다"를 "느낀다"로, "그것"과 같은 모호한 단어를 구체적인 명사나 문구로 대체하는 등 치료 중에 모니터링할 정확하고 책임 있는 언어 사용에 대해 내담자에게 소개한다. 나는 내담자가 다른 사람이 자신을 어떻게 괴롭히는지에 대해 이야기할 때 개입해서 자신의 삶을 개선하기 위해 스스로 무엇을 바꾸고 싶은지 질문한다. 첫 번째나 두 번째 회기에서 재결정치료의 모델을 소개하고, 내담자의 초기 인생에 결정이 어떤 영향을 미쳤는지, 그리고 이러한 결정이 더 이상 효과가 없고 내담자에게 고통을 주는 방식으로 계속 삶에 영향을 미치는 것에 대해 교육한다. 나는 보통 내담자에게 자기 주장, 역기능적 가족 체계, 물질 의존, 지지 집단에 대한 의식 고취를 위해 독서를 권장한다.

위기에 처한 내담자는 한 번의 치료 회기로 필요한 것을 얻는 경우가 종종 있다. 어떤 사람들은 너무 취약해서 한 회기조차 견디기 힘들 수도 있다. 치료를 원하면서도 변화를 꺼리는 내담자는 집단치료에 참여시킨다. 집단에서는 전염 효과 때문에 저항이 더 빨리 무너지고 내담자가 기꺼이 변화를 위한 치료 계약을 맺을 수 있기 때문이다. 내담자가 나를 만나면 자신의 시간이고 자신의 의제라는 것을 바로 알아차린다. "오늘 당신에 대해 무엇을 바꾸고 싶으신가요?" 또는 "무엇이 달라지기를 원하시나요?"라는 질문을 먼저 던진다. 내담자가 구체적인 의제가 없거나 자신에 대해 바꾸거나 탐색하고 싶은 것이 없이 개별 상담에 온 경우, 나는 이 시점에서 치료 계약이 완료된 건지 물어본다. 나는 내담자를 붙잡아 두지 않고 위기 상황이나 유지 점검이 필요한 경우, HMO 가입 기간 중 언제든 다시 방문할 수 있음을 알려 준다.

수지(Susie)는 27세의 이혼한 여성으로, 우리 기관 소속 정신과 전문의로부터 주요 우울증 진단을 받고 프로작 처방과 함께 상담에 의뢰되었다. 그녀의 우울증은 3개월간 사귄 남자친구와 헤어진 후 시작되었다. 수지는 3남매 중 막내로, 부모님과 형제들은 전문직에 종사했다. 수지는 어떤 질문에도 매우 사려 깊었고 마치 누군가 말을 걸어 줄 때까지 기다리는 듯 조용하며 마치 마네킹처럼 아름다운 모습이었다. 즉흥적으로 대답하는 것을 매우 꺼리며 개인 정보를 제공할 때도 매우 간결했고, 논의되는 사안이 아무리 감정적일지라도 상냥한 태도를 유지해서 마치 말을 하는 바비 인형같았다. 첫 번째 면접에서 자신에 대해 무엇을 바꾸고 싶은지 묻자 수지는 "자신의 감정을 표현하고, 결정을 내리고, 갈등을 피하지 않고 싶다"고 말했다. 그녀는 자신이 가족 내에서 "고립되고 길을 잃었다"고 생각했다. 그녀와 연애를 한 남성들은 "너무 집착이 심하다"는 이유로 두세 달 만에 이별을 통보한다. 수지는 일대일로 자신을 표현하는 데 어려움을 겪었기 때문에 내가 구성한 혼합 집단에서 더 잘 적응할 수 있으리라 판단했다. 집단에서 수지는 초반 3회기 동안은 조용했으며 다른 사람들의 작업에 매우 집중했다. 네 번째 집단 회기에서 수지는 자신의 분노를 표현하는 문제를 다루고 싶다고 요청했다.

실제

치료자: 분노를 어떻게 표현할 수 있기를 원하나요?

수지: 저는 다른 사람들, 특히 엄마가 항상 옳고 내가 무엇을 해야 하는지 그들이 더 잘 알고 있다고 생각하며 화를 참았어요. 저는 엄마가 원하는 모든 것을 해야 하고 완벽한 작은 딸이 되어야 한다고 생각했어요. 하지만 저는 엄마에게 너무 화가 나요. 엄마는 제 옷, 친구, 진로 목표 등 모든 것에 비판적이에요. 저는 항상 엄마의 인정을 원했지만 한 번도 인정받은 적이 없어요.

치료자: 당신이 어렸을 때 엄마에게 화가 났지만 말하지 않고 참았던 기억

이 있나요?

수지: 네, 기억나요. 제가 많은 것을 아는 건 아니지만, 저는 정말 방향 감각이 뛰어나서 운전할 때 길을 잃어 본 적이 없어요.

치료자: 그 아이가 되어 보세요.

수지: 엄마가 차를 운전하고 있고 정지 신호에서 왼쪽으로 갈지 오른쪽으로 갈지 잘 모르고 있어요. 오빠가 앞 좌석에 앉아 어느 방향으로 가야 할지 알려 주고 있어요. 그런데 그건 잘못된 방향이에요. 저는 잘못된 길이라고 말해요. 그런데 둘 다 제 말을 듣지 않고 오빠는 어머니에게 다시 잘못된 길로 가라고 말해요. 그들은 저를 완전히 무시해요. 그래서 제 말을 듣지 않는다면 그냥 길을 잃게 두자고 결정했어요. 사실, 어차피 아무도 제 말을 듣지 않으니 다시는 내 의견을 말하지 않겠어. 그렇게요.

치료자: 저기 당신의 엄마와 오빠가 있어요. [빈 의자를 가리키며]. 그들에게 무시당한 것에 대해 얼마나 화가 났는지 말하세요.

수지: [의자를 향해] 난 어디로 가야 하는지 알고 있는데 두 사람 모두 내 말을 듣지 않아서 정말 화가 나요.

치료자: 그들이 뭐라고 하나요?

수지: 계속 저를 무시하고 있어요.

치료자: 그들이 당신의 말을 들을 수 있도록 말하세요.

수지: [더 큰 소리로] 내 말 좀 들어 봐, 둘 다! 난 어디로 가야 할지 알지만 당신들은 몰라요.

치료자: 그들은 듣고 있습니까?

수지: 오빠는 빈정대고 엄마는 아직도 말을 듣지 않아요.

치료자: 만약 그들이 당신의 말을 듣지 않는다면, 당신은 그들에게 영원히 화를 내고 다시는 돕지 않을 거라고 말하세요.

수지: 당신들이 저를 무시하고, 제 말을 듣지 않고, 저를 어린애 취급하는 것에 매우 화가 나서 영원히 조용히 지낼 거예요. [긴 정적] 근데 더 이상 그렇게 하고 싶지 않아요.

치료자: 대신 무엇을 하고 싶나요?

수지: 그들이 내 말을 듣지 않더라도 내 말을 듣고 내가 알고 있고 옳을 수도 있다는 것을 받아들이고 경청할 다른 사람을 찾고 싶어요.

치료자: 그렇게 말하세요.

수지: 엄마, 제 말을 안 들으셔서 유감이에요. 제 말은 진심이었어요. 엄마가 제 말을 듣지 않는다고 해서 더 이상 속상해하지 않을 거예요. 제 말은 중요하니 제 말을 들어 주고 관심을 가져 줄 사람을 찾을 거예요.

치료자: 엄마에게 더 이상 화를 내지 않는다는 걸 어떻게 알 수 있을까요?

수지: 다른 사람들에게 내 감정을 이야기하고 그들이 나를 무시하지 않는지를 확인하면 돼요.

치료자: 만약 그들이 계속해서 당신을 무시한다면 어떻게 할까요?

수지: 저와 관계를 맺고 싶다면 주의를 기울이고 제 말을 듣는 것이 좋다는 것을 알려 줄 거예요. 왜냐하면 저는 제 말을 하고 제 말이 전달될 권리가 있기 때문이에요.

3회기 후, 수지는 회기가 시작되기 전에 나를 찾아와 기분이 훨씬 나아졌고 집단에서 필요한 것을 얻었다고 말했다. 그녀는 그 회기에 참석하여 집단이 도움을 준 것에 대해 감사의 인사를 전하고 싶다고 요청했다. 1년 후 수지의 약물 치료를 담당했던 정신과 의사에 따르면 수지는 프로작을 끊고 잘 지내고 있다고 한다. 약물 치료와 재결정이라는 짧은 개입만으로도 수지가 처음에 우리 사무실에 오게 된 증상을 완화하는 데 충분했다. 이것은 그녀에게 좋은 시작이었다. 이것은 제2유형의 임패스에 해당한다. 그녀는 "네가 아는 것을 알지 마라", "존재하지 마라", "느끼지 마라", 심지어는 "존재하지 마라"라는 부모의 명령과 마주하고 있었다.

해리(Harry)는 내가 2년 반 동안 만나고 있는 내담자로 정부 기관에서 일하는 45세 남성이다. 지난 10년 동안 그는 술을 끊고 여성에게 폭력을 행사하지 않았다. 해리는 처음에는 직장 상사에 대한 분노를 다루길 원했다. 그는 자신이 "압력솥"이

된 것 같다고 말했다. 그는 직장에서 사람들을 해치고, 심지어 유일한 친구도 해치는 상상을 했다. 그는 자제력을 잃고 흉기를 들고 직장에 가서 휘두를지도 모른다는 두려움을 느꼈다. 그의 아버지는 1년 전에 돌아가셨는데, 그가 가장 좋아하던 이모가 돌아가신 때였다. 그의 어머니는 그가 22세에 돌아가셨다. 그는 테네시주의 엄격한 기독교 근본주의 가정에서 자란 둘째였고 그의 아버지는 신체적, 정서적으로 자녀를 학대했다. 그는 스스로를 "어린 착한 병사"가 되려고 노력했다고 생각했다. 그의 형은 부모가 제일 아끼는 아이였다. 그의 가장 큰 문제 중 하나는 버림받는 것에 대한 두려움이었다. 치료한 지 일 년이 지날 무렵 그는 코다(CODA, 청각장애인 부모의 자녀)그룹과 연결되었고, 그 그룹은 그에게 점점 더 중요해졌다. 치료 과정에서 그는 아티반 남용을 고백했고, 고백 직후 사용을 중단했다. 치료 첫 해가 지난 후 해리는 직장에서 더 편안해졌고 심지어 감독직에 지원하기도 했다. 두 번째 해에 그는 나와 15번 만났고 지난 8개월 동안은 세 번 만났다. 마지막으로 치료를 받으러 왔을 때 그의 주호소는 3년 전에 돌아가신 아버지를 그리워한다는 것이었다.

치료자: 아버지를 떠나 보내고 작별인사를 할 준비가 되었나요?

해리: 아니요. [울기 시작]

치료자: 아버지를 의자에 앉히고 이야기를 나눠 보시겠어요?

해리: 아빠, 저는 계속 아빠를 그리워했어요. 그런데 우리가 대화를 시작한 지 얼마되지 않았는데 아빠가 돌아가셨어요.

치료자: 그를 더 이상 그리워하는 걸 멈추고 싶다고 말하세요.

해리: 아빠와 계속 이야기하면 좋겠어요. 아빠를 보내는 건 견딜 수 없을 것 같아요. 우리가 항상 이렇게 지내길 바랐는데 너무 짧은 시간이었어요.

치료자: 아버지는 무엇을 하고 계십니까?

해리: 저를 향해 미소를 지으며 고개를 저어요.

치료자: 수년간의 학대 후에도 아버지와 관계를 맺을 수 있어서 감사하다고 말씀드리세요.

해리: 아빠, 저한테 너무 못되게 굴었고 저는 절대 이해할 수 없었어요. 하지만 아빠는 제가 제 자신을 돌볼 수 있도록 강인하기를 원하셨어요.

치료자: 아버지는 뭐하고 계세요?

해리: 눈물을 흘리고 있어요.

치료자: 아버지가 되어 보시겠어요?

해리: [천천히 일어나서 다른 의자로 이동] 아들, 내가 없어도 괜찮을 거야. 너무 심하게 굴어서 미안해. 상처 주려던 건 아니었어. 사랑한다.

치료자: 아들에게 하고 싶은 말이 있나요?

해리: 아들아, 날 보내 줘도 괜찮아. 넌 잘 해낼 수 있을 거야.

치료자: 의자로 돌아오시겠어요?

해리: [울면서 의자로 돌아옴] 아빠를 보내고 싶지 않지만 이제 괜찮아질 거라는 걸 알았으니 더는 붙잡고 있을 필요가 없어요. [울음을 그침]

치료자: 지금 무엇을 경험하고 있나요?

해리: 마음이 가벼워요. 저는 아버지가 지금보다 더 나은 사람이 되길 바랐지만 지금은 아버지가 더 인간적으로 보여요.

치료자: 아버지께 작별 인사를 드리고 편히 보내 드릴 수 있을까요?

해리: 잘 가세요, 아빠, 전 괜찮을 거예요. [의자에 똑바로 앉아서 더 이상 울지 않음]

치료자: 아버지와 미해결된 일이 있나요?

해리: 아니요, 다 했어요.

작별 인사는 내가 카이저 재단에서 치료할 때 중요한 부분을 차지한다. 많은 내담자들이 치료자를 만나는 것이 괜찮다고 느끼는 유일한 기회일 수 있다. 애도는 보편적인 문제이며 내담자들은 슬퍼한다고 해서 정신이 이상하다고 생각하지 않는다.

물질 의존(chemically dependent) 내담자 집단은 가장 다루기 어려운 집단 중 하나다. 나는 늘 그 사람이 진정한 내담자인지 확신할 수 없다. 프로차스카와 동료들(Prochaska et al. 1992)은 변화의 과정에는 '숙고 전, 숙고, 준비, 실행, 유지'를 포함한다고 설명했다.

　연구 결과에 따르면 심리치료를 받는 중독 행동 환자들은 장기적 유지단계에 도달하기 전까지 이 단계를 수차례 반복한다. 처음 치료를 받으러 오는 대부분의 사람들은 '숙고 단계'에 있고 '실행' 단계나 자율성의 감정과는 거리가 멀기 때문에 해야 할 일이 많다. 대부분의 물질 의존 내담자는 소변검사에서 양성 반응이 나왔거나, 고용주의 약물(drug) 검사 위협, 직원 지원 프로그램이 직원을 대신하여 개입한 경우, 배우자나 가족이 물질 의존 내담자의 재정적 또는 정서적 지원을 중단하겠다고 위협하는 경우, 내담자가 술이나 약물 영향하 운전으로 기소되거나 법원 명령으로 치료를 받아야 하는 경우, 알코올 또는 약물 남용을 발견한 주치의의 의뢰, 우울증을 평가한 정신과 의사가 물질 남용(substance abuse)을 발견한 경우 등의 이유로 상담실을 찾는다. 이러한 내담자는 물질 남용을 중단하고 싶어서가 아니라 내가 모르는 제3자와의 계약을 이행하기 위해 찾아오는 경우이다. 이는 종종 치료자가 내담자 자신의 부정 체계와 고통에 의해 자신이 조종당하고, 속고, 희생당하는 느낌을 만들기 쉽다. 이는 재결정치료를 위한 명확한 결론을 내리는 데 방해가 될 수 있다. 따라서 치료자는 물질 의존 내담자들과 함께 일할 때 경계 설정을 잘하는 것이 중요하다. 내 동료들 사이에서는 "선의의 행동은 벌을 받는다."(No good deed goes unpunished)는 말이 자주 회자된다. 나는 그 말이 어떤 의미인지 물질 의존 내담자들과 일하면서 곧 깨달았다. 물질 의존적인 내담자에게 추가 시간, 점심 시간에 약속을 잡거나, 근로자지원 프로그램(EAP) 상담사나 상사에게 내담자를 대신해 변명해 주거나, 내가 비용을 지불하고 제공한 추가 약속을 놓친 이유에 대한 따지지 않거나, 법정 기일을 위해 오늘 반드시 제출해야 하는 서류를 작성해 주는 등 "속아서" 도움을 준다면, 당신은 "선행은 벌을 받는다"는 게임에 참가자가 된다. 치료자는 스스로 벌을 받는 사람이다. 물질 의존 치료자는 이러한 행동을 조장(enabling) 행동이라고 부른다. 치료자는 내담자의 알코올 의존이나 약물 사용을 다루는 데 있어 자신의 경계가 무엇인지 스스로 명확히 해야 한다. 물질 의존 프로그램에서는 금주에 대한 책임은 전적으로 내담자에게 있다. 내담자가 금주에 성공한 이후에는 재발 방지가 목표가 되어 치료 계약을 맺을 수 있다. 내 개인적인 요구 사항은 완전한 금주다. 재발할 수 있지만 금주를 목표로 삼지 않는다면 치료하지 않는다. 내담자는 처음부터 자신이 평생 치료가 필요한 질병을 앓고 있으며, 오직 본인만이 삶을 선택할 수 있다는 것을 이해한다. 내담자가 이 계약에 동의하면 나는 다음을 권장한다. 12단계 자조모임에 참여할 것, 임시 또는 영구 후원자를 구할 것, 카이저의 재발 방지 그룹에 참석할 것, 나와의 개인상담을 지속할 것이다. 3~6개월 동안 지속적으로 금주한 후에는 재결정 집단 중 하나를 제안한다. 재결정 집단에 물질 의존 내담자를 배치하면 금주를 지속하는 데 영향을 미치는 문제들을 중심으로 변화를 위한 계약을 맺을 수 있다. 대부분의 내담자는 재결정 작업이 12단계 프로그램을 강화해 준다고 느낀다. 12단계 프로그램은 재결정치료와 상충되는 것이 아니라 상호 강화하는 역할을 한다. 금주 중인 물질 의존 내담자를 재결정 집단에 배치하면 부정하고 있던 다른 알코올 및 약물 남용자들이 드러나는 경우가 종종 있다.

물질에 중독된 내담자가 치료자를 속일 수 있는 또 다른 방법은 자신이 얼마나 많은 향정신성 약물을 사용하고 있는지에 대해 거짓말을 하는 것이다. 내가 공동치료자와 함께 진행하는 성폭력 집단에서는 향정신성 약물을 금하는 것이 필수 조건이다. 한 내담자가 집단이 시작된 후 자신의 알코올 사용량을 우리에게 고의로 밝히지 않은 것이 드러났다. 사실, 그녀의 알코올 남용은 집단에서 성폭력 문제에 직면하는 스트레스로 인해 악화되었다. 얼마 지나지 않아 그녀는 어린 시절 성적 학대의 트라우마에서 회복을 시작하기 전에 알코올 의존 문제에 직면해야 한다는 사실을 알게 되었다.

38세의 에바(Eva)는 정서적으로 방어적인 물질 의존 내담자로 나는 계속해서 그녀의 행동을 부드럽게 직면시키고 있다. 에바는 다른 직원들을 위협하고 결근률이 높으며 직장에서 태도가 나쁘다는 이유로 상사와 동료들의 신고를 받고 회사의 직원 지원 프로그램(EAP)을 통해 약물 의존 상담 의뢰를 받았다. 그녀의 저항은 근로자 지원 프로그램에 의뢰된 많은 내담자들에게서 보이는 전형적인 모습이다. 그녀는 음주운전으로 체포된 전력이 있었다. 25세에 술을 끊은 후 의사에게 진통제를 처방해 달라고 '속이기' 시작했고, 그중 코데인 같은 약물을 선호하게 되었다. 4주 동안 3번의 상담을 통해 카이저 재단의 면허 요건 충족을 위해 텍사스 약물 및 알코올 남용위원회(Texas Commission on Drug and Alcohol Abuse)가 요구한 기본 접수 정보들을 수집할 수 있었다. 당시 그녀는 일주일에 4회 정도 약물중독자 자조집단(Narcotics Anonymous)에 참석하고 있었고 후원자를 확보하고 있었다. 그녀는 순응적이었지만 그 외에는 치료 회기에 별다른 참여가 없었고, 감정 표현이 거의 없었으며 내가 일을 해 주기를 바라는 태도를 보였다. 그녀는 종종 두통, 치통, 독감과 같은 신체적 호소를 하며 회기에 참여하곤 했다. 그녀는 종종 호출기가 울려서 상담을 방해하기도 하고, 집중하지 못하기도 했다. 나는 종종 그녀가 금주를 유지하고 있다고 믿었지만 내가 진정으로 소통할 수 있는 사람이 없다고 느꼈다. 그녀의 행동 중 일부는 장기간의 마약류 사용과 해독 과정 때문일 수 있다. 대부분의 회기는 내가 물질 의존 접수에 대한 기본적인 정보를 수집하고 그녀가 신체적 불만을 호소하는 것으로 채워졌으며, 변화를 위한 분위기와는 거리가 멀었다. 네 번째 방문했을 때, 그녀는 냉소적인 태도로 사무실에 들어와 금요일에 외출했다가 술에 취해 어떻게 집에 돌아왔는지 모른다는 이야기를 하기 시작했다. 후원자나 자조 집단원들과 이 이야기를 나눴느냐고 묻자 그녀는 "농담이죠? 어떤 비난도 듣고 싶지 않아요."라고 대답했다. 술을 마시게 된 촉발 요인에 대해 묻자 그녀는 이렇게 말했다. "전혀 모르겠어요, 왜 그랬는지 저도 궁금해요." 에바는 그날 친구들이 클럽에 가자고 초대를 했지만 거절했다고 말했다. 그녀는 2주 동안 오클라호마에 있는 에바의 어머니 집에서 머문 14세인 딸을 데리러 가기로 했지만, 결국 가지 않았다. 그녀는 오후 7시경에 클럽을 몇 군데 갔다가 오클라호마로 향하기로 결정했다고 말했다. 그녀가 마지막으로 기억하는 것은 술집에서 술을 마신 것인데, 다음 날 오전 7시에 야근을 마치고 돌아온 남편이 침대에서 그녀를 깨웠다. 그는 그녀의 차가 마당에 주차되어 있고 현관문이 밤새도록 열려 있는 것에 대해 화가 났다. 에바는 자신이 왜 클럽에 갔는지, 무엇을 마셨는지, 누구와 마셨는지, 무엇을 했는지, 어떻게 집에 돌아왔는지 기억이 나지 않는 것이 정말 "무섭다"고 말했다. 그 후 에바와 교차 중독(cross addiction)에 대해 이야기를 나눴다.

치료자: 자신에 대해 바꾸고 싶은 것이 있나요?
에바: 네, 다른 사람에 대해 느끼는 태도를 바꾸고 싶어요.
치료자: 다른 사람들에 대해 어떻게 생각하시나요?

에바: 그들은 제게 빚을 졌어요.

치료자: 다른 사람에 대한 감정을 바꾸고 싶은 것이 아니라 다른 사람이 당신에게 빚이 있다고 느끼는 것을 바꾸고 싶다는 말이지요.

에바: 네.

치료자: 다른 사람이 당신에게 빚졌다고 느낀 첫 번째 기억은 무엇인가요?

에바: 찰스(Charles)가 교통사고로 사망했을 때요. [에바의 첫 남편인 찰스는 에바가 23세 때 자동차 사고로 사망함]

치료자: 그의 죽음에 화가 났나요?

에바: 네, 신께 화가 났어요. 그런데 저는 극복했고 이젠 괜찮아요. 진짜 문제는 시어머니였어요. 남편이 보험 수익자를 바꾸지 않아서 모든 보험의 수혜자는 시어머니였어요. 우리는 우리가 영원하다고 생각해서 그런 걸 미처 못 바꿨지요. 저는 남편과 결혼한 지 5개월밖에 안 됐지만 그녀는 영원히 남편의 엄마였다고 말했어요. 하지만 제가 소송을 제기했고 결국 돈을 받았어요. 그 후 손녀를 만나게 해 드리지 않았죠. 2년 전 엄마가 딸 샬린을 오클라호마에 데려갔을 때 엄마가 만나도 좋다고 한 게 처음이었어요. 지금도 제 엄마가 샬린(Charlene)을 할머니댁에 데리고 가시는 것 같아요.

치료자: 저기 의자에 그 태도를 가진 당신의 일부를 앉게 해서 그에 대해 말씀해 주시겠어요?

에바: 그녀는 정말 모든 사람에게 화를 내고 아무도 믿지 않아요.

치료자: 아무도요?

에바: 네, 엄마를 믿는다는 점만 빼구요.

치료자: 이제 의자에 돌아가서 그녀가 되어 보시겠어요? [내담자가 마지못해 함]

에바: 저기요, 제가 분리된 사람 중 한 명인가요?

치료자: 아니요, 하지만 당신은 내면에 몇 가지 갈등이 있습니다. 그걸 알면 당신에게 도움이 될 거라고 생각해요. 예를 들어, 지금 당신은 재발한 부분인가요?

에바: 네, 저는 여긴 신경도 안 써요. [처음으로 감정을 드러내며 방어를 늦추기 시작함]

치료자: 그녀를 믿나요? [방금 떠난 의자를 가리키며]

에바: 아니요, 그녀는 제가 하고 싶은 일을 막지 못해요.

치료자: 그녀에게 원하는 게 무엇인가요?

에바: 저에게 더 친절하게 말해 주면 좋겠어요.

치료자: 저 의자로 돌아가세요. 그녀가 당신에게 무엇을 원한다고 생각하세요?

에바: 제가 그다지 잘해 주지 못했던 것 같아요. 제가 그녀를 곤경에서 벗어나게 하지 못했죠.

치료자: 그녀를 더 잘 돌보고 그녀의 분노, 고통, 불편함에 주의를 기울이겠다고 말해 주시겠어요?

에바: 너한테 주의를 기울이고 네가 어떤 생각을 하고 어떤 행동을 하는지 지켜볼게. 다음에 무엇을 하려고 하는지 알아내서 설득하거나 후원자처럼 도움을 청할 수도 있을 거야. 나는 금요일 밤에 죽을 수도 있었어.

내담자는 다시 원점으로 돌아왔다. 아마도 그녀는 자신이 모르는 자신의 일부가 자신에게 일어나는 일에 대해 어떻게 책임을 회피하는지에 대한 통찰력을 가질 것이다. 이것은 순응적 아이와 자유로운 아이 사이의 대화인 제3유형의 임패스이다. 내담자가 변화하기 위해서는 먼저 깨어 있는 것이 중요하다. 에바는 이제 깨어나기 시작했다.

데이브(Dave)는 정신과 의사가 의뢰한 알코올 중독자인 46세 남성이다. 그는 우울증으로 내원했고, 정신과 의사는 그가 술을 끊기 전까지 항우울제 처방을 거절했다. 약물이나 술을 끊기 전까지는 우울증과 알코올 관련 기분 장애를 구별하기 어렵기 때문이다. 데이브는 하루에 맥주 6캔들이 두 팩을 마셨고 주말에는 그 이상을 마셨다. 그는 술이 신체에 미치는 영향 때문에 술을 끊고 싶다고 내게 말했다. 그는 고혈압이 있었고 단기 기억력도 손상되었다. 영업사원인 데이브는 10년 전 일리노이주에서 텍사스로 가족과 함께 이주했다. 이주한 지 3년이 지나자 그는 자영업을 시작했다. 그는 사업을 운영하면서 스트레스를 받아 매일 술을 마시기 시작했다. 자신의 음주가 통제 불능이라는 것을 알았을 때 주치의에게 앤타부스를 처방해 달라고 요청했다. 하지만 여름철이 되어 계속 술을 마시고 싶다는 생각이 들자 그는 복용을 중단했다. 데이브는 18세 때부터 술을 마셔 왔으며 처음부터 술이 여성과 있을 때 용기를 주고 친구들과 더 사교적으로 어울릴 수 있게 해 준다는 것을 알고 있었다. 그에 따르면, 그의 성장기는 "별 문제가 없었고", 25년간의 결혼 생활은 "좋았으며", 가족과는 "매우 가까웠다"고 한다. 그는 지난 2년 동안 사업에 몇 차례 좌절을 겪었고 이러한 좌절로 인해 생활 수준을 크게 낮춰야 했다.

그는 한 알코올 중독자 자조모임에 갔다가 슬픈 이야기를 듣고 싶지 않다며 다시는 참석하지 않겠다고 했다. 그가 생각하기에 "상처받을 일의 가능성을 없애야 한다"고 생각했기 때문이다. 이것이 내가 첫 회기에서 수집한 정보의 전부였다. 두 번째 회기에서는 심리사회적 양식에 기반한 질문을 하기 시작했는데, 이는 주정부의 물질 의존 요건을 충족하는 데 필요한 설문지였다. 나는 데이브의 어머니에 대해 질문하고 양식에 있는 가계도를 작성하고 있었는데 갑자기 데이브가 눈물을 흘리며 어머니에게 화가 났다고 말했다. 그 순간 나는 양식 작성을 멈추고 행동 폭발의 원인을 탐색하기 시작했다. (나의 슈퍼바이저인 존 글래드펠터는 항상 "내가 그들의 리더이기 때문에 그들을 따라야 한다"고 말했다.) 데이브는 어렸을 때 어머니가 늘 우울했다고 기억했다. 어머니는 교회에서 기절하곤 했는데(항상 앞쪽 좌석에 앉아 계셨다), 아버지가 어머니를 업고 나가곤 했다. 이런 교회 에피소드가 끝나면 그의 어머니는 2주 동안 침대에 누워 계셨다. 부모님은 금주했지만 어머니는 약장에 온갖 종류의 약을 가지고 있었다고 말했다. 그는 어머니가 쓰러질 때마다 "너무 부끄러웠다"고 했고, 어머니가 "꾀병"일 거라고 속으로 생각했다고 말했다. 그는 다음 이야기를 들려주면서 다시 울기 시작했다. 그가 6살이었을 때 어머니는 병상에 누워 계셨고, 그는 어머니 방에서 놀고 있었다. 아래층에서 아버지를 도와 리모델링을 하던 인부 중 한 명이 어머니의 침실로 들어와 키스를 하기 시작했다. 데이브가 침대 옆 바닥에 앉아 놀고 있는데도 말이다. 어머니는 비명을 지르기 시작했고 데이브는 어떻게 해야 할지 몰랐다. 데이브는 "그 자리에 얼어붙은 것 같았다"고 말했다. 마침내 아버지가 방에 들어와 그 남자를 붙잡아 내쫓았다. 이때 데이브는 흐느끼며 어머니를 보호하지 못한 자신을 자책하기 시작했다. 이 시점에서 나는 데이브에게 부모님을 의자에 앉히라고 말했다.

치료자: 부모님께 어머니를 보호하지 못한 자신이 얼마나 부끄러운지 말씀하세요.

데이브: 엄마, 그 남자로부터 지켜 드리지 못해 정말 죄송해요. 저는 항상 제 자신이 너무 부끄러워서 '키스'라는 단어가 들어간 노래도 듣지 못했어요.

치료자: 지금 무엇을 경험하고 있나요?

데이브: 너무 부끄럽습니다. 전 너무 비겁했어요. 저는 항상 겁 많은 어린애였어요.

치료자: 부모님은 뭐하고 계세요?

데이브: 엄마는 고개를 숙이고 있고 아빠는 내가 어떻게 이걸 말할 수 있냐는 듯한 표정을 짓고 있어요.

치료자: 부모님에게 어머니의 명예를 지키지 못한 것에 대해 부모님이 면죄부를 주지 않으면 평생 부끄러움을 느낄 것이라고 말씀하세요.

데이브: 아빠, 그 남자가 엄마에게 키스하는 것을 막지 못한 게 너무 부끄러워요. 아빠가 용서해 주지 않으면 평생 죄책감이 들 거예요.

치료자: 아버지가 뭐라고 하시나요?

데이브: 두 사람 모두 "괜찮아, 아들아, 넌 아직 어린애야, 어떻게 다 큰 남자를 막을 수 있겠니?"라고 말씀하세요.

치료자: 그 말을 믿으세요? 어린아이가 어른을 막을 수 없다는 걸 믿으세요?

데이브: 네, 저도 그렇게 생각합니다.

치료자: 지금 무엇을 경험하고 계신가요?

데이브: 조금은 안심이 되네요. 정말 바보 같아요. 세상에, 그 기억을 오랫동안 간직하고 있었네요. 왜 이걸 기억했는지 모르겠네요.

치료자: 그 남자를 막지 못한 6살짜리 아이에 대해 어떻게 생각하세요?

데이브: 저도 오랫동안 그를 비난했고 심지어 부끄러움과 두려움까지 느꼈던 것 같아요.

치료자: 이제 아이를 놓아 줄 건가요? 만일 어른들이 말해 주지 않았다면, 어른들 상황에서 6세 어린아이가 무엇을 해야 하는지 알 수 있을까요?

데이브: 네. 선생님 말씀이 맞아요. [화가 남]

치료자: 그들에게 말해 주세요.

데이브: 저는 이 일로 충분히 괴로웠어요. 왜 제게 어떻게 해야 하는지 말해 주지 않았어요, 엄마? 엄마가 말해 줬으면 시키는 대로 다 했을 거예요. 저는 그를 말려야 할지, 아빠를 데려와야 할지, 아니면 아무 말도 하지 말아야 할지 몰랐어요. 사실 그런 일이 일어나게 내버려 둔 엄마가 부끄러웠어요. 엄마 왜 그 사람이 방에 들어올 때 아무 말도 안 하셨어요? 왜 그 사람 집 앞을 지날 때마다 침묵하셨어요? 누구의 부끄러움인가요? 이젠 지쳤어요.

치료자: 지금 무엇을 경험하고 있나요?

데이브: [웃으며] 잘 모르겠지만 확실히 기분이 나아졌어요.

내담자는 계속 상담을 받았고 좀 더 편안하게 느낄 수 있는 다른 알코올 중독자 자조모임에 가 보기도 했다. 그의 문제는 대부분 수치심과 스스로에게 부과한 엄격한 규칙에 관한 것이었다. 결혼 문제와 직업 문제도 시간이 지나면서 드러났다. 데이브와 나의 첫 대면에서 그를 가로막고 있던 장애물을 제거했다. 그가 한 작업은 제1유형 임패스였다. 그의 부모님의 대항명령은 "용감하고 용기 있게 행동하며, 항상 여성을 보호해라"였다. 어린아이에게는 너무 큰 주문이었다. 물질 의존 내담자들과 마찬가지로, 일반 내담자의 속임수는 전화, 협박, 상사에게 보내는 편지, 고객 센터에 전화해 불만을 제기하는 행위, 소송, 유혹적인 행동, 일어서서 화를 내는 행위, 사무실 문을 쾅 닫고 나가서 벽에 걸린 그림을 떨어뜨리는 행위 등 다양한 모습으로 나타나고 있다. 재결정치료에 대한 나의 경험과 훈련은 내담자들과 더 나은 경계를 설정하는 데 도움이 되었다. 계약상의 경계는 나와 내담자가 상담실에서 할 수 있는 일과 할 수 없는 일, 그리고 내담자가 내 사무실 안에서 할 수 있는 일과 하지 말아야 할 일을 명확히 해 준다. 이를 통해 둘 다 안전하다고 느낄 수 있다. 내가 진행하는 집단에 대한 규칙을 정하고 집단원이 규칙을 준수하지 않으면 그것은 곧 내담자가 나를 해고하는 것이라고 간주한다. 내담자는 분노를 표현할 수 있지만 물건을 던지거나, 부수거나, 치료자를 포함한 다른 사람을 만지거나 때려선 안된다. 내가 찾은 내담자와 한계를 설정하는 데 가장 좋은 도구는 내담자에게 행동을 멈출 수 있는 선택권을 부여하는 것이다. 이 도구를 사용하면 내담자는 언제든지 작업을 중단하고 싶을 때를 선택할 수 있다.

헤어진 여자 친구에 대한 통제할 수 없는 분노를 다루기 위해 치료를 받으러 온 어느 자기애성(narcissistic) 남성 내담자는 가끔 일어나서 내게 화를 냈다가 다시 앉아서 금세 완전히 평정심을 되찾곤 했다. 그가 내게 처음 분노한 직후, 나는 그에게 분노를 익자에 앉게 한 뒤 자신의 분노를 묘사하게 했고, 그 다음 그 분노가 되어 자신과 대화를 나누게 했다. 그 과정을 통해 자신의 분노가 더 이상 자신에게 도움이 되지 않는다는 것을 발견했다. 나는 다음에 그가 내게 화를 내면 내가 해고를 당한 것으로 간주하겠다고 말했다. 그는 이 계약에 동의했고 치료 기간 동안 다시는 내게 화를 내지 않았다. 이 도구는 부부 치료에서도 효과적으로 작동한다. 부부를 한 번만 만나더라도 학대받는 배우자가 스스로를 위한 경계 설정이 가능하다는 것을 효과적으로 모델링할 수 있다. 내 상담실에서 허용되는 행동에 대한 계약을 시작하고 내담자가 자신의 선택을 이해하면 그들의 관계에서 내 역할에 대해 이야기할 수 있다.

많은 경우 부부는 치료자를 구원자로 이용하고 싶어 한다. 특히 한 쪽이 물질 중독 문제를 가지고 있는 부부를 만나면 더욱 그렇다. 아내가 전화해서 배우자가 술을 끊게 해야 한다고 말하면서 그게 내 일이라고 협박하는 경우도 있었다. 때로는 더 교묘한 경우도 있었다. 한 배우자는 차를 잠그고 열쇠를 시동 장치에 두고 왔다며 남편이 약속 시간에 왔는지 물어보고 약속이 끝나면 자녀를 학교에 데리러 가기 위해 집에 와 달라고 전화했다. 또 다른 배우자는 입금 확인을 위해 전화를 걸었다. 배우자가 약속을 지켰는지 확인하기 위한 이 모든 시도는 알코올 중독자의 배우자가 가진 정신적 고통을 나타낸다. 조현병과 알코올 중독을 가진 남편을 둔 아내는 자신이 집으로 돌아오면 남편이 술을 마시지 않을 거라는 보장을 해 달라고 부탁했다. 중독된 배우자가 끊고 싶어 하지 않고 끊는 데 도움을 요청하지 않는 한 중독 행동을 멈출 수 없다는 것을 배우자에게 알려야 하는 것은 무력감이 드는 일이다. 나는 알코올 중독자/중독자의 가족지원모임, 약물 중독자/중독자의 가족모임, 공동의존 자조모임(코다) 또는 자신이 선택한 지원 단체에 가입하도록 권유한다. 그들이 위기에 처한 경우에는 정신건강 전문가에게 치료를 받도록 권유한다.

나는 HMO 내에서 재결정치료를 시행하는 것이 내담자와 고용주에 대한 계약상의 책임을 다할 수 있는 윤리적인 방법이라고 생각한다. 나는 카이저 재단의 정신건강부 지침을 존중한다. 고용주는 모든 내담자에게 모든 것을 제공하는 체계가 아니며, 내담자 자신과 치료자 사이에 발생하는 것 외에 제한 없이 자신의 치료를 전적으로 책임지기를 원한다면 사설 개인 치료자를 찾고 비용을 지불하고 치료받을 권리가 있다. 사설 개인 치료사는 여전히 활발히 활동 중이다. 나는 내담자들에게 재결정치료 모델을 활용하여 짧은 치료를 제공하지만 결코 "빠른 치료"가 아니다. 재결정치료는 환경과 문제에 관계없이 내담자가 있는 곳에서 내담자를 만나고 변화의 촉매제를 제공한다. 나는 내담자가 자신의 속도에 맞춰 성장할 수 있다고 믿는다.

참고문헌

Goulding, M. M., and Goulding, R. L. (1979). *Changing Lives through Redecision Therapy*. New York: BrunnerlMazel.

Mental Health Department (1994). Texas Region: Kaiser Permanente Mission Statement. Dallas, TX.

Prochaska, J. O., DiClemente, C. C., and Norcross, J. C. (1992). In search of how people change: applications to addictive behaviors. *American Psychologist* 47(9): 1102-1114.

Steiner, C. (1971). *Games Alcoholics Play*. New York: Ballantine.

제 3부

수련

16

재결정치료 모델을
체험적 집단 슈퍼비전에 적용하기

마이클 안드로니코 & 바바라 다조
Michael Andronico, Ph.D. Barbara Dazzo, M.S.W., Ph.D.

재결정치료 모델(Goulding and Goulding 1979)은 효과적이고 효율적인 심리치료 모델이다. 치료적 개입으로서도 유용한데, 저자들은 이 접근법을 체험적 슈퍼비전 모델에 적용했다(Andronico and Dazzo 1991). 이 모델은 여러 가지 중요한 지지적, 교육적 및 치료적 측면을 제공하는 집단 환경에서 이루어진다.

모델

재결정 모델의 기본 가정은 사람들이 아동기에 발생한 해결되지 않은 갈등의 지점에 갇혀 있거나 고착되어 있다는 것이다. 이 작업은 개인을 원래의 해결되지 않은 갈등의 지점으로 되돌아가게 하는 현재의 퇴행 유발 메커니즘 또는 자극을 파악하는 것을 목표로 한다. 이러한 퇴행은 일반적으로 개인의 인식을 넘어서는 것으로, 현재 상황에 부적절하고 비효율적인 반응을 자극하는 경우가 많다. 치료적 개입, 즉 게슈탈트 빈 의자 작업을 통해 해결되지 않은 갈등의 실제적 또는 상징적 장면이 나타난다. 그런 다음 이 갈등에 대응하여 그 당시 내린 결정을 발견하고 명확히 한다. 이 시점에서 심상 사용, 역할극, 최면 암시 등의 치료적 개입을 활용하여 내담자가 보다 현실적이고 최신의 적절한 재결정을 내릴 수 있도록 돕는다. 그런 다음 이러한 재결정은 연상 과정을 통해 내면화되며, 내담자가 그와 관련된 긍정적 감정을 연습하고 유지하도록 돕는다(Goulding and Goulding 1979).

수련감독을 위한 모델의 가치

　이 수련감독 모델의 가치는 여러 가지가 있다. 이 모델은 원래 20분의 회기를 위해 고안된 모델이기 때문에 관련 심리적 문제를 식별하고 이러한 문제에 신속하게 개입하는 방법을 가르치는 데 유용한 모델이다. 많은 수련생들, 특히 초급 전문가들은 언제 어디서 치료적으로 개입해야 할지 결정하는 데 어려움을 겪는다. 개입 시점에 대한 불안과 실수에 대한 두려움으로 개입이 지연되어 타이밍을 놓치고 기회를 놓치는 경우가 많다. 이 모델은 관찰하는 순간에 내담자의 경험을 조기에 평가하도록 격려를 할 뿐 아니라 그에 대한 이론적 근거도 제공한다. 적절한 조기 개입을 정당화하는 모델을 통해 내담자의 과정을 기반으로 한다면 수련생은 조기에 개입하는 것을 주저하지 않게 된다. 이는 개입하기 전에 더 광범위한 탐색을 장려하는 이론적 관점을 가진 수련생에게 특히 적합하다. 신속한 접근 방식이지만 해석 없이 내담자의 과정을 따라 진행하면 성급한 개입으로 이어지지 않는다. 신속한 개입에 대한 이러한 기대는 수련생, 특히 다른 지향점을 가진 수련생에게 다음을 보다 명확하게 구분하는 데 도움이 된다.
　수련생은 내담자의 과정을 따라가거나 추적하는 것의 효과를 보고 경험함으로써, 당시에는 그 결과가 분명하지 않더라도 무의식적 과정을 따라가는 데 자신감을 갖게 된다. 이러한 자신감은 치료자가 추적하는 동안 불안을 완화하고 시기상조이거나 부적절한 개입과 해석을 방지하는 데 도움이 된다.

비언어적 행동에 대처하기

이 모델은 내담자의 언어적 및 비언어적 표현에 모두 접근하기 때문에 수련생이 내담자가 자신의 감정, 특히 해결되지 않은 갈등을 표현하는 모든 방식에 집중할 수 있도록 돕는 데 유용하다. 대부분의 심리치료는 언어 중심적이다. 치료자는 과장된 몸짓과 자세에 주목하고 때때로 해석하기도 하지만, 일반적으로 이러한 지식을 관찰로 제한하고 더 깊이 다루지는 않는다. 이 모델은 비언어적 표현을 중요한 상징 및 내담자의 과정을 보여 주는 지표로 개념화하고, 언어적 표현과 같은 방식으로 작업할 수 있는 가치를 가르친다. 예를 들어, 치료자가 특정 언어 표현에는 주목하지만 개입하지 않고 다른 언어 표현에는 적극 개입하는 것처럼, 이 재결정 모델은 반복적이고 과장되거나 퇴행 상태를 나타내는 비언어적 표현에 개입하는 것의 중요성을 가르친다. 이러한 과장된 제스처의 예로는 침묵 중에 주먹을 꽉 쥐고 앉아 있는 내담자를 들 수 있다. 엄격하게 언어 지향적 상담을 하는 경우, 치료자는 내담자가 주먹을 쥐고 있는 것을 지적하거나 그 순간에 내담자가 어떤 경험을 하고 있는지 물어볼 수 있다.

이 모델에서는 내담자에게 주먹에 말을 하게 하거나 주먹 역할극을 하도록 요청할 수 있으며, 주먹을 쥔 손과 주먹을 쥐지 않은 손 사이에서 대화를 나누도록 유도할 수도 있다. 신체 부위와 무생물의 역할 연기의 가치는 일반적으로 대부분의 성인에게는 생소하지만, 어린아이들에게는 그렇지 않다. 이는 내담자가 퇴행된 어린 시절에 머물도록 돕는다. 또한 신체 부위나 무생물이 서로에게 할 수 있는 말의 옳고 그름에 대한 규범이 없다. 이를 통해 내담자는 일반적인 언어적 방어기제를 피할 수 있다. 퇴행 상태를 나타내는 행동은 미성숙한 말투, 징징거리는 소리 및 기타 음성 변화, 어설픈 제스처, 자세 또는 움직임으로, 모두 성인보다 어린 아동에게 더 일반적인 것이다(Andronico 1985). 비언어적 표현에 초점을 맞추고 이러한 표현을 활용하면 수련생이 내담자에게 접근할 때 인식의 폭을 넓힐 수 있다.

이 재결정 모델을 체험적 집단 슈퍼비전 환경에 적용하면 안전한 집단 속에서 다양한 치료적 개입을 탐색하고 관찰할 수 있는 추가적인 기회를 수련생에게 줄 수 있다. 이 작업은 슈퍼바이저가 집단 구성원들의 작업을 촉진하여 이루어진다.

때로는 수련생이 슈퍼바이저 역할을 맡아 다른 수련생과 함께 그의 역전이 문제와 작업 환경의 문제를 함께 해결함으로써 수행된다. 이를 통해 수련생은 개입을 연습하고 동료의 개입을 체험할 수 있으며, 다양한 개입 스타일을 관찰하고 질문하고 토론할 수 있다. 또한, 개입 레퍼토리를 더 많이 배우고 확장할 수 있으며 더 넓고 깊이 있는 이론적 토대를 마련할 수 있다. 이러한 탐색과 학습의 과정은 수련생 자신의 어려움을 더 깊이 이해하고, 자신의 문제와 내담자의 문제를 더 명확하게 구분할 수 있도록 도와준다.

슈퍼비전, 치료 및 교육 간의 차별화

치료와 마찬가지로 슈퍼비전에서도 경계에 대한 인식과 준수는 중요한 문제이다. 재결정치료 모델을 수련 모델로 사용할 때와 슈퍼비전 모델로 사용할 때의 본질적인 차이점은 내용에 있다. 치료 모델에서 내담자는 자신이 변화를 바라는 어떤 문제라도 자유롭게 가져올 수 있다. 수련 모델에서는 수련생이 직접 내담자의 역할을 수행하므로 변화하고자 하는 내용을 선택할 수도 있다. 반면, 슈퍼비전에서는 수련생이 한 명 이상의 내담자와 겪고 있는 문제 또는 '고착된 지점'과 직접적으로 관련된 문제만 선택하도록 제한된다.

첫 번째로 다루어야 할 경계는 지식 부족과 수련생의 정서적 문제를 구분하는 것이다. 전자는 지식과 경험의 집단 공유를 통해 쉽게 해결할 수 있다. 예를 들어, 데이브는(Dave) 초기 집단 회기 중 하나에 참석하여 법원에서 의뢰한 10대들과 일하는 새 직장에서 불편함을 느낀다고 말했다. 그는 지역 가족 서비스 기관에서 우울증을 겪는 청소년들과 집단으로 일하는 데 익숙해져 있었다. 그는 지각, 적대감 표출, 무기 소지 등에 대한 집단의 한계를 설정하고 시행해야 했다. 그는 적절한 한계를 설정하는 것을 선호했지만, 우울한 청소년들에게 변화를 위한 수단으로 자신을 표현하도록 격려했던 이전의 경험은 규칙을 강요하는 것이 양가감정을 불러일으켰다. 집단 토론을 통해 다양한 청소년 집단의 요구와 목표가 서로 다르다는 사실을 알게 되었다. 그 후 데이브는 이러한 청소년 집단의 역학 관계를 더 잘 이해할 수 있었고 이러한 이해를 행동으로 옮길 수 있었다. 추가 작업 없이도 이렇게 할 수 있었다는 사실은 그의 문제가 깊은 감정적 문제가 아니라 무지와 자신감 부족의 문제였음을 보여 준다.

정서적 문제는 더 복잡하며, 수련생의 정서적 경험을 다루는 작업이 포함되어 있다. 이러한 문제는 수련생이 지식은 있지만 그 지식을 실행하는 데 주저하고 자신 없어 하기 때문에 자신감 부족과 같은 비교적 사소한 문제일 수 있다. 이러한 경우 일반적으로 집단 내 토론을 통해 지원과 격려를 보내는 것은 수련생에게 충분한 도움이 된다. 더 깊은 정서적 문제는 보다 심층적인 작업이 필요하다. 이러한 심층적인 정서적 작업은 재결정 수련 및 치료 모델에 더 가깝다. 이 경우 수련생이 문제를 제시하고 슈퍼바이저가 무엇을 바꾸고 싶은지 질문하면, 수련생은 달성하거나 바꾸고 싶은 구체적인 감정 상태를 답변하는 형식이다. 예를 들어, 수련생이 "제가 바꾸고 싶은 것은 잭이 '우울하다'고 말할 때 뭐라고 말해야 할지, 무엇을 할 지 모르겠다"고 한다. 이때 슈퍼바이저는 수련생이 "제가 바꾸고 싶은 것은 잭이 절망감을 호소할 때 제가 느끼는 무력감입니다."와 같은 진술에 도달하도록 도와줌으로써 수련생이 자신의 계약을 명확히 할 수 있도록 돕는다. 여기서 슈퍼바이저는 게슈탈트 빈 의자 기법을 사용하여 내담자에 대한 수련생의 감정을 탐색한다. 슈퍼바이저는 기존의 재결정 기법을 사용하여 수련생을 빈 의자에 앉힌다. 슈퍼바이저는 종종 내담자와 비슷하거나 내담자와의 작업과 직접적으로 관련된 어린 시절의 결정에 도달하게 된다. 예를 들어, 수련생인 톰(Tom)은 내담자가 충분히 빨리 호전되지 않는다고 생각하여 내담자와의 작업에서 좌절감을 느꼈다고 말했다. 톰은 내담자를 적절하게 직면시키는 데 어려움이 있어 더욱 좌절감을 느꼈다고 했다. 이때 톰은 부재 중인 내담자와 대화를 시작했다. 게슈탈트 빈 의자 기법을 사용하여 톰은 내담자가 실제로 그 자리에 없었기 때문에 자신의 감정을 더 직접적으로 표현할 수 있었다. 이 대화에서 톰은 내담자의 역할을 맡기도 했다. 내담자 역할을 하던 중 어느 순간 톰은 갑자기 감정 폭발을 경험했고 치료자의 의자에 앉아 있는 자신의 아버지를 떠올리게 되었다. 역할극은 톰과 내담자 간의 대화에서 톰과 아버지 간의 대화로 전환되면서 그 감정은 지속되고 강렬해졌다. 톰은 항상 자신에게 너무 많은 것을 요구하고 톰의 성취에 만족하지 않는 아버지에 대해 강한 슬픔과 분노를 표현했다. 톰은 피아노에 관심이 있었고 운동에는 관심이 없었는데, 아버지는 이런 톰을 "쓸모없는 녀석"이라고 불렀다. 이 대화의 어느 시점에서 톰은 또 다른 기억을 떠올렸다. 톰과 아버지가 가끔 아버지의 친구와 그 아들을 방문했을 때, 네 사람이 오후에 터치 풋볼을 하며 시간을 보내던 장면이었다. 톰은 종종 부끄러움을 느꼈고 자신의 운동 능력 부족에 굴욕감을 느꼈다. 그는 자신의 실수에 대한 다른 사람들의 웃음, 특히 아버지의 웃음을 기억했다. 이 대화가 진행되는 동안 톰은 손가락을 꼼지락거렸고, 재결정을 통해 아버지의 인정을 받기 위해 "더 열심히 노력해야겠다"는 결심을 하면서도 자신이 결코 성공할 수 없다고 느꼈다. 그 후 그는 자신이 정말 '연주자(performer)', 즉 거의 거장에 가까운 피아니스트가 될 수 있다고 다시 결심했다. 그는 아버지에게 "나는 훌륭한 연주자이고, 당신의 방식이 아닌 나만의 방식으로 연주한다"라고 말하며 자신의 감정을 표현했다. 그는 아버지에게 이 말을 하면서 성공했다는 느낌을 받았다. 톰은 이 기분 좋은 발견을 손가락을 꼼지락대며 스스로에게 "이건 내가 한 득점이니 아버지는 자신의 득점을 하세요"라고 말하며 자신이 부족하고 충분히 '수행'하지 못한다고 느낄 때마다 이렇게 하겠다고 다짐했다. 이어진 토론에서 톰은 내담자에게 "당신 방식대로 '수행'해도 괜찮고, 내 방식대로 '수행'할 필요는 없다"고 말하며 자신의 작업에 더욱 힘을 실어 주었다.

슈퍼비전을 위한 집단 장면에서의 활용

이 슈퍼비전 모델은 집단 장면에 많은 장점이 있다. 대부분의 수련생은 슈퍼비전을 받는 동안 자의식과 부적절함을 느끼는 경향이 있다. 이러한 감정은 다양한 방어 기제로 나타난다. 집단치료에서 동료의 존재와 지지가 불안을 줄이는 데 도움이 되는 것처럼 집단 슈퍼비전 형식은 안심할 수 있는 지지적 환경을 제공한다. 이를 통해 수련생은 자신의 무능력이 드러나는 것에 대한 불안감을 줄일 수 있다. 집단 내 초기 작업은 이 과정에 특히 도움이 된다. 슈퍼바이저인 집단 리더와 첫 번째 자원한 수련생의 첫 만남은 앞으로 진행될 작업에 대한 안전한 분위기를 조성한다. 수련생과의 작업에 대한 슈퍼바이저의 태도는 매우 중요하다. 이러한 태도는 수련생들이 본받아야 할 행동을 보여 주는 것이기 때문이다. 슈퍼바이저는 부정적인 판단 없이 최소한의 지도와 지시를 통해 수련생의 감정적 과정을 인내심을 가지고 따라야 한다. 수련생과의 작업 절차에 대한 공감적 접근은 작업한 개인에 대한 수용적이고 긍정적인 반응을 나머지 집단원들에게 보여 주는 것이다. 그리고, 자신의 취약성을 드러낸 집단원에게 관계를 맺는 방법을 보여 주는 것이다. 이러한 방식을 통해 집단 내 안전감이 크게 높아진다. 또한 다른 집단원들이 자신의 내담자와의 문제를 이야기하도록 격려한다. 이는 다른 수련생이 느끼는 고립감과 열등감을 줄여 준다.

학습의 관점에서 또 다른 장점은 수련생이 여러 역할을 수행하며 학습할 수 있는 기회를 제공한다는 점이다. 이러한 역할을 수행하려면 여러 사람이 필요하다. 슈퍼바이저가 몇 번의 시범을 보인 후 수련생이 슈퍼바이저의 역할을 수행하는 동안 다른 수련생은 자신과 내담자 사이의 문제를 재연하게 한다. 세 번째 역할은 위의 두 수련생의 비언어적 행동을 관찰하는 또 다른 수련생이 맡는다. 네 번째 수련생은 언어 사용과 표현 방식에 대한 언어적 의사소통을 관찰한다. 나머지 참가자들도 위의 관찰 위치 중 하나를 선택하여 참여하게 된다. 슈퍼바이저 집단에서는 한 구성원에게 집중하는 다른 집단과 마찬가지로 다른 구성원이 덜 참여하는 경향이 있으므로 관찰을 하더라도 흥미가 부족하거나 지루해하는 경향이 있을 수 있다. 이 집단 모델의 장점은 집단 전체가 각 수련생의 발표와 그에 따른 토론에 보다 적극적으로 참여하는 경향이 있다는 것이다. 이러한 방식으로 전체 집단은 실제로 일어난 일에 대해 보다 포괄적인 시각을 갖게 되고 학습이 보다 다면적으로 이루어진다.

수치심, 굴욕감, 경쟁에 대처하기

수치심과 굴욕감은 집단 장면에서 항상 잠재적으로 존재한다. 특히 슈퍼바이저 집단에서 더욱 그러한데, 슈퍼바이저뿐 아니라 동료들로부터 평가받는 것을 두려위하기 때문이다. 슈퍼바이저가 발표에서 위험을 감수한 수련생을 칭찬하고 그들의 감정적 반응에 공감하면 수치심에 대한 두려움이 크게 줄어든다. 집단 환경이 안전하다는 첫 시범은 후속 토론과 슈퍼비전 회기에서도 지속적으로 유지되어야 한다. 이러한 지지적인 분위기에도 불구하고 수련생이 수치심을 경험하는 경우, 다른 수련생의 공감적인 반응과 자신의 경험을 공유하는 것이 이러한 감정의 강도를 완화하고 수치심을 줄이는 데 도움이 된다.

슈퍼바이저 집단에는 경쟁적인 감정도 늘 존재하며, 특히 초기에는 더욱 그렇다. 슈퍼바이저는 긍정적인 협력을 강조하고 부정적인 비판과 판단을 최소화함으로써 이러한 경쟁심을 줄일 수 있다. 나중에 설명할 공동 리더십에서는 슈퍼바이저가 서로 또는 집단과 경쟁하지 않는다.

단일 리더 모델에서 리더는 집단 내 어떤 수련생과도 경쟁하지 않는다. 이는 작업이 끝난 후 토론 기간 동안 특히 중요하다. 슈퍼바이저는 "바로 들어가서 이렇게 말하는 것이 좋았어요" 또는 "팔의 움직임을 발견한 게 좋았어요."와 같이 긍정적이고 지지적인 말로 피드백을 시작한다. "조의 발차기에 반응한 것은 좋은 비언어적 관찰이었어요"와 같이 긍정적인 표현으로 피드백을 전달할 수도 있다. "다음에 조가 그런 행동을 할 때는 누구를 발로 차고 싶은지 묻지 말고 기분이 어떤지 물어보세요. 조가 누군가를 걷어차고 싶은 기분이 드는 것은 맞겠지만, 그 기분이 조에게서 직접 나오는 것이 더 효과적이고, 또 다른 가능성도 항상 존재하기 때문입니다."

관찰이나 시연을 통해 발표의 취약점을 경험한 수련생이 나머지 집단원으로부터 지지와 공감의 반응을 경험하거나 관찰하게 되면 다른 집단원에게 적대적인 피드백으로 자신의 경쟁력을 표현할 가능성이 줄어든다. 이는 다음과 같이 나타난다. 집단원들은 집단 리더의 태도와 가치 체계에 반영된 집단의 규범을 빠르게 습득한다.

슈퍼비전에서 공동 리더십

두 명의 리더가 있으면 개입 전략의 범위가 더 넓어진다. 때로는 한 명이 수련생과 함께 일하고, 때로는 두 명이 동시에 수련생과 함께할 수도 있다. 수련생들은 각 슈퍼바이저의 유사점과 슈퍼바이저가 서로의 차이점을 비판 없이 받아들이는 방식을 관찰함으로써 자신의 접근 방식과 개입 스타일의 차이를 받아들이는 법을 배운다.

가장 효과적인 치료자는 자기 자신과 자신의 치료 접근 방식에 익숙한 사람이다. 수련생은 내담자가 여러 단서를 제공하며, 이러한 단서는 한 가지 방식이 아닌 다양한 방식으로 성공적으로 추적할 수 있다는 것을 배운다. 그리고 거의 모든 방식이 일관되게 추구되면 갈등의 핵심에 도달할 수 있다는 사실을 곧 알게 된다.

공동 리더십의 역동은 명백한 부모의 역할을 제시한다. 모든 집단에서와 마찬가지로 수련생도 자신의 원가족에게 반응하는 방식과 유사한 방식으로 집단에 반응하는 경향이 있다. 그러면 공동 리더는 성별에 관계없이 부모와 같은 인물로 간주된다. 이러한 취약성, 경쟁, 수치심과 굴욕감은 퇴행적 분위기를 더욱 심화시킨다. 이는 다시 아동기 해결되지 않은 갈등과 두려움에 관련된 감정을 자극하고 강화한다. 집단 환경의 지지적인 분위기를 고려할 때 두 명의 리더가 있으면 더 큰 안전감을 제공한다. 특히 두 리더 중 한 명의 스타일 및/또는 성격과 갈등을 겪고 있는 수련생의 경우 더욱 그렇다.

이러한 스타일에 대한 갈등이나 전이 감정은 집단 초반부터 발생할 수 있지만 집단의 편안함과 안전이 확립될 때까지는 거의 표출되지 않는다. 이때 공동 리더 중 한 명은 수련생이 가지고 있는 질문이나 슈퍼바이저가 수련생에게 응답하는 방식에 대한 상충되는 감정을 이끌어 내는 데 도움이 된다. "비개입"(noninvolved) 슈퍼바이저는 수련생과 관련 슈퍼바이저 간의 대화를 지지하며 슈퍼바이저가 이러한 문제를 처리할 수 있도록 도울 수 있다.

이론적 차이가 있는 상황에서는 이러한 차이가 수련생이 자신의 이론적 지향을 명확히 이해하거나 슈퍼바이저의 이론적 지향을 이해하는 데 도움이 되는 경우가 많다. 이는 두 슈퍼바이저가 수련생을 비하하거나 경멸하지 않고 공개적으로 의견

불일치를 다루는 모습을 보여 줌으로써 전문적 차이를 다루는 롤 모델이 될 수 있으며, 집단의 안전을 증진하는 데 기여할 수 있다. 여기서 두 슈퍼바이저의 역할은 매우 중요하다. '비개입' 슈퍼바이저의 입장은 다른 슈퍼바이저와 수련생을 비판하지 않고 지지하는 것이어야 한다. 이는 두 사람의 입장을 각각 명확히 하고 두 사람 사이의 유사점과 차이점을 지적함으로써 이루어진다. '개입하는'(involved) 슈퍼바이저의 입장은 수련생이 동의하는 부분과 동의하지 않는 부분을 배우려는 열린 태도를 가지고 방어적이지 않아야 한다. 물론 이는 때때로 어려울 수 있으며, 특히 슈퍼바이저의 입장이 확고한 이론적 근거가 없고 쉽게 도전을 받을 수 있는 경우에는 더욱 그렇다. 이 경우 특히 슈퍼바이저가 이론적 도전의 타당성을 스스로 인정하고, 마찬가지로 타당한 도전을 기꺼이 받아들이는 것이 중요하다. 이 과정이 잘 이루어지면 집단의 지지적인 분위기가 크게 향상된다.

특정 슈퍼바이저에게 수련생의 감정적 반응이 나타나는 상황이 치료에서의 전이 반응과 유사한 경우, 공동 리더십 모델이 효과적이다. 여기서도 비개입 슈퍼바이저는 개입하는 슈퍼바이저에 대한 감정 표현을 돕고 촉진함으로써 중요한 역할을 한다. 앞서 언급한 이론적 입장의 설명과 마찬가지로, 비개입 슈퍼바이저는 수련생이 개입하는 슈퍼바이저에 대한 자신의 전이적 감정을 표현하고 탐색할 수 있는 안전한 환경을 조성한다. 이 비유를 더 확장하면, 개입 슈퍼바이저는 이때 수련생에게 관여하지 않고 다른 슈퍼바이저가 처리하도록 하고 그의 제안에 따라 대응한다. 예를 들어, 슈퍼비전 집단에서 한 수련생이 매우 비판적인 남성 내담자를 다루는 데 어려움을 겪고 있다며, 그 내담자는 수련생의 치료 개입을 지속적으로 거부하고 비판한다고 했다. 슈퍼바이저 중 한 명이 수련생에게 내담자를 빈 의자에 앉혀 놓고 대화를 나누자고 제안했다. 수련생이 그렇게 하자 슈퍼바이저는 또 다른 제안을 했는데, 수련생이 "당신은 우리 아버지와 똑같아! 내가 하는 일은 어떤 것도 만족 못하잖아요!"라고 말하며 폭발했다. 그러자 "비개입" 슈퍼바이저가 개입하여 수련생이 아버지와 대화를 나누도록 권유했다.

그 후 중요한 재결정 작업이 이어졌고, 수련생은 아버지의 비판에도 불구하고 자신이 유능한 치료자가 될 것이라는 재결정을 내릴 수 있었다. "비개입" 슈퍼바이저는 수련생에게 "개입" 슈퍼바이저에게 같은 말을 해 달라고 요청했고, 슈퍼바이저는 승인하는 미소를 지으며 "앞으로 내가 비판적이라고 생각되면 말해 주세요."라고 말했다. 감독을 마친 비개입 슈퍼바이저는 슈퍼바이저에게 내담자와 함께 역할극을 끝내자고 제안했고, 수련생은 평소와 같은 방식으로 역할극을 마쳤다.

대부분의 역전이 문제는 아동기 문제에 뿌리를 둔 수련생 자신의 해결되지 않은 갈등과 관련이 있기 때문에 위에서 언급한 이유로 집단 환경은 개별 슈퍼비전보다 이러한 문제를 더 자극하는 경향이 있다. 또한 앞서 언급했듯이 리더가 다른 의견을 개방적이면서도 존중하는 방식으로 다루는 모습을 역할 모델로 보여 주는 것은, 차이에 대한 집단 내의 안전성을 더욱 잘 보여 준다. 이러한 안전성이 높아지면 슈퍼바이저는 토론 중에 리더뿐만 아니라 동료들에게도 공개적으로 질문하고 이의를 제기할 수 있게 된다.

자신의 변화 이론으로 수련생 돕기

수련생의 언어적 및 비언어적 상호작용과 행동에 대해 보다 폭넓은 피드백을 주고받을 수 있는 집단 환경을 통해 참가자들은 자신의 이론적 방향과 일치하는 부분과 충돌하는 부분을 파악할 수 있는 유용한 정보를 수집할 수 있다. 이러한 피드백 방법을 통해 참가자들은 자신의 성격과 치료 접근을 더 잘 통합하고 개입에 대해 보다 의식적인 선택을 할 수 있는 기회를 더 많이 얻게 된다. 이러한 방식으로 수련생들은 자신이 인식하는 것과 실제 하는 일을 더 일치시키게 될 가능성이 높다. 예를 들어, 자기 자신을 드러내지 않는 이론적 성향을 가진 한 수련생이 우울증에 걸린 어머니 내담자와 함께 일하면서 갈등을 겪고 있다고 보고했다. 감정적으로 몰입된 역할극을 통해 그녀는 우울한 내담자에게 자신도 아이가 태어났을 때 우울을 경험했기에 내담자의 감정을 충분히 이해할 수 있다고 공감하게 되었다. 이를 통해 내담자와의 임패스를 효과적으로 해결할 수 있었다. 상담하는 동안 그녀는 자신의 과거 경험을 드러낸 것이 내담자에게 개인적인 경험을 공개하지 않는다는 자신의 입장과 상충되기 때문에 불편함을 표했다. 이어진 토론 과정에서 그녀는 자신의 입장을 수정함으로써 자기 노출에 대한 내적 갈등을 완화할 수 있었다. 그녀는 자신의 경험을 통해 효과적이라고 믿고 발견한 것을 집단에 속한 다른 사람들의 경험을 통해 확인했다. 이 토론을 통해 그녀는 노출과 공감이 가장 효과적인 경우와 내담자의 치료에 역효과가 나는 경우를 구분할 수 있었다. 이것은 그녀가 교육을 자신의 경험과 사고와 통합하여 이론적 접근 방식을 수정하는 첫 번째 단계였다.

결론

재결정치료 모델은 효율적이고 효과적인 모델로서 슈퍼비전 모델에 쉽게 적용할 수 있다. 20분 내외의 회기에 필요한 신속한 개입과 비언어적 행동에 대한 확장된 방식의 작업은 이 모델을 슈퍼비전에 특히 매력적으로 만든다. 집단 환경의 가치는 슈퍼바이저가 불안과 방어를 줄이고 자신감을 키우며 취약성을 덜 느끼도록 도와줌으로써 이 모델을 더욱 강화한다. 또한 집단 환경은 집단 응집력 개발을 통해 수치심, 굴욕감, 경쟁의식을 줄이는 데 도움이 된다. 또한 수련생이 내담자에 대한 공감 능력을 키우는 데 도움이 될 뿐만 아니라 정신역동과 심리치료에 대해 더 많이 배울 수 있는 기회를 제공한다. 또한 집단 환경 내에서 이 모델은 가족 역동을 자극하고 수련생이 내담자와 함께 일하는 데 영향을 미치는 개인적인 문제를 탐색하고 줄일 수 있는 기회를 만들어 준다.

참고문헌

Andronico, M. (1985). The chronological elevator: a redecision model for both the TA and the non-TA therapist. In *Retkcision Therapy: Expantkd Perspectives*, ed. L. B. Kadis, pp. 60-64. Watsonville, CA: Western Institute for Group and Family Therapy.

Andronico, M., and Dazzo, B. (1991). Experiental group supervision. *New Jersey Psychologist* 41(2): 11-14.

Goulding, M., and Goulding, R. (1979). *Changing Lives through Redecision Therapy*. New York: Brunnerl/Mazel.

# 17

재결정치료자 수련

존 글래드펠터 *John Gladfelter, Ph.D.*

임상가에게 주는 혜택

재결정치료는 관리형 치료, 단기치료, 제한적 경제 자원의 활용이라는 현재 추세에 완전히 부합하는 치료 방식이다. 이 접근 방식은 내담자와 치료자 모두에게 치료 과정에 대한 선택권의 자유와 책임의 자유를 최대한 허용한다. 이 접근법의 유연성 덕분에 내담자는 원하는 만큼 깊은 수준에서 작업할 수 있고 개인의 필요에 맞게 치료 범위를 확장할 수 있다. 동시에 집단의 치료 경계는 변화 경험을 촉진하는 데 필요한 안전과 보호를 제공한다. 변화에 대한 책임을 공유함으로써 치료자는 내담자가 이용할 수 있는 시간 제약 내에서 작업할 수 있고, 내담자가 원하는 만큼 넓고 깊게 탐색할 수 있다. 내담자는 변화의 과정을 인지하고 치료의 진행 상황을 스스로 확인할 수 있다. 재결정치료 접근은 치료자와 내담자에게 투명하며, 내담자는 경험의 과정을 인지하고 원하는 대로 쉽게 관리할 수 있다. 치료 과정에서 내담자는 치료 과정에 대한 자신의 통제권을 잘 알고 있으며 자신에게 도움이 되는 방향으로 치료를 지속적으로 이끌 수 있다. 동시에 치료자는 치료의 특정 차원과 단계를 인식하고 그 치료 과정을 평이한 언어로 문서화할 수 있다. 이러한 언어를 통해 내담자는 치료 경험을 지속하는 데 필수적인 희망과 기대감을 가질 수 있다. 내담자가 자신의 치료가 자신의 손에 달려 있고, 자신을 변화시킬 힘이 자신에게 있으며, 자신이 치료의 유능한 자원이라는 것을 이해할 때 희망과 기대의 수준이 높아지고 변화 과정에 더욱 활력을 불어넣을 수 있다.

정보는 재결정 접근 방식에서 매우 중요한 요소이다. 내담자에게 자신에 대해 효과적으로 활용할 수 있는 정보를 최대한 많이 제공하는 것이 중요하다. 내담자가 원한다면 재결정치료, 교류분석, 심리치료 전반에 관한 책을 읽도록 권장할 수 있다. 동시에 치료자는 내담자로부터 가능한 한 많은 정보를 얻어야 한다. 치료자는 내담자가 자신에 대해 변화를 원하는 것이 무엇인지 발견하고 이를 위한 치료가 이루어질 수 있도록 해야 한다. 내담자는 이러한 정보 교환의 장점과 한계, 그리고 추가 정보 교환을 통해 무엇을 기대할 수 있는지 알아야 한다. 치료자는 명확한 치료 구조와 변화 과정에 대한 책임의 공유를 통해 이득을 얻을 수 있다. 치료 과정과 내담자의 삶에서 일어나는 변화 과정을 정확하게 기록할 수 있으면 문서 작업에서 책임을 수행하는 데 큰 도움이 된다. 치료자는 비밀 유지의 한계를 크게 침해하지 않으면서 의뢰자에게 치료 과정에 대한 설명을 제공할 수 있다. 또한 내담자가 자신의 변화 과정에서 중요한 역할을 하고 있으며 자신의 삶에 대한 자신의 선택을 인식할 수 있다는 만족감도 있다. 재결정치료는 내담자를 치료 과정의 중심에 두고 앞으로 일어날 모든 일에 동등한 파트너로 참여시키며, 내담자가 자신의 개인적 자원을 어느 정도 사용할지 인식하고 계획하도록 돕는다. 재결정치료 기법의 가장 효과적인 과정은 집단치료이지만, 전통적인 일대일 치료, 부부 치료, 가족 치료에도 효과적이다. 이 과정에서 약간의 조정을 하면, 치료자는 내담자가 자신의 불편함이나 고통을 느끼는 인간관계 유형에 맞추어 작업을 할 수 있다. 재결정치료의 또 다른 장점은 이 접근법의 이론적 틀 안에서 이전에 배운 치료 기법을 활용할 수 있다는 것이다. 게슈탈트 치료, 인지행동치료, 합리적 정서치료의 훈련을 받은 치료자는 이러한 접근법을 재결정치료기법 안에서 통합할 수 있게 한다. 이 개념적 틀은 최소한의 학습만으로도 이전의 모든 경험을 재결정치료에 적용할 수 있게 해 준다. 이 치료 기법은 가장 다양한 집단에 가장 다양한 치료 접근법을 적용할 수 있게 해 준다. 치료 계약을 활용해서 내담자와 치료자 모두를 보호할 수 있다. 치료 기법과 집단 분위기 덕분에 내담자는 자신이 성장한 언어와 문화를 치료의 자원으로 활용할 수 있다.

학습 과정 시작하기

재결정치료의 이론적 토대는 교류분석이다. 그러나 중요한 차이점이 있다. 학습자가 교류분석에 대한 일반적인 기초를 습득한 후에는 기초를 출발점으로 삼아 굴딩 부부(1986)가 집필한 재결정치료 관련 서적들을 읽게 된다. 이 책들은 읽기 쉽고 상식적인 내용을 담고 있어 기본 개념을 쉽게 파악할 수 있다. 대부분의 치료자들이 처음 이 자료를 읽을 때 개념이 단순하다고 생각할 수 있다. 이는 대부분의 개념이 풍부한 대인관계 맥락과 구술 전통에 뿌리를 두고 있기 때문이다. 그러나 체험적 훈련은 단순성에 대한 의문을 이내 불식시킨다. 에릭 번(1961, 1966)은 TA 101이라는 과정을 통해 자신의 교류분석 접근법을 구두로 교육하며 전파하기로 결정했다. 이 강의는 이틀 동안 치료자들이 강사와 함께 현상학적 실재에 대해 토론할 수 있는 기회였다. 재결정치료는 이러한 전통을 따르며, 독서와 함께 학생과 멘토의 상호 교류를 통해 개념의 의미를 발전시킨다. 여기서 중요한 것은 단어 그 자체라기보다는 그 개념이 담고 있는 의미이다. 따라서 재결정치료를 단지 책으로 배우고 실천하려는 치료자는 이 방법을 효과적으로 적용하는 데 부족함이 많을 것이다.

수련 과정

재결정치료 수련은 체험적 작업 방식을 기반으로 한다. 이 훈련 방식은 굴딩 부부가 개발했으며 10년이 넘는 기간 동안 치료자를 훈련하면서 다듬어졌다. 수정된 마라톤은 일반적으로 며칠에서 길게는 일주일 또는 한 달에 걸쳐 이어지는 집단치료 훈련이다. 이 수련은 하루 종일 교육 받고 때로는 저녁에도 가끔씩 활동이 있는 구조로 수련 기간 동안 집단으로 함께 머물며, 이 과정을 경험한다. 수련 기간

내내 이론과 실습이 함께 진행된다. 각 수련생은 치료자, 내담자, 슈퍼바이저로 작업할 수 있는 기회를 가진다. 교육 워크숍의 체험 부분에서 한 사람은 내담자, 다른 사람은 치료자, 세 번째 사람은 슈퍼바이저를 선택한다. 그런 다음 트레이너는 슈퍼바이저를 맡은 수련생에게 치료자 역할을 맡은 수련생과 슈퍼바이저 계약을 체결하게 한다. 이 계약에는 수련생 치료자가 원하는 치료 과정의 모든 측면을 관찰하고 치료 옵션, 자아 상태 관찰, 치료의 효과 및 기타 치료 과정의 측면에 대한 피드백이 포함된다. 내담자와 치료자 간의 치료 작업이 완료되면 수련생 슈퍼바이저는 계약에 따라 피드백을 제공한다. 감독 과정이 끝나면 트레이너는 수련생 슈퍼바이저에게 피드백을 제공하고 재결정치료의 관점에서 작업의 치료적 파급 효과에 대해 논의한다.

재결정 교육에서 슈퍼비전의 역할

슈퍼비전은 재결정치료 훈련의 필수적인 요소이다. 이 접근 기법의 기본 아이디어는 교류분석 이론과 통합되어 슈퍼비전이 학습자를 위한 실제적인 체험적 양식이 된다. 계약 치료와 마찬가지로 계약 슈퍼비전은 수련생이 자신의 강점을 발견하고 사람들과 함께 일하는 경험을 통해 성장할 수 있게 해 준다. 재결정치료를 처음 입문하는 치료자가 계약 슈퍼비전을 배우는 것은 치료자로서 자신의 성장에 대한 책임을 유지하고 그 과정에 대한 긍정적인 정서적 지원을 얻는 중요한 방법이다. 긍정적인 스트로크는 슈퍼비전 과정에서 중요한 부분이다. 수련생은 자신의 업무에 대해 긍정적인 스트로크를 요청하는 방법을 배우고, 자신이 하는 일에 대해 스스로 긍정적인 칭찬을 하는 방법을 익힌다. 재결정 트레이너와 학생은 부정적 또는 조건부 스트로크를 신중하게 거절하는 데 주의를 기울인다. 하루 종일 진행되는 집단에서 슈퍼비전은 기본 과정에 포함되어 있다. 주간 단위의 슈퍼비전은 더 얻기 어렵기 때문에 치료자는 가능한 경우 외부의 다른 트레이너나 강사를 활용해야 한다. 트레이너가 우려하는 한 가지 측면은 해로운 이중 관계의 가능성이다. 이는 훈련 과정에서 발생할 수 있는 전이적 관계에 주의를 기울여 신중하게 관리한다.

재결정치료는 치료에 대한 전이적 접근 방식이 아니며 전이의 발생을 직접적으로 직면하고 가능한 한 최소화한다. 수련 과정 초기에 트레이너는 수련 그룹의 대인 상호작용을 줄이고 집단 상호작용의 범위를 직면하고 제한한다. 집단 토론의 기회는 충분하지만 트레이너가 중심이 되어 진행한다. 이 교육에서 수련생 치료자는 내담자 역할극을 하지 않으며, 고통스럽고 괴로울 수 있는 개인적인 내용을 다루게 되는 경우가 많다. 트레이너는 발생가능한 모든 위기를 처리하고 어떤 문제가 발생하더라도 이를 해결해야 하는 위치에 있다.

재결정치료 수련 자격 요건

심리치료를 학습할 수 있는 체험적 기회는 재결정치료를 배우기 위한 기본이 된다. 내담자 역할을 한 수련생들과 함께 하는 경험을 통해 초보 치료자는 이 직업이 자신에게 맞는지 결정할 수 있으며 혼란, 고통, 심리적 고통, 대인관계 갈등을 겪고 있는 사람들과 실제 작업하는 과정을 체험할 수 있다. 초심자는 이전에 치료 훈련을 받은 적이 있든 없든 상관없이 대학원 과정 중에 훈련을 시작할 수 있다. 실제로 이 치료 접근법은 심리 치료와 사람들과 함께 일하는 과정을 배우기 위한 훌륭한 출발점이 될 수 있다. 재결정치료를 배울 수 있는 전문 교육 센터는 많지 않지만, 수련생들은 스스로 개인적인 자원을 활용하여 일주일 집중 교육, 주말 교육 또는 집단 심리치료 관련 학회나 기관을 통해 재결정치료의 과정과 기법을 익힐 수 있다.

교류분석과 재결정치료의 인본주의적, 현상학적 기초는 인간의 경험과 행동을 쉽게 이해할 수 있게 해 준다. TA 101 과정을 수강한 수련생들은 많은 대인관계 과정에 대한 인식과 지식에 대해 긍정적인 놀라움과 흥미를 가지는 경우가 많다. 자아 상태, 교류, 게임, 각본에 대한 지식은 현실 세계의 사람들을 볼 수 있는 시야를 제공하며, 이는 사람들을 변화시키는 과정의 발판이 된다.

재결정치료의 트레이너

현재 활동 중인 재결정치료 트레이너들은 국제교류분석협회(International Transactional Analysis Association)의 교육 회원이며 재결정치료에 대한 폭넓은 교육과 경험을 가지고 있다. 이들은 대부분 각 전문 분야에서 선임 임상가이며 일반적으로 공인된 자격이 있는 치료자들이다. 이들은 보통 다음과 같은 자격증을 가지고 있다. 레벨2 교류분석가 자격증과 재결정치료에 대한 추가 교육을 받았음을 나타내는 자격증도 소지하고 있는 경우가 많다. 그런데 재결정치료에 대해 심도 있는 교육을 받았지만 ITAA의 교육 회원을 선택하지 않은 전문가들이 점차 늘어나고 있다. 이들은 재결정치료에서 고도의 자격을 갖춘 트레이너로부터 재결정치료 교육훈련을 받았다는 문서로 증명할 수 있다. 트레이너의 자격과 교육에 대해 의문이 있는 경우 해당 트레이너의 교육을 담당한 상위 담당자에게 확인하는 것이 좋다.

공인된 재결정치료 수련 과정

재결정치료를 수행할 수 있는 자격은 특정 필기 또는 구두 시험보다는 경험, 수련 이력, 전문 자격, 개인 치료 경험 여부에 따라 달라진다. 재결정치료를 할 준비가 되었는지 물어볼 수 있는 가장 적절한 사람은 트레이너이다. 이미 폭넓은 수련을 받은 치료자는 비교적 짧게 과정을 마칠 수 있다. 이제 막 치료 훈련을 시작하는 사람은 특정 직업에 대한 탄탄한 배경 지식을 갖추어야 치료할 준비가 되었다고 생각할 수 있다. 재결정치료를 할 준비가 되었는지에 대한 판단은 여러 가지가 있지만, 일반적으로 트레이너는 수련생이 하는 일과 안전하고 신중한 방식으로 치료를 할 수 있는 능력에 대해 직접적으로 알고 있는 유일한 사람이다. 스스로 충분히 훈련되었다고 생각하기 전에 여러 사람과 함께 훈련하는 것이 좋다. 책임감 있는 실습을 위해서는 항상 직업 윤리 및 자격 규칙과 규정에 대한 탄탄한 배경 지식을 갖추는 것이 요구된다.

재결정치료 수련을 제공할 수 있는 자격

현재 재결정치료 분야는 이 접근법에 대한 공식 자격증이 없다. 이 치료 방식에서 치료자가 사용할 수 있는 유일한 자격은 국제교류분석협회(ITAA)의 임상 회원 또는 임상 교육 회원이다. 이 두 자격 모두 필기 및 구두 시험을 거쳐야 하며, 수련 시작 전에 수련 계약을 체결해야 한다. 이 자격은 수년 동안 존재해 왔지만 실무에 종사하기 전에 치러야 하는 다른 많은 자격과 시험 때문에 선호도가 떨어졌다. 그렇다고 숙련도가 중요하지 않다는 의미는 아니다. 수련 프로그램에서 트레이너는 수련 과정에 내재되어 있고 평가할 수 있는 치료의 많은 특성을 정기적으로 평가한다. 이러한 종류의 평가를 요청하는 것은 수련생의 선택의 문제일 수 있지만, 대부분의 트레이너는 이를 당연히 수행한다. 재결정치료 교육을 받고 있는 사람들이 국제교류분석협회(ITAA)에 가입하여 월간 뉴스레터와 분기별 교류분석 저널을 받아 보는 것도 가치가 있다. 저널의 최신 호 및 이전 호에서 많은 이론 주제와 혁신적 실천 기법 및 아이디어를 다루는 글들이 실려 있어 수련생들의 학습에 큰 도움이 될 것이다.

재결정치료 수련 받기

이 책에 수록된 여러 장의 저자로부터 재결정치료 수련을 받을 수 있다. 일부 트레이너는 정기적인 프로그램을 운영하고 있으며, 다른 트레이너는 슈퍼비전 및 입문 워크숍을 제공할 수 있다. 대학원생이나 치료자가 재결정치료 교육을 받고 싶다면 이 책의 여러 저자에게 문의하는 것이 가장 확실한 방법이다. 많은 저자는 현재 프로그램을 제공하지는 않지만 요청이 있을 경우 그러한 프로그램을 개발할 것이다. 언뜻 보기에는 교육을 받기가 어려워 보일 수 있다. 결단력 있는 수련생은 보통 트레이너를 찾아서 재결정치료에 대해 자세히 배울 수 있는 좋은 기회를 찾는다. 국제교류분석협회, 미국 집단심리치료협회 및 기타 지역 집단치료 단체의 연례 회의에서 주로 이 치료 기법의 워크숍을 제공한다. 이러한 모임에서는 트레이너를 직접 만나, 특정 요구 사항을 논의하고, 교육 기회를 평가할 수 있는 기회를 제공한다. 현재 상황에서 구체적으로 설명하기는 어렵다. 대부분의 균형 잡히고 체계적인 프로그램은 몇 년의 지속적인 노력이 필요하다. 재결정치료는 쉽게 이해할 수 있는 방법이지만, 다른 실질적인 치료 훈련 프로그램과 마찬가지로 숙련되는 데는 시간이 필요하다.

재결정치료의 미래

재결정치료의 개발은 심리치료의 선구자인 에릭 번과 프리츠 펄스에게 훈련을 받은 두 명의 선임 임상가인 메리 굴딩과 밥 굴딩의 경험에서 비롯된 우연한 과정이었다. 두 사람은 경험을 통해 교류분석과 게슈탈트 치료의 융합이 치료의 변화 과정을 촉진하는 데 중요한 돌파구라는 것을 깨달았다. 캘리포니아 왓슨빌에 있는 마도나 산의 수련 센터에서 트레이너로 활동하면서 미국을 비롯한 전 세계의 치료자들이 이들에게 배우기 위해 몰려들었다. 두 사람의 작업과 그 후 이어진 메리 굴딩의 작업은 전 세계적으로 재결정치료가 성장하는 데 큰 도움이 되었다. 지난 20년간의 집단치료 학회/컨퍼런스를 통해 많은 치료자들이 이 접근법을 알게 됐으며, 최근 국제교류분석협회와 미국 집단심리치료협회의 컨퍼런스에서는 이 접근법에 대한 굴딩 부부의 연구가 소개되었다. 굴딩 부부의 창의적인 작업은 단기 및 장기 치료 모두에서 다양한 환경의 광범위한 내담자들에게 유익을 주는 결과를 낳으며 풍성한 결실을 맺고 있다. 두 사람이 개발한 많은 기법들은 과학적 연구를 통해 검증되었고 여러 분야에서 계속 연구되고 있다. 굴딩 부부에게 훈련을 받은 전 세계의 많은 중견 임상가들이 재결정치료의 발전에 기여했다. 이들 중 다수는 국내 및 국제 컨퍼런스에 참가하여 워크숍과 교육을 발표하기도 했다. 굴딩 부부의 작업의 진정한 수혜자는 경제적인 장단기 집단치료를 통해 변화했고 앞으로도 계속 변화할 내담자이다.

참고문헌

Berne, E. (1961). *Transactional Analysis in Psychotherapy*. New York: Grove.

_____ (1966). *Principles of Group Treatment*. New York: Oxford.

Gladfelter, J. (1984). Enjoying every minute. In *Transactional Analysis After Eric Berne, ed*. G. Barnes, pp. 394-424. New York: Harper's College Press.

_____ (1992). Redecision therapy. *International Journal of Group Psychotherapy* 42: 319-334.

Goulding, M. M., and Goulding, R. L. (1986). *Changing Lives through Redecision Therapy*. New York: Grove.

Goulding, R. (1989). Teaching transactional analysis and redecision therapy. Special issue: variations on teaching and supervising group therapy. *Journal of Independent Social Work* 3(4): 71-86.

18

재결정치료의 기본 가치

문 커슨 & 마티 크랜즈버그
Moon Kerson, Ph.D. Marti Kranzberg, Ph.D.

개인적으로나 직업적으로 가장 큰 영향을 미친 재결정치료의 측면은 개인의 자율성에 대한 지속적이고 변함없는 존중이다. 굴딩 부부는 삶의 가치와 감정, 사고, 행동에 대한 개인의 선택에 대해 책임을 지는 것의 중요성을 확고하게 옹호해 왔다.

실존 철학에 기반을 둔 자율성의 개념은 자유, 선택, 책임을 포괄하는 개념이다. 대안들 중에서 선택할 수 있는 자유와 그에 따른 결과에 대해서도 책임을 져야 한다는 것이 핵심이다. 자율성에 대한 이러한 신념은 재결정치료자가 사람들이 어떻게 변화하는지에 대해 생각할 수 있는 토대를 만들어 준다.

자각(awareness)은 자율성을 인식하는 핵심 요소이다. 우리가 끊임없이 선택을 하고 있다는 사실을 인식하면 우리는 삶을 주도하고 매 순간 의미를 창조할 수 있다. 우리는 복잡한 고속도로에서도 평화로움을 느낄 수 있고, 석양의 아름다움을 감상할 수 있으며, 사랑했던 사람에 대한 헤아릴 수 없는 상실을 온전히 경험할 수 있다. 우리가 깨닫건 그렇지 않건 간에 선택에는 책임이 있다. 그러나 자각이 있으면 우리는 감정, 사고, 행동 방식을 변화시킬 힘을 가지게 된다.

굴딩 부부는 변화 과정의 복잡성을 인식하고 선택에는 인지적 과정 이상의 것이 포함된다는 사실을 깨달았다. 새해 결심을 해 본 사람이라면 누구나 알고 있듯이 단순히 변화를 결심하는 것만으로는 변화가 일어나지 않는다. 결정에는 종종 실질적이고 지속적인 변화를 이루기 위해 반드시 해결해야 하는 강력한 정서적 요소가 포함되어야 한다. 이 모델의 독특한 잠재력은 정서와 인지를 모두 다룰 수 있다는 점에서 비롯된다.

내담자가 변화를 이끌어 내는 중요한 방법 중 하나는 아동기 장면을 재경험하는 것이다. 이 과정에서 과거시제로 말하는 것은 안된다. 대신 그 장면을 현재에 재연하여 이를 통해 내담자는 자신, 타인 또는 세상에 대해 어떻게 느끼고 생각하는지를 자각하게 된다. 자신의 결정과 그 결정이 인생에서 갖는 의미를 파악한 후에는 다르게 생각하고, 느끼고, 행동하기로 재결정할 수 있다.

개인은 자신의 경험과 그것을 이해하는 방식에 따라 자신과 세상에 대해 지속적으로 결정을 내린다. 발달상의 한계로 인해 지적, 정서적 능력이 제한된 아동이 내린 초기 결정은 필연적으로 제한적일 수밖에 없다. 또한 아동은 생존을 위해 어른에게 의존하기 때문에 선택할 수 있는 다양한 대안들을 갖고 있지 않다. 초기 결정은 그 결정이 내려진 상황에 맞는 생존지향적이었으며, 아동의 관점에서 창의적으로 만들어진 것이다. 재결정치료자는 이러한 초기 결정의 의미와 창의성을 인정한다.

하지만 과거에는 의미가 있었던 이러한 결정이 현재에는 문제가 될 수 있다. 내담자가 부정적인 상황에 처했다고 느낄 때, 그는 어렸을 때와 마찬가지로 어른의 세계를 경험하고, 그로 인해 자신을 제한한다. 성인이 된 지금 그는 어렸을 때 갖지 못했던 다양한 기술, 능력, 선택권을 가지고 있다. 초기 장면을 재경험함으로써 내담자는 이를 다시 경험하고 식별할 수 있는 기회를 얻게 된다. 이 새로운 자각을 통해, 그는 자신, 타인, 삶에 대해 느끼는 방식을 바꾸는 선택을 할 수 있다.

구체적인 변화를 촉진하는 것이 이 이론의 핵심이기 때문에 재결정치료의 중심은 계약이다. 내담자가 맺는 가장 중요한 계약은 도피구를 폐쇄하는 것이다. 이 계약을 통해 내담자는 자신의 삶에 대한 약속에 책임을 지게 된다. 내담자가 이 계약을 체결하면 재결정치료자는 내담자가 도피구를 다시 열었는지 여부를 지속적으로 주시한다. 만약 도피구가 열렸다면 치료자는 이러한 책임회피에 직면하게 된다. 도피구에 대한 이러한 주의는 치료자와 내담자에게 중요한 윤리적 보호 장치를 제공한다.

계약 과정에는 변화의 힘이 내담자에게 있다는 확고한 믿음이 내재되어 있다. 계약 체결은 자신의 삶을 책임지고 통제할 수 있는 힘을 인정받고 주도권을 찾는 과정이다. 따라서 계약은 다른 사람이 어떻게 변화하기를 바라는 것이 아니라 내담자 자신에 대해 무엇을 바꾸고 싶은지에 초점을 맞춘다. 굴딩 부부의 격언인 "힘은 환자에게 있다"는 말은 이러한 힘을 부여하는 과정의 본질적인 가치를 잘 드러낸다.

굴딩 부부는 내담자에 대한 깊은 존중을 실천하고, 희생과 비난보다는 자율성과 책임감을 반영하는 의사소통에 대한 조율이 포함된다. 치료자는 내담자에게 수동적 언어를 바꾸도록 격려한다. "할 수 없다"는 말은 "하지 않겠다"로, "그가 나를 화나게 했다"는 "나는 화가 났다"로 바꾼다. 계약을 맺을 때 내담자는 자신이 '하고 싶은' 일보다는 '할' 일을 결정하도록 격려받는다.

굴딩 부부는 책임에 대한 강조를 통해 우리 스스로가 피해자 역할이라는 굴레에서 벗어나도록 한다. 어린 시절 가족과 세상에서 어떤 경험을 했든, 우리는 성인이 되어 삶을 영위하는 방식에 대해 각자 책임이 있다. 우리는 더 이상 아버지를 기쁘게 해 드리지 못했다는 이유로 부적절하다고 느낄 필요가 없다. 반 친구들에게 놀림을 받았다고 해서 못생겼다고 느낄 필요도 없다. 이러한 사건들은 우리 인생에서 중요한 사건이지만, 우리는 그 의미를 바꿀 수 있는 힘이 있기 때문에 그 사건들이 우리 자신이나 세상에 대한 신념을 정의하게 둘 필요가 없다.

선택과 책임에 초점을 맞추는 것은 재결정치료자가 자신이나 내담자를 평가절하하지 않는 데 도움이 된다. 우리는 내담자가 스스로 선택하고 자신의 삶을 만들어 가는 능력을 존중하기 때문에 내담자를 구출하거나 조언을 제공하거나 무엇이 그들에게 최선인지 알고 있다고 가정하지 않는다. 따라서 내담자가 우리가 생각하는 방식으로 변화하지 않을 때 실망하거나 좌절할 가능성이 적다. 우리의 개입에 '저항'하고 자신의 방식과 속도로 치료를 진행하는 내담자에 대해 비판적인 태도를 취하는 경향이 줄어든다!

재결정치료에서는 변화하지 않기로 한 결정도 유효한 선택으로 존중된다. 이는 저항으로 분류되기보다는 내담자가 자신을 보호할 수 있는 방법으로 간주된다. 내담자는 새로운 방식으로 자신을 경험하고 싶을 때까지 초기의 결정을 유지할 수도 있고, 변화하지 않기로 선택할 수도 있다. 어느 경우든 내담자는 자신의 초기 결정에 대해 자각하게 될 것이다.

저항이라는 개념과 마찬가지로 무의식(unconscious)이라는 개념은 굴딩 부부의 모델에서 거의 보이지 않는다. 자각이라는 개념은 무의식이라는 개념을 대체한다. 사람들은 자신의 사고, 감정, 행동, 그리고 자신이 내리는 결정을 자각하거나 자각하지 못한다. 이 중 자각하지 못하는 부분은 초기 장면을 통해 접근할 수 있다. 이러한 방식으로 우리는 전통적으로 "무의식적 자료"로 간주되어 온 것에 접근할 수 있다.

재결정치료는 전이의 개념을 다루는 방식에서 더욱 독창성을 보여 준다. 전이 자료는 해석, 자기 노출 또는 양자 간 상호작용을 통해 다뤄지지 않는다. 대신, 내담자가 치료자에게 경험하는 감정이 초기 장면으로 추적된다. 그러면 내담자는 감정의 기원을 발견하고 초기 결정이 현재의 상호작용을 어떻게 오염시키고 있는지 이해하기 시작한다.

초기 결정의 개념은 개인의 자율성을 존중한다는 점에서 명시적이지만, 다른 사람과의 관계와 그것이 우리 삶에 미치는 영향에 대한 암묵적인 인식도 내포하고 있다. 결정은 결코 고립된 상태에서 만들어지지 않는다. 결정은 다른 사람들과의 경험을 통해 만들어진다. 굴딩 부부는 재결정치료의 대인관계적 측면을 직접적으로 다루지는 않았지만, 제한된 초기 결정으로 작동할 때 암묵적으로 우리가 다른 사람과 함께 있을 수 없다는 믿음이 있다. 만약 우리가 어떤 여성에게 마치 그녀가 어린 시절 비판적인 어머니인 것처럼 반응한다면, 그 여성과의 상호작용은 영원히 오염될 것이다. 이러한 초기 결정을 파악하고 바꾸기 전까지는 현재의 경험을 왜곡하지 않고 다른 사람들과 상호작용하기 어렵다. 과거의 잔해들을 치우고 나면, 우리는 현재의 순간에 다른 사람들과 온전히 소통할 수 있다.

따라서 자율성에 대한 믿음은 대인 관계에 대한 초점을 방해하는 것이 아니라 오히려 명확한 상호작용의 기반이 되는 요소이다. 재결정치료자는 집단 환경에서 개별 작업을 강조하고 집단 구성원 간의 상호 작용을 강조하지 않기 때문에 대인관계의 중요성을 무시한다는 비난을 받기도 한다. 그러나 재결정치료자는 희생양

삼기나 조언을 제공하는 것을 거부하고 각 내담자가 자신의 사고, 감정, 행동에 대해 책임을 지도록 요구함으로써 집단 구성원들이 비난이나 왜곡 없이 상호 작용할 수 있도록 가르친다.

재결정치료에서 자율성이라는 통일된 원칙은 사람들이 어떻게 변화하는지에 대한 신념을 형성하고, 내담자의 힘을 규정하며, 치료자의 역할을 정의하고, 치료의 방향을 결정한다. 이 책의 각 장에서는 이론, 실습 및 수련에서 이러한 자율성이 나타나는 무수한 방식을 확인한다. 재결정 모델에 내재된 인간에 대한 끊임없는 존중은 임상의가 다양한 환경에서 다양한 내담자와 함께 일할 때 사용할 수 있도록 효과적이고, 권한을 부여하며, 인간적인 치료의 토대를 제공한다.

찾아보기

ㄱ

가정폭력 / 219
각본 / 8, 22, 95
각진 교류 / 126
감정 / 16
게슈탈트 / 8, 79
경험적 계약 / 46
계약 / 8
공동 리더 / 145
공황장애 / 25
과업 모델(task model) / 105
과제 계약 / 46
관광 계약 / 45
광장공포증 / 169
교류 / 74
교류분석(Transactional Analysis) / 14
교수대 웃음 / 38, 74
구조분석 / 140
국제교류분석협회 / 295
꿈 바꾸기 작업 / 211
꿈 재결정 작업 / 211

ㄴ

나-나(I-I)대화 / 67
나-너(I-Thou) 대화 / 64
능력(potency) / 42

ㄷ

단기치료 / 14

대항명령 / 8
도피구 / 44
두 의자기법 / 8
드라이버 / 55

ㄹ

라켓(rackets) / 34

ㅁ

만남(contact) / 29
메리 굴딩(Mary Goulding) / 14
명령 / 8
무익한 계약 / 49
물질 의존(chemically dependent) / 266
뮤리엘 제임스 / 164

ㅂ

반항적 아이 자아 상태 / 126
밥 굴딩(Bob Goulding) / 7
방해자 / 55
변화 / 15
변화 계약 / 32
보호(protection) / 42
본연의 아이 / 10
부모 면담 / 66
부모 자아 상태 / 19
비판적 부모 / 42

ㅅ

상실 / 104
선별(screening) / 137
선정(selection) / 137
속성 / 55
속임수 / 8
순응적 아이 자아 상태 / 20
스트로크 / 36, 64
승리 / 43
심리적 계약 / 48
심상기법 / 23

ㅇ

아이 자아 상태 / 20
암묵적 / 79
애도 / 104
양육 환경 / 119
양육적 부모 / 124
어른 자아 상태 / 20
어빙 얄롬(Irving Yalom) / 136
에릭 번(Eric Berne) / 7
역할연기 / 61
예방 접종 기법 / 244
외상 후 스트레스 장애 / 25, 204
우울증 / 25
유머 / 128
임패스 / 8

ㅈ

자각 / 299
자기 재양육 / 164
자발성 / 67, 118
자살사고 / 24
자아 상태 / 8
자유로운 아이 자아 상태 / 20
자율성 / 40

재결정 / 8
재결정치료(redecision therapy) / 7
재양육 / 8
전이적 교류 / 72
정보 계약 / 45
정신분석 / 79
제1유형 임패스 / 56
제2유형 임패스 / 61, 64
제3유형 임패스 / 67, 70
지금 여기 / 142
집단치료 / 136

ㅊ

책임 / 15
체험적 슈퍼비전 모델 / 278
초기 결정 / 8, 32
초기 면접 / 261
초기 장면 / 96
치료 계약 / 45
치명적 명령 / 77, 79

ㅌ

탈오염 / 194
탐색 계약 / 47
투쟁 혹은 도피 / 170

ㅍ

평가절하 / 123
폭식증 / 25, 186
프리츠 펄스(Fritz Perls) / 7

ㅎ

행정 계약 / 44
허가(permission) / 42
힘(power) / 16, 52

집 / 필 / 진

바바라 앤 알렌Barbara Ann Allen, M.S.W., Ph.D.
개인 진료 및 상담, 오클라호마주 털사

제임스 알렌James R. Allen, M.D.
오클라호마 대학교 의과대학 정신의학 및 행동과학과 교수, 오클라호마주 오클라호마시티

마이클 안드로니코Michael Andronico, Ph.D.
로버트 우드 존슨 의과대학 정신의학과 임상교수, 뉴저지주 피스캐터웨이
개인 진료, 뉴저지주 써머셋

게일 아드만Gail Ardman, M.S.S.W.
텍사스 퍼머넌트 의료 협회, 텍사스주 댈러스

캐롤라인 에이버리 달Caroline Avery-Dahl, M.S.
개인 진료 및 수련 프로그램 운영, 텍사스주 댈러스

줄리아 레이시 베어드Julia Lacy Baird, Ph.D.
개인 진료 및 수련 프로그램 운영, 텍사스주 댈러스

린다 카미클Linda Carmicle, Ph.D.
앰버 대학교 겸임 교수, 텍사스주 갈랜드
개인 진료 및 수련 프로그램, 텍사스주 플라노

바바라 다조Barbara Dazzo, M.S.W., Ph.D.
로버트 우드 존슨 의과대학 정신의학과 임상학부, 뉴저지 의과대학, 뉴저지주 피스카타웨이,
개인 진료, 뉴저지주 서머셋

존 글래드펠터John Gladfelter, Ph.D.
필딩 연구소 교수, 캘리포니아주 산타바바라
개인 진료 및 수련 프로그램, 텍사스주 댈러스

메리 멕클루어 굴딩Mary McClure Goulding, M.S.W.
은퇴, 캘리포니아주 샌프란시스코. 前 웨스턴 그룹 및 가족 치료 연구소 공동 대표

마이클 호이트Michael F. Hoyt, Ph.D.
카이저 퍼머넌트 메디컬 센터 성인 정신의학 서비스 대표, 캘리포니아주 헤이워드
캘리포니아대학교 의과대학 임상 교수, 캘리포니아주 샌프란시스코

딘 야노프Dean S. Janoff, Ph.D.
불안 및 공황장애 클리닉 공동 대표, 필딩 인스티튜트 연구소 겸임 교수, 안디옥 대학교 및
퍼시피카 대학원 겸임 교수, 캘리포니아주 산타바바라

벤 조인스Vann S. Joines, Ph.D.
집단 및 가족 치료를 위한 사우스이스트 연구소 대표, 노스캐롤라이나주 채플힐

유진 커풋Eugene M. Kerfoot, Ph.D.
필딩 연구소 교수, 캘리포니아주 산타바바라
개인 진료 및 수련 프로그램, 캘리포니아주 카멜 밸리. 포럼 2000 경영 컨설턴트

문 커슨Moon Kerson, Ph.D.
  필립스 대학원 겸임 교수, 엔시노 및 료칸대학, 캘리포니아주 베니스
  개인 진료 및 수련 프로그램, 캘리포니아주 브렌트우드

마티 크렌츠버그Marti B. Kranzberg, Ph.D.
  개인 진료 및 수련 프로그램, 텍사스주 댈러스

캐롤린 레녹스Carolyn E. Lennox, M.S.W., Ed.D.
  개인 진료 및 수련 프로그램, 텍사스주 리처드슨

번 마세Vern Massé, M.A.
  스태니슬라우스 카운티 약물 및 알코올 남용 외래 환자 치료 프로그램 대표. 개인 진료 및 베트남 참전용사 지원 단체, 캘리포니아주 모데스토

낸시 포터-스틸Nancy Porter-Steele, Ph.D.
  개인 진료 및 수련 프로그램, 캐나다 노바스코샤주 핼리팩스

덴튼 로버츠Denton L. Roberts, M.Div.
  개인 진료 및 상담, 캘리포니아주 로스앤젤레스

제임스 스피어James K. Speer, M.S.S.W.
  힐 컨트리 위기 위원회, 텍사스주 커빌
  오스틴 커뮤니티 대학 교수진, 개인 진료, 텍사스주 프레드릭스버그

커티스 스틸Curtis A. Steele, M.D.
  퀸 엘리자베스 2세 병원, 달하우지 대학교 의과대학 교수, 개인 진료 및 수련, 노바스코샤주 핼리팩스

찰스 보르코퍼Charles F. Vorkoper, M.S.S.W.
  텍사스 문제성 및 강박적 도박에 관한 협의회 자문위원, 도박 상담 및 교육 센터 공동 대표, 개인 진료, 텍사스주 댈러스

번/역/자

김영아
  계명대학교 심리학과 박사 수료
  계명대학교 심리학과 석사
  SOUTHEAST Institute 연수
  Certified Redecision Therapist
  전) 계명문화대학교 겸임교수
  현) 교류분석 상담연구소 대표

재결정치료

1판 1쇄 인쇄 2025년 9월 25일
1판 1쇄 발행 2025년 9월 30일

편저자	캐롤린 레녹스
역자	김영아
발행인	김성훈
발행처	도서출판 길
주소	대구광역시 달서구 장기로 242 108-1301
팩스	0504-232-5257
이메일	trail0408@daum.net
출판등록	2021년 4월 8일 제 2021-000011호

ISBN 979-11-974432-0-6(93180)
정가 25,000원

※ 저자와 협의하여 인지는 생략합니다.
※ 저작권법 제136조(벌칙)에 따라 위반자는 5년 이하의 징역 또는 5천만 원 이하의 벌금에 처하거나 이를 병과할 수 있습니다.